BASTEI
LÜBBE

Der Autor

Gérard Ménatory lebt als Tierjournalist im Département Lozère in Südfrankreich. Er hat unter anderem Bücher über den Steinadler und die Fauna des Gebirges geschrieben. Seit vielen Jahren zieht er im Park von Gévaudan Wölfe auf und zähmt sie erfolgreich. Jährlich kommen über 70000 Besucher in den Park, wo sie die Wölfe aus der Nähe erleben können.

Gérard Ménatory

Das Leben der Wölfe

Mythos und Wahrheit

Aus dem Französischen
von Rudolf Brenner

BASTEI
LÜBBE

Bastei-Lübbe-Taschenbuch
Band 60334

Deutsche Erstveröffentlichung

Titel der Originalausgabe:
LA VIE DES LOUPS

Printed in Germany, August 1992
Umschlaggestaltung: Adolf Bachmann
Titelfoto: Okapia (Hans Reinhard)
Satz: KCS GmbH, 2110 Buchholz/Hamburg
Druck und Bindung: Ebner Ulm
ISBN 3-404-60334-6

»Ich glaube, ich könnte mein Leben mit den Tieren verbringen, weil sie so friedlich und zurückhaltend sind. Ich beobachte sie seit langer Zeit und nie habe ich gehört, daß sie über ihr Dasein geklagt oder die ganze Nacht über ihre Sünden geweint hätten. Auch belästigen sie mich nicht damit, welche Pflichten man Gott gegenüber zu erfüllen habe. Kein Tier ist unzufrieden, kein Tier ist besessen von der Gier nach Besitz. Kein Tier fällt vor jemandem auf die Knie, auch nicht vor Artgenossen, die vor Jahrtausenden gelebt haben. Kein Tier auf der Welt will verehrt oder bemitleidet werden.«

Walt Whitman

Inhalt

Vorwort 9
Beschreibung des Wolfs 11
Im Zeichen des Schreckens 39
Die Bestie von Gévaudan war kein Wolf 60
Wolfspopulation 76
Als die Wölfe angriffen 87
Die Vernichtung der Wölfe 102
Aberglaube und Redensarten 135
Von Wolfskindern und Werwölfen 152
Der Wolf und der Hund 171
Bialow und Tundra 198
Die Geschichte Taigas 225
Wotan, Gabor, Ilonka und einige andere 243
Von Werwölfen und einigen Haustieren 270
Von Wölfen und Karibus 276
Elch und Wolf 288
Andere Beutetiere 301
Wölfe unter sich oder Das Leben im Rudel 318
Die Zukunft des Wolfs 345
Der Wolf in der Literatur, in der Kunst und auf Briefmarken 362
Bibliographie 374

Vorwort

Ich fühle mich Walt Whitman sehr nahe. Wie könnte es auch anders sein, nachdem ich ein Vierteljahrhundert in der Gesellschaft von Wölfen und anderen sogenannten wilden Tieren verbracht habe?

Wölfe habe ich sehr viele gesehen, einige Dutzend habe ich sogar aufgezogen; ich bin in die meisten Länder gereist, in denen Canis lupus häufig vorkommt. Ich habe ihren Charakter und ihr Verhalten kennengelernt, habe mich bemüht, so zu leben wie sie und ihr Vertrauen zu gewinnen. Und weil sie mich immer als ein aufrecht gehendes Tier betrachtet haben, bin ich in ihren verschiedenen Rudeln gleichsam das Leittier gewesen.

Vor mehr als fünfzehn Jahren erschien bei den Editions Stock in Paris das Buch *Das Leben der Wölfe*. Es ist seit langem vergriffen. Da schien es an der Zeit, ein neues, umfangreicheres Buch zu schreiben, in dem ich von einer viel größeren Erfahrung und gründlicheren Kenntnis dieses großartigen Tieres ausgehen konnte.

Aber bevor ich den Wolf näher vorstellen werde, muß ich eine Frage beantworten, die mir oft gestellt worden ist. Warum ausgerechnet Wölfe? Na ja, das ist eine lange Geschichte. Als Kind war ich viel draußen, auch im Winter, und habe im Schnee mit den Deutschen Schäferhunden gespielt; mein Vater hatte eine Zucht in den Bergen. Als ich zehn Jahre alt war, genügten mir die Hunde nicht mehr, ich träumte von Wölfen, wollte unbedingt Wölfe haben, und zwar echte. Heute kann ich nunmehr feststellen, daß man im reifen Mannesalter das im Überfluß besitzt, was man sich in der Jugend aus ganzer Seele herbeigesehnt hat.

Es hat auch andere Gründe gegeben, die meine Leidenschaft immer wieder aufflackern ließen. Bei einer Zählung der Wolfspopulationen in Minnesota hat einmal ein Pilot von seinem kleinen Flugzeug aus Wölfe abgeschossen. Bei einem Tier hatte er nur die Vorderbeine getroffen. Als er es bemerkt hatte, landete er und näherte sich zu Fuß dem Wolf, um ihn vollends zu töten. Aber statt auf einen bedrohlich die Zähne fletschenden Feind des Menschen zu stoßen, fand der Pilot ein sanftes und gefügiges Wesen vor, das freundschaftlich und unterwürfig wie ein geschlagener Hund mit dem Schwanz wedelte.

Man wird in diesem Buch zahlreiche Beispiele finden, die zeigen, daß sich ein in die Enge getriebener oder verletzter Wolf nicht unbedingt aggressiv verhalten muß.

Heutzutage pflege ich meine Beziehungen zu Wölfen in der Lozère, in dem Département, das als das ärmste Frankreichs gilt. Es ist arm im ökonomischen Sinne, ansonsten aber ist es eher das reichste: keine Fabriken, keine Umweltverschmutzung, fast überall noch unzerstörte Natur.

Das Heulen der Wölfe in den Bergen verstärkt noch mehr das Gefühl, das man hier empfindet; man meint, von einem Hauch Ewigkeit umweht zu sein.

Beschreibung des Wolfs

Der Wolf: große Ohren, große Augen, große Zähne. Eine mehr als knappe Beschreibung, und dennoch begnügen sich Millionen von Menschen mit diesem verkürzten Bild, weil man ihnen seit der Kindheit Geschichten erzählt hat. Märchen, Fabeln und Legenden haben für die große Angst vorm bösen Wolf gesorgt.

Es ist jedoch notwendig, ein wenig präziser zu sein. Die Zeiten sind vorbei, in denen man einfach irgend etwas erzählen konnte, in der Hoffnung, daß ganze Generationen es in ihrer Unwissenheit schon glauben werden.

Der Wolf gehört zur Klasse der Säugetiere. Sie umfaßt ungefähr 5000 Arten von der Etruskerspitzmaus *(Suncus etruscus)*, deren Gewicht zwei bis drei Gramm beträgt, bis zum Blauwal *(Balaenoptera musculus)*, dem Riesen des Meeres, der es bei einer Länge von 30 Metern auf ein Gewicht von 150 Tonnen bringt.

Der Wolf gehört zu den Landraubtieren oder Fissipedia und zur Superfamilie der Hunde, deren kleinster Vertreter, der Fennek oder Wüstenfuchs *(Fennecus zerda)*, kaum drei Pfund wiegt. Die Entwicklungsgeschichte der Familie der Hunde hat sich teils in Amerika, teils in Europa vollzogen. Nordamerika war das wichtigste Gebiet, in dem die verschiedenen Unterfamilien der Hunde entstanden sind.

So ist es in der Mitte des Tertiärs, genauer im Känozoikum (vor 85 Millionen Jahren), zu einer rapiden Beschleunigung in der Artenentwicklung gekommen. Nach François Delpechs Untersuchung *Les Faunes du Paléolithique supérieur dans le sud-ouest de la France [Die Fauna des Oberen Paläolithikums im Südwesten Frankreichs]* hat sich beim Wolf *(Canis lupus)* die Größe der Zähne im Lauf der Zeit langsam aber regelmäßig verändert. So haben Höhe und Durchmesser der Kronenbasis der oberen und unteren Eckzähne von der Rißeiszeit (vor 200 000 Jahren) bis zur Gegenwart konstant zugenommen, während sich im selben Zeitraum der Durchmesser bei den Schneidezähnen sowie den oberen und unteren Prämolaren mit der gleichen Konstanz verringert hat. Der untere Reißzahn hat seine maximale Größe im Verlauf der Würmeiszeit erreicht (letzte Eiszeit des Quartärs, in vier Perioden gegliedert, zwischen 80 000 und 10 000 Jahren vor unserer Zeitrechnung).

An dieser Stelle müssen die artspezifischen Merkmale erwähnt werden, durch die sich der Wolf vom Hund unterscheidet, mit dem er oft verglichen wird. Der Wolf verfügt im Gegensatz zum Hund am oberen Schwanzansatz neben den Analdrüsen noch über eine zusätzliche Drüse, die Precaudal- oder Violdrüse. Die Hinterpfoten des Wolfs bewegen sich auf derselben Linie wie die Vorderpfoten, während der Hund seine Hinterpfoten zwischen den von den Vorderpfoten hinterlassenen Spuren plaziert. In der Fachsprache nennt man diese Abdrücke Trittsiegel. Aber die entscheidenden Unterschiede zwischen dem Wolf und dem Hund bilden die Schädelmerkmale.

N.-A. Iljin hat die genetischen Merkmale des Wolfshundes untersucht. Eines der Unterscheidungsmerkmale ist der Orbitalwinkel, darunter versteht man den Schnittwinkel zwischen einer horizontalen Linie am höchsten Punkt des Schädels mit einer vom unteren Ende der Augengrube her gezogenen Linie. Bei den Wölfen beträgt dieser Winkel stets zwischen 40 und 45 Grad, während er beim Hund zwischen 53 und 60 Grad mißt.

Im folgenden seien einige Beispiele für diesen Winkel angeführt: Beim Urhund sind es 52 Grad, beim Deutschen Schäferhund 50 Grad, beim Torfhund (dem ältesten Hund, den wir kennen) 48 Grad. Die Schädelform dieser Hunde kommt der des Wolfes am nächsten, unterscheidet sich von ihr aber immer noch beträchtlich. Ein weiterer Unterschied liegt in der Form und im Ausmaß der Jochbögen, zweier kuppelförmiger Höcker an der Schädelbasis, direkt hinter dem Übergang von der Wange zum Unterkiefer. Wölfe und Kojoten haben lange, konvexe Jochbögen, beim Hund dagegen sind sie kleiner, leicht zusammengedrückt und faltig.

Man muß beachten, daß es bei den Wölfen zahlreiche Unterarten gibt, die sich durch Fellfarbe, Größe und Gewicht unterscheiden. Diese Arten haben sich im Zuge der morphologischen Anpassung an die jeweiligen Besonderheiten der Biotope und des Klimas herausgebildet. Es gibt nicht weniger als sechs Unterarten in der Paläarktis (Nördliche Halbkugel der Alten Welt) und über zwanzig Unterarten in der Nearktis (Neue Welt).

In Europa weist der Wolf territoriale Unterschiede auf, je nachdem, ob er in Spanien, Italien (dort findet man ihn noch in den Abruzzen), in Polen oder in Lappland lebt. Im allgemeinen haben Wölfe, die in Spanien (Kantabrisches Gebirge, Sierra de Gredos, Sierra

Morena) und im Norden Portugals leben, ein dunkleres, stahlgraueres Fell als die Wölfe in Mittel- und Nordeuropa. Außerdem sind sie kleiner und wiegen zwischen 30 und 45 Kilo.

Der größte Wolf Europas und wahrscheinlich der ganzen Welt dürfte jenes Tier gewesen sein, von dem Graf Géza von Kiss aus Nemesker, Oberförster des Königreichs Ungarn, berichtet hat. Dieser Wolf ist am 31. Dezember 1942 in den Karpaten von einem Jäger erlegt worden. Der Wolf maß von der Schnauze bis zum Schwanzende 2,13 Meter und wog 96 Kilo. Das Protokoll, in dem Gewicht und Gesamtkörperlänge festgehalten werden, findet sich in der zoologischen Abteilung des Ungarischen Nationalmuseums in Budapest.

Die zwei Wölfe, die bei den Treibjagden erlegt worden sind, die man zur Tötung der berüchtigten Bestie von Gévaudan organisiert hatte, wogen 63 Kilo (Abschuß am 22. Juni 1765) beziehungsweise 53 Kilo (Abschuß durch Chastel am 19. Juni 1767). Aber diese Angaben der Historiker beruhen vielleicht nur auf Schätzungen; als streng wissenschaftlich können sie jedenfalls nicht bezeichnet werden. Ich bin der Meinung, daß ein Wolf, der es auf ein Gewicht von 60 Kilo bringt, schon ziemlich beeindruckend und außergewöhnlich ist. Auf internationalen Jagdausstellungen kann man gelegentlich jedoch auch Wölfe aus Polen oder Rußland sehen, die 80 Kilo wiegen. Dies freilich sind wahre Rekordgewichte, da Wölfe im Durchschnitt ein Gewicht von 30 bis 50 Kilo erreichen.

In Nordamerika wiegen die männlichen Tiere nur selten über 54 Kilo, die Weibchen meist unter 45 Kilo. Young zufolge ist im östlichen Teil Zentral-Alaskas ein Wolf mit 79,3 Kilo getötet worden. Ein weiterer ist in

Westkanada gefangen worden; er wog – bei vollem Magen nach der Nahrungsaufnahme – 77,9 Kilo. Die Weibchen sind also eindeutig kleiner und leichter.

Das Fell des europäischen Wolfs ist mit Ausnahme der in Spanien vorkommenden Wölfe im allgemeinen fahlrötlich sowie, vor allem auf dem Rücken, grau und schwarz gefärbt; am Bauch wird der Farbton zunehmend heller. Ende April beginnen sich die Wölfe zu haaren, einen Monat später verlieren sie ihr schönes dichtes Fell. Sie sehen mager aus, und ihr Fell hat jetzt eine rötliche Tönung, vor allem an den Pfoten. Die Welpen, die im Mai geboren werden (in Alaska erst im Juni), beschützt ein wolliges, ziemlich dunkles Fell, das sie im Alter von zwei Monaten verlieren. An dessen Stelle tritt bis zum folgenden Frühling ein rötlichgraues Fell. In Südeuropa, namentlich in Spanien, verlieren die Wölfe ihr Fell bereits im März.

Bei den Wölfen Nordamerikas lassen sich deutliche territoriale Unterschiede feststellen, sowohl im Hinblick auf das Gewicht als auch auf die Farbe des Fells. Im Mackenzie-Gebiet zum Beispiel trifft man recht häufig schwarze Wölfe an. Es kann vorkommen, daß in ein und demselben Wurf von insgesamt fünf Welpen zwei oder drei Welpen ein schwarzes Fell haben, während die anderen hellgrau, fast weiß sind... Diese schwarzen Wölfe sind die sogenannten »Waldwölfe«. Hier geht es um ein Problem der farblichen Anpassung, die vor anderen Räubern Schutz bieten oder die Tarnung beim Anschleichen der Beute erleichtern kann.

Die Bedeutung des Lebensraums ist hier nicht zu unterschätzen: sie ist viel größer als allgemein angenommen wird. Es scheint so zu sein, daß eine natürliche Selektion der Grund für die farbliche Anpassung ist und daß daher die Herausbildung von Arten mit Tarn- oder Schutzfell begünstigt wird. Farbgleichheit oder Homochromie liegt vor, wenn das Tier die gleiche Färbung aufweist wie seine natürliche Umwelt. Die schwarzen, sogenannten melanistischen Wölfe oder auch Schwärzlinge sind besser an ihren Lebensraum (dunkle Wälder) angepaßt als die Wölfe mit hellem Fell.

In den ersten Wochen ihres Lebens haben die Wolfswelpen einen im Vergleich zum Körper überproportional großen, runden Kopf, der sie eher wie junge Füchse aussehen läßt. Die Wölfe haben von Natur aus einen frei herunterhängenden Schwanz; im Winter ist er sehr buschig, so daß weniger erfahrene Menschen einen drei oder vier Monate alten Wolfswelpen leicht mit einem Fuchs verwechseln können.

Die Ohren der Wölfe sind kurz und rund (im Gegensatz zum Deutschen Schäferhund, fälschlicherweise auch Wolfshund genannt, dessen Ohren lang und spitz sind). Der Kopf eines Wolfs wirkt breiter als der eines großen Hundes. In Wirklichkeit aber ist der Schädel des Wolfs schmaler; die Dicke des Fells läßt ihn nur breiter aussehen.

Ich habe die Schädelmaße einiger Wölfe ermittelt. Der Schädel eines jungen, zehn Monate alten Wolfes hatte eine Gesamtlänge (man spricht hier auch von der Condylobasallänge) von 233 Millimetern, bei einem anderen waren es 244 Millimeter. Der Unterkiefer des jungen Wolfs hatte eine Länge von 162 Millimetern, bei dem zweiten Tier waren es 164 Millimeter. Die Schädelbreite betrug bei beiden Wölfen 66 Millimeter. In meiner Sammlung habe ich auch den Schädel eines Wolfes aus Kanada; dieser Schädel ist größer, seine Breite beträgt 70 Millimeter, die Länge des Unterkiefers 194

Millimeter. Dieser Wolf war 12 Monate alt, es handelte sich also um einen sogenannten Jährling.

Wenn auch der Schädel des Wolfes zweifellos schmaler ist als etwa der eines Deutschen Schäferhundes, so übertrifft die Schädelkapazität von 170 Kubikzentimetern deutlich die eines großen Hundes, bei dem sie zwischen 120 und 140 Kubikzentimeter beträgt. Das Hirn des Hundes wiegt folglich auch 31 Prozent weniger als das Hirn des Wolfs.

Gesichts-, Geruchs- und Gehörsinn sind beim Hund vergleichsweise schwächer entwickelt; selbst die Hunde mit der feinsten Witterung sind in dieser Hinsicht dem Wolf unterlegen. Hier ist außerdem zu berücksichtigen, daß Wildtiere intelligenter sind als ihre domestizierten Artgenossen. Darwin hatte dies am Beispiel des Kaninchens schon 1868 festgestellt. Er hatte auf die Tatsache hingewiesen, daß selbst die größten Hauskaninchen eine geringere Schädelkapazität haben als die entsprechende wilde Art.

Dieser Befund gilt für Haustiere generell, ob sie nun in ziemlich eng begrenztem Lebensraum oder in relativ freier Umgebung gehalten werden wie das Lama oder das Alpaka der Anden. W. Herre und seine Mitarbeiter haben 1955 diese vergleichenden Messungen präzisiert. Vor allem bei der Entwicklung des Vorderhirns sind die frappantesten Unterschiede festzustellen. Bei den domestizierten Artgenossen des Wildkaninchens verringert sich im Vergleich die Gehirnmasse um 55 bis 60 Prozent. Es ist nachgewiesen worden, daß ausgewilderte Hausesel nach ungefähr fünfzig Jahren wieder ein vergleichsweise größeres Gehirn als ihre ehemals domestizierten »Vorfahren« entwickelt hatten, ja daß das absolute Gehirngewicht um 15 Prozent zugenommen hatte. Die Länge der Gehirnfurchen war um 27 Prozent angewachsen, was auf eine vergrößerte Oberfläche der Gehirnrinde verweist.

Es ist behauptet worden, daß die Gehirnmaße keinen Einfluß auf die Intelligenz haben. Die Annahme, daß die Gehirngröße die intellektuellen Fähigkeiten beeinflußt, basiert auf Tatsachen. So wog zum Beispiel das Gehirn Turgenjews 2000 Gramm, das von Cuvier 1830 Gramm und das Byrons 1800 Gramm. Und was den Wolf betrifft, so würde ich sagen, daß man ihn nur genau zu kennen braucht, um zu sehen, daß er intelligenter ist als der Hund. Der Wolf hat einen sehr muskulösen Hals (mit sieben Halswirbeln wie bei allen Säugetieren); es hat den Anschein, als ob alle seine Kräfte in diesem mächtigen Hals konzentriert seien. Dieser Hals scheint weniger beweglich als beim Hund zu sein, weshalb schon Aristoteles geglaubt hat, beim Wolf seien zwei der Halswirbel miteinander verwachsen. Ein geradezu legendärer Irrtum, der sich lange gehalten hat. In Wirklichkeit nämlich sind die Schulterblätter im Vergleich zum Hund beim Wolf schräger gestellt, was ihm eine große Beweglichkeit und Wendigkeit verleiht.

Hinter den Schulterblättern, am Widerrist, trägt der Wolf eine buschige Mähne, die sich beim Imponieren sträubt und in hohe, wulstige Falten legt. Im Winter ist nicht nur das Fell des Wolfes besonders dicht, vor allem auch die Barthaare sind besonders entwickelt und lang, was dem Wolf zusammen mit den schräggestellten Augen sein besonderes Aussehen verleiht. Diejenigen, die einen Wolf noch nie aus der Nähe gesehen haben, bezeichnen seinen Blick als hinterlistig und gemein. Bei einer solchen Charakterisierung handelt es sich um eine unbewußte Vermenschlichung des Wolfs.

Ein seltsames Funkeln liegt nachts in den Augen der Wölfe. P. W. Gilbert zu Folge ist festzustellen, daß der Wolf wie die übrigen wildlebenden Caniden (Fuchs, Kojote, Lycaon, Schakal) im Dunkeln hervorragend sehen kann. Dieses ausgeprägte Sehvermögen kommt durch ein besonderes Gewebe zustande: Das *Tapetum lucidum*, das sich in der Aderhaut des Auges befindet, zwischen der Netzhaut (Retina) und der Lederhaut. Das Tapetum besteht aus Zapfen sowie aus Pigmentzellen oder Melanophoren, die die Fähigkeit haben, an den Zapfen entlangzuwandern.

Bei geringer Lichtstärke, das heißt in der Dunkelheit, sind die Melanophoren zusammengezogen. Wenn Licht ins Auge fällt, wird die Netzhaut ein erstes Mal stimuliert, dann reflektiert sich das Licht auf den Zapfen des Tapetums, so daß die Sehzellen ein zweites Mal den Reiz aufnehmen. Bei normaler Lichtstärke hingegen wandern die Pigmentzellen an den Zapfen des Tapetums entlang und verhindern so, daß es zu einer übermäßigen Lichtaufnahme kommt. Durch diese Pigmentwanderung ist die Anpassung des Auges an verschiedene Lichtintensitäten gewährleistet.

Die Tiere, die über diese besondere Art der Adaptation verfügen (außer den Caniden zum Beispiel auch die Luchse und die Katzen), haben Augen, deren Pupillen nachts aufleuchten. Daher kommt also das seltsame phosphoreszierende Funkeln in den Augen der Wölfe.

Die Schnauze des Wolfs unterscheidet sich von dem des Hundes. Beim Wolf sind die Mundwinkel länger; auch ist das Gebiß wesentlich stärker ausgebildet. Insbesondere die Eckzähne sind länger und breiter als bei jedem Hundegebiß, und sei dieses auch noch so gut entwickelt. Der Wolf hat zweiunddreißig Milchzähne, die er mit vier Monaten verliert. Aber schon vor dem Ausfall des Milchgebisses wachsen die ersten Prämolaren und die mittleren Schneidezähne. Im Alter von fünf Monaten hat er sein endgültiges, aus zweiundvierzig Zähnen bestehendes Gebiß.

Mit Hilfe der sogenannten Zahnformel lassen sich die Gebißverhältnisse des Wolfs folgendermaßen beschreiben: Für den Oberkiefer gilt die Formel 3I×1C×4P×2M. Diese Formel gibt die jeweilige Zahl und Art der Zähne pro Hälfte des Oberkiefers an, das heißt, der Oberkiefer besteht aus drei Incisivi (Schneidezähnen), einem Caninus (Fangzahn oder Eckzahn), vier Prämolaren (vordere Backenzähne) und zwei Molaren (hintere Backenzähne). Für den gesamten Oberkiefer ergibt dies demnach insgesamt zwanzig Zähne.

Für den Unterkiefer ist die Formel beinahe die gleiche, der einzige Unterschied besteht darin, daß der Unterkiefer zwei Molaren mehr hat, insgesamt also aus zweiundzwanzig Zähnen besteht. Als Reißzähne werden der vierte Prämolar im Oberkiefer und der erste Molar im Unterkiefer bezeichnet. Der Eckzahn eines jungen Wolfes aus Kanada, den ich selber in der Hand gehabt habe, maß einundsechzig Millimeter. Es handelte sich um einen Eckzahn des Oberkiefers, der entsprechende Eckzahn des Unterkiefers maß dreiundsechzig Millimeter.

Ein kräftiger, ausgewachsener Wolf erreicht eine Schulterhöhe von achtzig Zentimetern, seine Gesamtkörperlänge (von der Schnauze bis zum Schwanzende) kann von einem Meter vierzig aufwärts bis zu einem Meter achtzig betragen. Der Schwanz mißt fünfunddreißig bis vierzig Zentimeter.

Es gibt zahlreiche Unterarten des Wolfs. Ich führe sie

hier für diejenigen an, die sich für die Taxonomie (Systematik) interessieren. Bei den asiatischen Wölfen wäre der Mongolische Wolf *(Canis lupus chanco)* zu nennen, eine sehr kräftige Art. Der Indische Wolf *(Canis lupus pallipes)* dagegen ist erheblich kleiner. Anfang unseres Jahrhunderts lebte noch der Japanische Wolf *(Canis lupus hodophilax)*. Diese Unterart wurde das Opfer allzu intensiver Bejagung und ist in den zwanziger Jahren ausgestorben. Sogar in Europa, namentlich in Ungarn und im Osten Österreichs, gab es eine sehr kleine Unterart, nämlich den Schilfrohrwolf *(Canis lupus minor)*, von dem es noch einige Felle in den Museen gibt. Wie wir schon gesehen haben, gibt es in Europa und in Nordamerika sogenannte Schwärzlinge oder melanistische Wölfe, daneben aber auch weiße Wölfe, die in der Arktis leben.

In Kanada kommen noch mehr Unterarten vor. Im Norden, auf den Queen Elizabeth Islands, lebt *Canis lupus arctos* mit einem weichen, fast schneeweißen Fell (Pocock 1935). Im südlichen Teil des Yukon-Gebiets, in der Mitte British Columbias und im südlichen Teil der Rocky Mountains von Alberta kommt eine große Unterart, *Canis lupus columbianus*, vor (Goldman 1944). Auf Vancouver Island lebt *Canis lupus crasodon* (Hall), eine mittelgroße Rasse mit dunkelgrauem Fell. An der Küste von British Columbia findet man eine kleine, dunkelbraune Unterart, *Canis lupus fuscus* (Richardson 1839). Eine weitere Unterart, *Canis lupus griseoalbus*, lebt in der Mitte der nördlichen Prärieregionen (Baird 1858). Eine andere Unterart von mittlerer Größe und weißlicher Farbe, *Canis lupus hudsonicus* (Goldman 1944), findet man im Norden Manitobas; im Winter kommt die Art auch im Keewatin-Distrikt vor, im Sommer auch im Osten des Mackenzie-Distrikts (Northwest Territories).

Eine große, selten gewordene Unterart mit hellem Fell lebt im Süden Albertas; es handelt sich um *Canis lupus inemotus* (Goldman 1937). Eine andere große und helle Unterart, *Canis lupus labradorius* (Goldman 1937), lebt wie der Name schon sagt in Labrador und im Norden von Québec. Weiter gibt es *Canis lupus mackenzii* (Henderson 1940), der im Norden des Mackenzie-Distrikts vorkommt. Auf Baffinland, der größten Insel des Kanadisch-Arktischen Archipels, findet man eine kleine Unterart, *Canis lupus manningi* (Anderson 1943). Im Süden des Mackenzie-Distrikts sowie im Norden Albertas kommt eine große, überwiegend melanistische Unterart vor, *Canis lupus occidentalis* (Richardson 1829). Im Herzen Alaskas und im Yukon-Gebiet lebt eine dunkle, meist sehr große Unterart, *Canis lupus pambasileus* (Elliot 1905). Schließlich noch *Canis lupus tundrarum* (Miller 1912), eine weißliche Unterart, die an der arktischen Küste Alaskas und im Yukon-Gebiet zu finden ist.

Früher gab es noch weitere Unterarten, die inzwischen alle ausgerottet worden sind. Die aufgezählten Unterarten verdienen ihren Namen durchweg mit Recht. Sie fallen nicht unter jene Kategorien, die früher oft aufgestellt worden sind: Der Forscherehrgeiz und die Manie, sich für die Nachwelt verewigen zu wollen, trugen oft dazu bei, daß man einer Unterart, die es gar nicht verdiente, den eigenen Namen gab. Oft unterschied sich die Art in keinerlei Hinsicht von den Unterarten, die in der Forschung bereits klassifiziert waren. Die hier angeführten Unterarten des Wolfes in Kanada unterscheiden sich aber deutlich, etwa in Größe und

Färbung, voneinander. Was das Trittsiegel des Wolfes betrifft, so kann festgestellt werden, daß der Abdruck eines Wolfes auf den ersten Blick dem eines großen Hundes ähnelt. Wenn man sich das Trittsiegel etwas genauer ansieht, dann fällt auf, daß der Wolf einen schmaleren und längeren Fuß hat als der Hund. Die Ferse ist größer, die Krallen sind wesentlich stärker entwickelt; auch ist der Fuß des Wolfes weniger ebenmäßig, die mittleren Zehen sind nicht geschlossen.

Beim Rüden sind die Füße breiter als bei der Wölfin; ihr Fuß ist länger und schmaler, ihre Krallen sind feiner, auch die Ferse ist etwas kleiner als beim Rüden. Der Fuß eines Jungwolfs (sechs Monate bis ein Jahr) unterscheidet sich durch die spitzeren Krallen von dem eines erwachsenen Wolfes. An den Hinterpfoten besitzt der Wolf nur vier Zehen. Die Wölfe Kanadas und Alaskas haben im Vergleich zu ihren mitteleuropäischen Artgenossen längere und breitere Füße. Das hängt offensichtlich mit der Anpassung an die Schneeverhältnisse zusammen. Der Fuß mit seiner größeren Tragfläche fungiert gleichsam als eine Art Schneeteller.

Die verkümmerte Zehe, die man bei Hunden manchmal an den Hinterläufen findet, wird Wolfskralle genannt. Manche Leute neigen zu der Ansicht, daß das Vorhandensein solcher Krallen ein eindeutiges Zeichen für eine enge Verwandtschaft zwischen Hund und Wolf sei. Dabei ist genau das Gegenteil der Fall. Denn diese zusätzlichen Krallen im Hinterfuß sind ein Rasse- oder Reinheitsmerkmal des Hundes; wilde Hunde haben diese Krallen nicht. Es kommt vor, daß diese sogenannten »Wolfskrallen« beim Laufen stören oder beim Hängenbleiben einreißen, so daß die Hundebesitzer die Krallen vom Tierarzt amputieren lassen müssen. Die

Herausbildung zusätzlicher Zehen ist ein Zeichen der Zähmung oder besser: der Zuchtauslese.

Wenn man den Gesichtsausdruck und die Schwanzhaltung der Wölfe beobachtet, kann man daraus Rückschlüsse auf ihre momentane Stimmungslage ziehen. Natürlich ist es einfach, aus der Mimik eines Wolfes Drohgebärden abzulesen, zumal diese meistens von einem Nasenkräuseln begleitet werden, das einen Teil der prächtigen Zähne freilegt. In den meisten Fällen jedoch und immer, wenn sich ein Mensch nähert, ist es die Scheu, die sich im Blick eines Wolfes lesen läßt.

Insbesondere der Schwanz gibt zu erkennen, was diese Raubtiere in einem bestimmten Augenblick gerade empfinden. Ein zur Seite gesenkter Schwanz zum Beispiel ist Ausdruck einer großen Unsicherheit. Wenn der Schwanz frei herunterhängt und hin und her gewedelt wird, ist dies Zeichen einer aktiven Unterwerfung. Umgekehrt, wenn der Schwanz hoch aufgerichtet und von oben nach unten bewegt wird, dann ist dies das Zeichen dafür, daß der Wolf imponieren möchte. Eine waagrechte Schwanzhaltung, in direkter Verlängerung des Rückens, ist Ausdruck eines Drohverhaltens. Wenn der Schwanz zwischen die Hinterläufe eingeklemmt wird, dann ist dies das Zeichen dafür, daß sich der Wolf fürchtet, daß er große Angst empfindet.

Beim Verhalten des Wolfs spielen auch die Ohren eine große Rolle. Nach hinten gelegte Ohren sind Ausdruck der Unterwerfung. Die Sinne des Wolfes sind sehr stark ausgeprägt. Sie haben es dem Tier gestattet, in zahlreichen Ländern zu überleben, trotz der Verfolgung, der es immer wieder ausgesetzt gewesen ist.

Dazu gehören ein hervorragendes Sehvermögen und

ein hoch entwickelter Geruchssinn, der den Wolf zur Flucht veranlaßt, sobald er den Menschen wittert. Daraus erklärt es sich auch, weshalb es nahezu unmöglich ist, einen Wolf in freier Natur zu sichten. Wenn Wölfe jedoch noch nie einen Menschen gesehen haben, sind sie weniger vorsichtig und nicht so scheu. Freilich gibt es nur noch wenige Regionen, in denen der Mensch nicht präsent ist.

Ellesmere Island ist ein Beispiel für ein vom Menschen unbewohntes Gebiet. Hier hat der Naturforscher Parmelee feststellen können, daß sich die Wölfe so verhielten, als ob sie zahm seien. Parmelee, von Haus aus Ornithologe, hatte einen jungen Wolf gefangen und mitgenommen. An seinem Gewehr hatte er die Vögel festgebunden, die er zu Forschungszwecken geschossen hatte. Die große Wölfin ging hinter ihm her, die Schnauze immer zu den hin und her baumelnden Vögeln gestreckt. Schließlich mußten der Forscher und seine Leute mit Schneebällen nach der überhaupt nicht scheuen Wölfin werfen, um sie sich vom Leibe zu halten. L. D. Mech bestätigt, daß die Wölfe im Hohen Norden nur wenig Scheu vor den Menschen zeigen und vermutet, daß dies daran liegt, daß dort die Jagd fast gänzlich unbekannt ist.

Die Crislers haben im Herzen Alaskas einen Film gedreht und konnten dabei zu ihrer großen Überraschung feststellen, daß sie von einem Wolfsrudel beobachtet wurden, das keinerlei Scheu oder Angst zeigte. Das Rudel hatte noch nie ein menschliches Wesen erblickt. Farley Mowat hat im Keewatin-Distrikt nordwestlich der Hudsonbai einen großen Wolf gesehen, der seine Bewegungen beobachtet hatte, allerdings ohne irgendein Zeichen der Beunruhigung. Der Wolf war einfach nur neugierig. In dieser Region, wie auch in der Brooks Range in Alaska, ist es nicht gerade alltäglich, daß Menschen spazieren gehen...

So wie der außerordentlich entwickelte Geruchssinn der Wölfe, spielt auch der Gehörsinn eine beträchtliche Rolle. Hier komme ich natürlich auf das Heulen der Wölfe zu sprechen, auf ihre außergewöhnliche Sprache. Ein Wolf kann das Heulen seiner Artgenossen aus mehreren Kilometern Entfernung hören. Durch das Heulen können mehrere Wolfsfamilien miteinander Kontakt aufnehmen. In der Forschung ist das Heulen auf unterschiedliche Weise gedeutet und bewertet worden. Theodore C. Stanwell Fletcher zum Beispiel schreibt:

»Der Wolf singt das Lied von der Schönheit der Nacht besser als es jemals eine menschliche Stimme getan hat. Er ruft seine Kameradin herbei, damit sie sich mit ihm dieser Schönheit erfreut. Dieser Schrei zerdehnt sich wie das Säuseln des Windes langsam und zärtlich zu einem Ton voller Trauer und Erwartung, bis er in zwei verschiedenen Tönen erstirbt, die so tief und leise verklingen, daß sie für das menschliche Ohr kaum mehr vernehmbar sind.« Eine sehr schöne, fast poetische Beschreibung – ob die Wölfe wohl einen Sinn für Poesie haben?

Es ist eine Tatsache, daß ich seit über zwanzig Jahren die Gelegenheit, besser gesagt das Glück habe, das Heulen der Wölfe hören zu können. Ich habe diese Raubtiere so oft heulen gehört, daß es mir, obwohl ich leider nicht das absolute Gehör habe, inzwischen gelingt, das Heulen der erwachsenen Rüden, der Weibchen und der Jungwölfe ebenso zu erkennen wie das Heulen der Wölfe aus Europa und derjenigen aus Nordamerika.

Wenn die Wölfe gerade nicht aufs Heulen eingestimmt sind, dann mache ich den Anfang, indem ich ihr Heulen so gut es geht nachahme. Sie geben mir Antwort, und dann entsteht ein außergewöhnliches Konzert, dessen Zuhörer in der Mehrzahl der Fälle nur der Wald und seine Bewohner sind.

An dieser Stelle möchte ich eine kleine Anekdote erzählen, die sich auf das Heulen der Wölfe bezieht. Einer meiner Freunde, der für die zahlreichen Plattenaufnahmen bekannt ist, die er von Tieren, insbesondere Vögeln, gemacht hat, kam zu mir, um das Heulen der Wölfe aufzunehmen. Ich führte ihm vor, wie er die Wölfe dazu bringen konnte, ihm Antwort zu geben. Nach einigen Versuchen, deren Resultate mir erfolgversprechend schienen, baute er sein Material etwa zehn Meter oberhalb des Wolfsgeheges auf. Nach Einbruch der Dunkelheit – alles war vorbereitet– fing er an zu heulen. Er heulte sich die halbe Nacht lang die Seele aus dem Leib, ohne daß ein Wolf sich gemüßigt fühlte, ihm zu antworten. Er hatte sich richtig heiser geheult, und hatte keine Lust mehr, die ganze Prozedur noch mal von vorne zu beginnen.

Wir beschlossen, daß ich am nächsten Abend in den benachbarten Wald gehen und dort heulen würde, damit er doch noch zu seinen Aufnahmen kommen konnte. Kaum hatte ich ein erstes, langes Heulen von mir gegeben, schon begann das vielstimmige Konzert. Ein Dutzend Wölfe aus Polen, in deren Gesänge drei Wölfe aus Kanada einfielen, heulten leidenschaftlich um die Wette. Als es zu einer kurzen Pause kam, setzte ich wieder ein, und die Wölfe heulten fort, schöner denn je. Mein Freund hatte seine Aufnahme des Konzerts, und auch wenn es unbescheiden klingen mag, so muß ich doch sagen, daß nur sehr wenige Leute in der Lage wären, den Unterschied zwischen meinem und dem Heulen der Wölfe zu erkennen. Denn mein Freund hatte natürlich alles aufgenommen.

Aber warum heulen die Wölfe eigentlich? Ein Anlaß für das Heulen kann zum Beispiel sein, wenn ein Mensch in der Nähe eines Wolfsgeheges vorübergeht. Es hat dann den Anschein, als ob in dem Heulen eine gewisse ängstliche Unruhe läge. Glockengeläute oder Alarmsirenen können ebenfalls das Heulen auslösen, und ich vermute, daß in solchen Fällen das Geräusch als stimulierender Faktor wirkt. Denn auch Hunde fangen manchmal an zu heulen, wenn sie eine Sirene hören.

Aus dem Heulen lassen sich vielerlei Dinge »heraushören«, je nach dem Ort, der Stimmungslage und den allgemeinen Umständen, unter denen die Wölfe heulen. In einem Winter, es lag viel Schnee, die Temperaturen waren auf zwanzig Grad unter Null gesunken, habe ich einmal einen großen Rüden gehört: Er saß da, den Kopf zu den Sternen emporgereckt, und sang sein Lied in den Himmel, ein seltsames Klagelied, an welchen Gott auch immer. Alles Elend dieser Welt schien in dieser Klage des ewig Verfolgten enthalten zu sein, als ob er sich das Dasein als Wolf von der Seele singen wollte.

In einer sternklaren Nacht, allein inmitten eines Rudels von Wölfen, könnte man beim Ertönen des Geheuls ohne weiteres auf den Gedanken verfallen, diese Gesänge stammten von überirdischen Wesen von einem anderen Stern. Manche Leute finden das Heulen der Wölfe finster und furchterregend, ja grausig und unheimlich. Sie bilden sich dann ein, sie hätten sich in der Tundra oder womöglich gar in der Taiga verirrt und würden nun von wilden, blutgierigen Rudeln eingekreist. Zugegeben, auch ich hatte nie den Eindruck, daß das Heulen Ausdruck der schieren Freude wäre. Aber ohne Zweifel kann man festhalten, daß das Heulen in erster Linie ein Mittel der Kommunikation darstellt. Ein Wolf heult, ein anderer gibt Antwort, auf diese Weise können sie zueinander finden.

Das Heulen ist eine Ergänzung zum ausgeprägten Geruchssinn der Wölfe. Auch ist das Heulen eine Aufforderung, gleichsam das Signal zur Jagd. Wenn ein Wolf oder ein Wolfspaar mit seinen Jungen die Fährte einer großen Beute wie z. B. dem Elch oder Hirsch aufnimmt, dann wissen die Wölfe auch, daß sie alleine nicht in der Lage sein werden, die Beute zu erlegen. Folglich fangen sie an zu heulen, damit ein anderes Rudel kommt und sich ihnen anschließt. Dann kann die Jagd beginnen, mit wesentlich besseren Aussichten auf Erfolg.

Der Wolf ist ein geselliges Tier. Er ist nicht der alte, allein herumziehende Einzelgänger, als der er oft beschrieben worden ist. Der Wolf liebt das gemeinschaftliche Zusammenleben, wie wir noch sehen werden. Im vorigen Jahrhundert und wahrscheinlich auch schon früher hat es in Frankreich Jäger und Wilderer gegeben, die durch Heulen Wölfe herbeigerufen und in die Nähe des Ansitzes locken konnten, um sie dann abzuschießen.

Das Heulen der Wölfe ist natürlich auch Gegenstand genauer wissenschaftlicher Untersuchungen gewesen. Hier kann man sich vor allem auf die Ergebnisse amerikanischer und kanadischer Forscher stützen. John P. Theberge, Professor für Tierökologie an der Universität von Waterloo/Ontario, hat nachgewiesen, daß dem Heulen der Wölfe mit wiederkehrenden Themen nicht nur bestimmte Noten, sondern auch Worte unterliegen. Diese Forschungen sind vor einigen Jahren im Algonquin Park (Provinz Ontario/Kanada) durchgeführt worden. Dabei hat man sehr bald feststellen können, daß die Wölfe in der Lage sind, die Geräusche zu orten. Indem man den Wölfen ihr eigenes, auf Tonbändern aufgezeichnetes Heulen über Lautsprecher vorspielte, konnte man sich davon überzeugen, daß die Wölfe diese Verabredungen einhielten, die die Menschen auf diese Weise mit ihnen trafen.

Professor Bressou hat von den Experimenten auf diesem Gebiet berichtet. Die Fähigkeit der Wölfe, Laute zu orten oder zu lokalisieren, hat zweifelsohne eine wesentliche Rolle bei ihrem Überleben gespielt. Diese Fähigkeit erlaubt es einzelnen Individuen, ihre Gruppe wiederzufinden, wenn sie bei nächtlichen Wanderungen oder bei Jagdzügen einmal vom Rudel isoliert sein sollten. Wenn sich die Wölfe in ihren weiten Territorien nur auf den Geruchs- oder Gehörsinn verlassen müßten, wäre der Zusammenhalt eines Rudels unmöglich, und die einzelnen Tiere könnten kaum überleben.

Das Heulen kann aber auch noch andere Funktionen und Ursachen haben als das Zusammenkommen oder den Aufbruch zur Jagd. Offensichtlich wird durch das Heulen eine Stimmung oder eine Empfindung zum Ausdruck gebracht, über deren wahre Beschaffenheit wir nicht Bescheid wissen. Eine Vielzahl von Fragen taucht hier auf: Gibt es persönliche Merkmale im Heulen eines Wolfes? Sind die Wölfe demnach in der Lage, individuelles Heulen zu unterscheiden und einem bestimmten Tier zuzuordnen? Stellt das Heulen mit einer Art Informationscode etwa eine elementare Sprache dar? Enthält ein bestimmter Abschnitt des Heulens vielleicht einen Anruf, der einer Bitte um einen Dialog gleichkommt, der dann mit dem Chorheulen von mehreren Wölfen entsprochen wird?

Um alle diese Fragen zu klären, hatte die Versuchsstation zur Erforschung des Tierlebens im Algonquin Park in einem gesonderten Gehege drei Wölfe in Gefangenschaft aufgezogen. Die Forschungen über das Heulen der Wölfe wurden von John Theberge, Doug Pimlott und ihren Mitarbeitern durchgeführt. Mitte Mai wurde eines dieser Tiere, »Big Grey«, in eine abgelegene, fünf Kilometer von der Versuchsstation entfernte Zone gebracht, in der nur selten heulende Wölfe zu hören waren.

Man ließ Big Grey das Heulen der beiden Wölfe, mit denen er aufgewachsen war, und das Heulen von anderen Wölfen, die er nicht kannte, hören. So hoffte man, eventuell Unterschiede in seinem Verhalten oder Unterschiede in dem Heulen, mit dem er Antwort gab, feststellen zu können. Doch Big Grey weigerte sich zu heulen. Zwei Monate lang wurde das Experiment Nacht für Nacht wiederholt. Das auf Tonbändern aufgezeichnete Heulen wurde in halbstündigen Abständen ausgestrahlt. Es gab jedoch niemals eine Antwort. Ende Juni schließlich war John Theberges Frau Mary eingetroffen, und gleich in der ersten Nacht kam sie auf die Idee, das Heulen eines Wolfes zu imitieren. Die Überraschung war groß, denn Big Grey gab sofort Antwort. Dieser Versuch wurde die ganze Nacht über mit Erfolg wiederholt. Wenn jedoch der Mann seinerseits zu heulen anfing, kam keine Antwort von Big Grey.

In der folgenden Nacht nahm man das von Mary imitierte Heulen auf Tonband auf. Diese Aufzeichnung wurde wie üblich durch das getarnte Fenster abgespielt. Big Grey antwortete nicht auf diesen künstlichen Laut. Damit stand fest, daß dieser Wolf, der Mary nicht gekannt und noch nie heulen gehört hatte, sehr wohl zwischen dem echten Heulen der Frau und der Aufzeichnung auf Band zu unterscheiden wußte.

Candace Savage berichtet in diesem Zusammenhang: »Interessanterweise antworten die Wölfe seltener, wenn das menschliche Geheul nicht echt ist, sondern vom Band kommt. Menschliche Ohren können zwar nicht zwischen beiden Tonquellen unterscheiden, aus einigen Tests wurde aber immerhin deutlich, daß die Töne aus Aufzeichnungen leicht verzerrt sind. Wenn Wölfe schon solche geringfügigen Unregelmäßigkeiten wahrnehmen können, wieviel müssen sie dann erst aus einem natürlichen Geheul heraushören!«

Worin also lag der Unterschied und weshalb antwortete der Wolf auf das von einer Frau imitierte Heulen, nicht jedoch auf das eines Mannes? Um in der Analyse dieses Phänomens voranzukommen, wurde der »Empfänger-Wolf« Big Grey durch einen elektronischen Apparat, ein sogenanntes Oszilloskop, ersetzt. Dieses Oszilloskop nahm alle gesendeten Laute auf und transkribierte sie in einer Art Grafik, übertrug sie in ein Sonogramm, auf dem man die Merkmale der Heullaute wissenschaftlich untersuchen konnte: die Höhe des Heulens, seine Lautstärke und vor allem seine Klangfarbe, die sich bekanntlich aus der Verbindung eines Grundtons *C* und einer bestimmten Anzahl verschiedener Teiltöne ergibt.

Auf diese Weise konnte man feststellen, daß Marys Heulen, auf das Big Grey so regelmäßig antwortete, auf der Höhe eines *c'* der sogenannten Normaloktave auf der Gebrauchstonleiter lag (das heißt der Tonleiter, deren *a'* den 440 Hz des Kammertons entspricht). Aus dem Sonogramm ging hervor, daß sich das echte Heulen Marys von der Bandaufzeichnung durch geringfügige Abweichungen in den Teiltönen unterschied. Auf dem Band war eher der zweite als der erste Teilton betont, während es beim natürlichen Heulen Marys genau umgekehrt war.

Bestimmte Formen des Heulens lassen sich nach dieser Methode noch genauer analysieren. Eines Nachts hatte sich einer der Welpen an dem Stacheldraht, mit dem das Gehege umzäunt war, ernsthaft die Pfote verletzt. Man hielt den Welpen jetzt für unbrauchbar und wollte ihn opfern. Einer der erwachsenen Wölfe im Nebengehege heulte eine ganze Nacht lang unaufhörlich; es war ein sehr eindrucksvolles, melancholisches Heulen von ergreifender Traurigkeit. Dieses Heulen stieg kontinuierlich bis zu einem sehr hohen Ton an, dem zweigestrichenen *d*. Diesen Ton hielt er ungefähr eine Sekunde lang, dann fiel er plötzlich um vier bis fünf Schritte ab, bevor er wieder bis zu einer hohen Note aufstieg.

Dieses charakteristische Heulen kann man auch bei wildlebenden einsamen Wölfen hören, die so vereinzelt sind, daß sie mit keiner Antwort rechnen können. Professor J. P. Theberge hat im Verlauf eines Jahrs über zweihundertfünfzig Heulstrophen von Big Grey aufgenommen. Im Jahr darauf zeichnete er über vierhundert Strophen von wildlebenden Wölfen auf, wobei er sämtliche biologischen Besonderheiten der Wölfe notierte, wenn sie heulten. Aus dem Vergleich seiner wichtigen Notizen mit den Sonogrammen leitete dieser außergewöhnliche Forscher seine Beurteilung des Heulens der Wölfe ab.

Für Theberge steht fest, daß das Heulen der Wölfe offenbar individuelle Merkmale aufweist, ähnlich wie jeder Mensch eine individuelle Stimmlage besitzt. Neben der großen Breite des Registers, über das der Wolf verfügt, neben der Stärke und Dauer weist jedes Heulen präzise, deutlich unterscheidbare charakteristische Eigenheiten auf. Wie beim »Timbre« der menschlichen Stimme verleiht die Verbindung der Teiltöne zum Grundton dem Heulen jedes Wolfes individuelle Besonderheit. Big Greys Heulen zum Beispiel enthielt immer mindestens fünf Teiltöne, während seine beiden Artgenossen in der Gefangenschaft nur über zwei bis maximal vier Teiltöne verfügten. Das Heulen der beiden anderen Wölfe, das ebenfalls aufgenommen worden war, unterschied sich von dem Big Greys vor allem in der Gestaltung, der Intensität und Dauer des ersten Teiltons.

Theberge sieht es weiter auch als erwiesen an, daß Wölfe die unterschiedlichen Töne in ihrem eigenen Heulen und dem anderer Wölfe genau wahrnehmen können und daß sie über ein ganzes Repertoire verschiedener Heulstrophen verfügen. Auch ist es wahrscheinlich, daß sie sich an ihrem individuellen und bestimmten Situationen angemessenen Heulen gegenseitig erkennen können – wie es bei manchen Vögeln, zum Beispiel den Feldsperlingen, der Fall ist, die sich erkennen, zwischen Nachbarn oder Fremdtieren unterscheiden können und die in der Konsequenz daraus ihren Gesang variieren...

Die Wölfe können sich also an ihrem jeweils individuellen Heulen erkennen und so beurteilen, ob die Heulrufe von einem Fremdrudel oder auch von einem Einzelwolf stammen, der nicht zu ihrer Gemeinschaft gehört.

Diese Fähigkeit, einander zu erkennen und untereinander zu kommunizieren, muß eine wichtige Rolle bei der Auswahl des Territoriums und dessen Verteidigung gespielt haben. Durch diese Verständigung wird auch erreicht, daß es nur zu einem Minimum an Auseinandersetzungen bei der Wahl oder Verteidigung des Lebensraumes kommt. Ohne diese Möglichkeiten der Kommunikation hätte es bei der Abgrenzung des Territoriums, über das jedes einzelne Rudel verfügt, erheblich mehr Auseinandersetzungen und blutige Kämpfe gegeben.

Die Heulmerkmale können je nach den Lebensbedingungen und dem Verhalten jedes Individuums variieren. Aus der Beobachtung von zwei Wölfen aus demselben Rudel ging folgendes hervor: Diese beiden Wölfe gaben unterschiedliche Heullaute von sich, je nachdem, ob sie stillstanden, lagen oder auf und ab gingen. Wenn sich eines der beiden Tiere fortbewegte, dann enthielt sein Heulen kein hohes Aufjaulen; verharrte der Wolf jedoch an einer Stelle (egal ob stehend, sitzend oder liegend), enthielt sein Heulen auch hohe Töne. Die individuellen Eigenheiten des zweiten Wolfs dagegen liefen auf das genaue Gegenteil hinaus: hohe Heullaute beim Laufen, tiefe Töne in der Ruhestellung. Auch klingt das Geheul von Wölfen, die unaufgefordert und spontan heulen, anders als bei Wölfen, die auf das Heulen von Artgenossen antworten.

Während das Antwortheulen in regelmäßigen Schritten bis zum höchsten Ton anstieg, begann das unaufgeforderte Heulen mit einer Art Auftakt, dem oft fünf sehr hohe, aufsteigende Töne folgten, bevor es mit schnell abfallenden Tönen und der Rückkehr zum Grundton endete.

Professor Theberge weist darauf hin, daß die momentane Stimmungslage ebenfalls die Art des Heulens beeinflußt. »Big Grey mochte es gar nicht, wenn er allein war. Wenn wir mit Mary weggingen, um einkaufen zu gehen, beobachtete er uns auf Schritt und Tritt. Auf diese Weise war es ihm mit der Zeit gelungen, den Weg, den wir nahmen, genau zu kennen. Er führte an der Umzäunung seines Geheges entlang. Nur alle vier oder fünf Tage waren wir weg, und jedesmal höchstens ein paar Stunden. Während unserer Abwesenheit fühlte er sich sehr allein und verlassen. Eines Tages nahmen wir beim Weggehen einen anderen Weg. Er fing an zu heulen, heulte dann eine ganze Stunde lang, im Abstand von einer halben Minute. Als wir zu unserer Station zurückkehrten, gingen wir ganz langsam, und mit äußerster Vorsicht am Gehege entlang: So konnten wir einen Big Grey beobachten, der ganz aufgeregt war und in seinem Gehege verzweifelt im Kreis herumging.«

Dieses Beispiel zeigt anschaulich, wie sehr der Wolf die Einsamkeit fürchtet. Mehrere Monate hindurch habe ich Tag für Tag ein ähnliches Verhalten an einer Wölfin namens Taiga beobachten können, deren Geschichte ich in diesem Buch erzählen werde. Ich hatte in meinem Garten einen Zwinger für sie errichtet, in den ich sie jeden Abend einschloß. Taiga fand dies normal, obwohl sie es vorgezogen hätte, bei mir zu bleiben. Die Fenster meines Büros gingen zu ihrem Zwinger hinaus; sie sah, wenn Licht brannte und konnte mich sogar bei der Arbeit beobachten.

Gegen Mitternacht, bevor ich schlafen ging, schloß ich die Läden. Sofort ließ die Wölfin ein langes Heulen hören. Sie wußte, sie würde jetzt für mehrere Stunden allein sein. Am nächsten Morgen war sie überglücklich und zeigte mir ihre ganze Zuneigung. Zweifellos ist das Heulen in dem Fall Ausdruck körperlicher und seelischer Niedergeschlagenheit. Es bleibt aber die Frage, ob die ausgeprägte Sinnesschärfe der Wölfe und die Tatsache, daß ihr unaufgefordertes Heulen in der Regel von den Artgenossen beantwortet wird, nicht Elemente einer besonderen Sprache darstellen und ob dieser Kommunikation unter den Wölfen nicht ein besonderer Code zugrundeliegt. Die Spezialisten werden diese bis heute nicht vollständig geklärten Fragen vielleicht eines Tages beantworten können.

Der Wolf ist seit jeher für seine außerordentliche Widerstandskraft bekannt. Dazu braucht man nur die alten Jagderzählungen zu lesen. Für J. Oberthur, den Naturforscher und Jäger, war die Hetzjagd auf den Wolf ohne jeden Zweifel der höchste Ausdruck der Jagdkultur. Übrigens bedauerte er das Verschwinden dieses Caniden mit den Worten: »Leider sind die Zeiten für immer vorbei, in denen es Wölfe *en masse* gegeben hat!«

Die Wolfsjagd galt in der Tat als edelste Form der Jagd, weil sie von allen Jagdarten die schwierigste war und am meisten Können und Ausdauer von den Jägern erforderte; außerdem auch einen guten Riecher und viel Mut von den Hunden. Schon ein Jungwolf war in der Lage, die Jäger über zehn Meilen vom Ausgangspunkt wegzuführen. Was jedoch das Erlegen eines erwachsenen Wolfes betrifft, so kam dies nur äußerst selten vor.

Als Langstreckenläufer ist der Wolf nicht sehr begabt für einen schnellen »Sprint«. Wenn der Wolf verfolgt wird, wenn ihm Jäger und Hunde auf den Fersen sind, dann kann er es auf eine Geschwindigkeit von dreißig

Kilometern in der Stunde bringen. Über die Schnelligkeit der Wölfe sind in den Vereinigten Staaten und in Kanada Messungen vorgenommen worden. Sie haben ergeben, daß ein dicht verfolgter Wolf eine Geschwindigkeit von vierundzwanzig Meilen auf zweihundert Yards erreichen kann. Das entspricht 38,616 Stundenkilometern. Ein Wolf, der aus Leibeskräften rennt, um seine Haut zu retten, kann es auf maximal 45 Stundenkilometer bringen.

Im Zeichen des Schreckens

Angst vor dem bösen Wolf? Die gibt es tatsächlich latent immer noch, sie kann jederzeit wieder ausbrechen. Die Angst ist da, sitzt tief, und zwar bei den meisten Menschen. Und doch ist dies nicht immer der Fall gewesen. Man kann sich mit gutem Recht fragen, ob die Leute in den ersten Jahrhunderten unserer Zeitrechnung in lauter Furcht und Schrecken angesichts der Wölfe gelebt haben. Dabei hatten sie längst nicht die Möglichkeit der Zerstörung und die tödlichen Waffen, die der »Fortschritt« dem Menschen dieses zu Ende gehenden 20. Jahrhunderts gebracht hat. Man kann mit Sicherheit davon ausgehen, daß es diese panische Angst vor dem Wolf in der vorgeschichtlichen Zeit nicht gegeben hat. In dieser Epoche, also im Oberen Paläolithikum, hatten die Menschen viel gefährlichere Gegner zu bekämpfen.

Wenn sie sich gegen Feinde wehren mußten, zum Beispiel gegen einen gefürchteten Höhlenlöwen oder gegen einen Bären, um ihm seinen Bau streitig zu machen, oder gegen einen *Machairodus* (Säbelzahntiger), dieses Raubtier mit riesigen, ungeheuer entwickelten oberen Eckzähnen, – dann war dies, gelinde gesagt, bestimmt kein Spaziergang – zumal die Menschen damals bloß über Keulen verfügten. Immerhin waren diese schwer und solide, trotzdem waren die kämpferischen Leistungen der Menschen beachtlich. In dieser Epoche war das Jagen eine lebenswichtige, aber auch sportliche Angelegenheit. Von der Angst vor Wölfen war man zu der Zeit noch weit entfernt.

Nach einer erfolgreichen Jagd haben unsere fernen Ahnen das Fleisch geräuchert; und es ist sehr wahrscheinlich, daß sich dann Wölfe in der Hoffnung näherten, etwas von den Abfällen zu erhaschen. Aber die Menschen waren immer sehr wachsam, und mit einigen gut gezielten Steinwürfen dürften sie die Wolfsrudel in die Flucht geschlagen haben.

Mehr noch, wahrscheinlich haben die Wölfe sogar dazu beigetragen, daß die Menschen an Nahrung gelangt sind. Die Menschen dieses Zeitalters waren auch Aasfresser, falls es die Gelegenheit ergab oder erforderte. Die Wölfe konnten ihnen dazu verhelfen, nämlich wenn sie selber ein großes Tier gerissen hatten, zum Beispiel einen Elch, einen Hirsch, ein Rentier oder ein Wildpferd. Wenn sich dann ein Zweibeiner näherte, ergriffen die Raubtiere die Flucht.

In Europa und überall auf der Welt wurde den Menschen auf diese Art das Überleben erleichtert; sie brachten die Beute der Raubtiere oder das, was von der Beute übrig war, in ihren Besitz. Der Mensch war also gleichsam der Tischgenosse des Wolfs.

Erst im Zuge besserer Lebensbedingungen und mit den Anfängen einer bürgerlichen Seßhaftigkeit hat die Angst Einzug gehalten. Als die Menschen ihre Höhlen verlassen und sich Hütten gebaut hatten, nachdem sie die gefährlichsten Raubtiere bereits vernichtet hatten, kannten sie ein gewisses Gefühl der Sicherheit, indem sie sich im Innern verbarrikadierten und ein Feuer anzündeten, um die Schrecken der Nacht zu vertreiben. Die Angst blieb sozusagen draußen, aber immer gegenwärtig, und nach den Stunden der Sicherheit mußten die Menschen auch wieder nach draußen gehen und sich der Gefahr stellen.

Wie mögen sie dies selber empfunden haben? Werfen wir einen Blick in überlieferte Schriften, die freilich stets von Übertreibungen geprägt sind. Im Gévaudan, dieser Provinz, die dank der berüchtigten »Bestie« in den Chroniken zur Berühmtheit gelangen sollte, geht die älteste Erwähnung von Untaten der Wölfe auf das Jahr 1395 zurück. Die Wölfe, so heißt es, richteten in diesem Gebiet seltsame Schäden an; sie fraßen Menschen auf und griffen sogar die am besten bewaffneten Männer an. Ende des 16. Jahrhunderts, während der Bürgerkriege und der Religionskriege, ist unzählige Male davon berichtet worden, daß Wölfe ein Blutbad angerichtet hätten.

In einer alten Handschrift von 1589 konnte man über das Gebiet von Gévaudan, ein für den Wolf bestens geeignetes Territorium, lesen: »Dies ist heut nur ein verlassen, unbewohnt Landt, wo auff dem Feld lebet nur der Wolff und andres wild Gethier; Die verschlingt den Mensch auff der Stell, wo sie ihn findt.« Im Jahrhundert darauf werden die Vorfälle häufiger, jedenfalls verfügen wir über mehr Dokumente. Zwischen 1630 und 1638 haben im Gévaudan die Wölfe allein in der Gemeinde Saint-Julien-du-Tournel fünfundzwanzig oder sechsundzwanzig Personen die Kehle durchgebissen. Die Zahl der Opfer ist in den Sterberegistern vermerkt. Darin findet man auch ziemlich merkwürdige Eintragungen, etwa in der Art: »Ein kirchliches Begräbnis hat an dem und dem Tag der Arm, das Bein oder der

Kopf von XY bekommen; dies sind die Überreste von denen, die die böse Bestie verschlungen hat.«

Zu dieser Zeit hat niemand sein Haus verlassen, es sei denn gut bewaffnet oder gut beschützt durch Begleitung. Aber 1630 waren im Gévaudan wirksame Waffen eher eine Seltenheit, da die Bauern keine Gewehre besaßen. Eine Waffe speziell zur Vertreibung des Wolfs wurde entwickelt; man nannte sie Wolfsgabel. Es handelte sich um einen langen Stock mit drei viereckigen, an der Spitze scharfen Eisenzinken, wobei der mittlere länger war als die seitlichen.

Außerdem war noch ein einfacheres, anscheinend genauso wirksames Mittel, um die Wölfe zu verjagen, bekannt. Es wurde praktisch in ganz Frankreich angewendet. Man zog nämlich die genagelten Holzschuhe aus und schlug die Sohlen gegeneinander. Das Geräusch des Eisens und einige Funken, die durch das heftige Schlagen aufsprühen mochten, erschreckten die Wölfe. Diese Methode ähnelt dem unter der Regentschaft von Louis XIV angewandten Verfahren, bei dem man Schlüssel gegeneinander schlug. Weiter glaubte man damals, man könne verhindern, daß die Wölfe einem Pferdegespann folgten, indem einfach ein Seil ans hintere Ende des Wagens gespannt wurde. Wenn sie sahen, wie das Seil baumelte, sich ringelte oder hochschnellte, würden die verschreckten Wölfe die Flucht ergreifen. Weshalb? Hielten sie das Seil vielleicht für eine Schlange, oder lag es einfach daran, daß sie hinter diesem seltsamen Gegenstand eine Falle vermuteten?

Es heißt, im 15. Jahrhundert fielen die Wölfe nicht nur über die ländlichen Gegenden her, sondern drangen auch in die Vororte der großen Städte ein. Im *Tage-*

buch eines Pariser Bürgers aus der Zeit von Karl VI und Karl VII kann man lesen:

»Zu der Zeit, besonders wenn sich der König in Paris aufhielt, waren die Wölfe derart wild auf Menschenfleisch, egal ob von Männern, Frauen oder Kindern, so daß sie allein in der letzten Septemberwoche zwischen dem Montmartre und der Porte Sainte-Antoine vierzehn Personen, alte wie junge, zerrissen und aufgefressen haben. Und wenn sie auf eine Herde stießen, dann fielen sie über den Hirtenhund her, ließen die Herde aber in Ruhe.«

Dem Verfasser dieses Tagebuchs fehlte es nicht an Phantasie, denn in Anbetracht des seltsamen Verhaltens der Wölfe, die ausschließlich nach Menschenfleisch gierten, fängt man an sich zu fragen, was an dem Bericht wahr sein kann. Diese Sorte unwahrscheinlicher Geschichten hatte ihren prägenden Einfluß auf die Werke über die Bestie von Gévaudan, in denen behauptet wurde – und heute immer noch behauptet wird –, die Bestie sei ein Wolf oder ein Wolfspaar, das ausschließlich auf das Fleisch der Hirten und ihrer Frauen aus sei, ohne sich auch nur im geringsten für die Lämmer zu interessieren!

Für mich stellt sich die Frage überhaupt nicht, das gilt für diese Geschichte und ähnlich gelagerte Fälle, denn hier wird wie immer kräftig übertrieben. Die »Journalisten« des Mittelalters hatten wie ihre Kollegen der späteren Jahrhunderte eine natürliche Neigung zur Sensationslust, daher also rühren ihre wenig glaubwürdigen Berichte.

Der Erzählung im Tagebuch eines Bürgers ließe sich ein kurzer Kommentar hinzufügen dergestalt, daß nämlich die Wölfe, wenn sie wirklich das Menschenfleisch so gerne mochten, von den Menschen selber auf den Geschmack gebracht worden sind. Denn in der Tat, in einer Zeit der Hungersnöte und der nahezu immerwährenden Kriege machten sich die Menschen kaum die Mühe, die Leichen der Opfer zu begraben. Die Wölfe fanden gleichsam einen gedeckten Tisch vor. Wenn diese Raubtiere hinter den Truppen herzogen, dann hatten sie ihren guten Grund dafür. Ein Wolf entscheidet sich wie jedes andere Tier und der Mensch auch stets für die einfachste Lösung. Und natürlich ist es viel leichter, den Kadaver eines Menschen zu verschlingen als stundenlang hinter einem Hasen oder einem Reh herzurennen, wobei nicht einmal die Gewißheit besteht, daß die Beute auch gefangen wird.

Werfen wir einen Blick auf andere alte Berichte. Die Wölfe müssen damals sehr zahlreich vorgekommen sein, denn der Domherr Moreau schrieb in seinem Buch *Les Guerres de la Ligue en Bretagne [Die Hugenottenkriege in der Bretagne]*, daß es um das Jahr 1550 im Finistère ungefähr 10 000 Wölfe gegeben hat. Ich frage mich, wie es zu jener Zeit möglich war, eine derartige Schätzung der Wolfspopulation vorzunehmen. Denn noch heute, und obwohl eine hochentwickelte Technik (Waffen aller Art, Narkosegewehre, Allradfahrzeuge, Hubschrauber) vorhanden ist, ist es sehr schwierig, eine einigermaßen präzise Zählung zu erreichen. Aber im Jahre des Herrn 1550 konnte von solchen modernen Methoden keine Rede sein. Außerdem gab es damals keinen einzigen Verhaltensforscher und niemand, der das Leben in der Wildnis mit Leidenschaft beobachtet hätte. Also hat man einfach irgendwelche Zahlen aus der Luft gegriffen, und dies natürlich zu dem einzigen Zweck, damit Furcht und Schrecken zu verbreiten.

Berichte besagen, daß unter der Herrschaft von Louis XIII über dreihundert Menschen von Wölfen gefressen worden seien. Natürlich muß auch hier festgestellt werden, daß die Nachforschungen, gelinde gesagt, wenig systematisch erfolgt sind; selbstverständlich wurden die Umstände, unter denen die Angriffe der Wölfe erfolgt sind, jedesmal unterschlagen. Man hat sich davor gehütet, genauer anzugeben, ob die Opfer schon halb gestorben waren infolge von Hunger, der Pest oder der Cholera.

Zur Abwechslung will ich eine recht lustige Anekdote erzählen. Unter Louis XIV hatten die Wölfe den Ruf, ausgesprochen wild zu sein, erlangt, so daß ein großer Stratege ein Projekt entwickelt hatte, mit dem innerhalb eines Jahres die ganze, mit Frankreich verfeindete englische Nation vernichtet werden sollte. Der Erfinder dieses aberwitzigen Plans, der an die Geschichte erinnerte, wies den Minister auf die verheerenden Schäden hin, die die Wölfe früher schon in Großbritannien angerichtet hatten. Ein Wolf mit einem normalen Appetit war in der Lage, einen Menschen innerhalb von zwei Tagen zu fressen. Daraus schloß der Stratege, daß man nur zehntausend Wölfe nach England zu bringen habe, damit von den damals sieben Millionen Einwohnern Großbritanniens nicht ein einziger Mensch übrig bliebe, weil dieses Tier, so fügte er hinzu, außerdem eine besondere Vorliebe für den Engländer habe! Kein Wunder, daß angesichts derartiger Spezialisten die Angst vor dem Wolf um sich greift.

Und dennoch ließ sich nicht jedermann von solchen finsteren Geschichten täuschen, weshalb auch nicht alle Leute Angst hatten. So schrieb zum Beispiel Auguste Chirac 1850 in seinem Werk *Au Gévaudan des loups*:

»Ich habe überhaupt keine Angst vor Wölfen; einmal war mir sogar ein halbes Dutzend auf den Fersen, und dennoch war ich nicht allzu beunruhigt, obwohl es mitten in der Nacht im Wald war, wo ihr durch das Echo noch verstärktes Heulen am unheimlichsten und fürchterlichsten klingt, wo ihre funkelnden Augen zugleich faszinieren und verstören und wo man wirklich Gefahr läuft, aufgefressen zu werden. Dennoch hatte ich keinerlei Anlaß, vor ihnen in Panik zu verfallen, obwohl sie mit ihrem mächtigen Pelz von beeindruckender Größe waren. Aber während ich besonnen blieb und die Ruhe bewahrte, galt dies nicht für meine Stute, die in den Wölfen fürchterliche Feinde sah und daher sehr erschrocken war. Als ich die Wölfe entdeckt hatte, galt meine erste Handbewegung den beiden Halftern, aus denen ich meine Pistolen holen wollte, aber sie waren beide leer. In der Eile meines Aufbruchs hatte ich diese beiden so wichtigen Bestandteile meines Gepäcks auf dem Tisch liegen lassen. Ohne Waffen war es mir unmöglich, die Wölfe auf Distanz zu halten, ich mußte eine ganze Reihe sehr anstrengender und äußerst ermüdender Manöver ausführen.«

Weiter unten schreibt dieser Autor, und sehr zu Recht: »Wenn Wölfe einen Reiter angreifen, dann haben sie es selbstverständlich in erster Linie auf das Pferd abgesehen. Sie unternehmen alles, um das Pferd einzuschüchtern und es zu ermüden; sie umzingeln es von allen Seiten, mal bedrohen sie es von hinten, mal suchen sie Anhöhen auf, um es von dort aus zu dominieren; mal eilen sie voraus, halten und warten, bis das Pferd kommt und dann scheut; manchmal machen sie Luftsprünge und hüpfen um das Pferd herum, wie um es zu verwirren und zu irritieren, wobei sie es keine

Sekunde aus den Augen lassen und auf eine Gelegenheit zum Angriff warten. Wenn das Pferd eine falsche Bewegung macht oder ausrutscht und das Gleichgewicht verliert, bei jedem geringsten Fehltritt sind sie zur Stelle, lauern mit funkelnden Augen und lechzendem Maul, jederzeit bereit anzugreifen.«

So also haben Zeitgenossen damals die Dinge gesehen. Es stimmt, daß wenn die Wölfe einen Menschen nicht angreifen, sie jedoch sehr wohl auf ein Pferd losgehen können. Aber die Angst vor dem Wolf ist nicht nur eine Sache der mehr oder weniger fernen Vergangenheit. Der deutsche Naturforscher Bernhard Grzimek etwa hat vor nicht allzu langer Zeit geschrieben:

»Die Angst der Menschen vor dem Wolf hat sich erst kürzlich wieder gezeigt, als Tausende von Zimmern, die beim Fremdenverkehrsamt von Celle und Lüneburg reserviert worden waren, wieder abbestellt wurden, nachdem in der Lüneburger Heide ein Wolf gesichtet worden war! Dabei wird in den Archiven des 18. Jahrhunderts in keinem die Wölfe betreffenden Dokument der Fall eines von einem Wolf getöteten Menschen erwähnt.« Was die auch heute noch verbreitete Angst vor dem Wolf betrifft, kann man ähnliches bei dem Schriftsteller und Forscher Farley Mowat nachlesen:

»Während der Tollwutepidemie des Jahres 1946 tauchte ein solcher kranker Wolf auch in Churchill auf. Er kreuzte den Weg eines Korporals der Armee, der gerade nach einer langen Sitzung in der Kneipe zur Kaserne zurückwankte. Der Korporal erzählte später, ein riesiger Wolf habe ihn in mörderischer Absicht angesprungen, und nur weil er die zwei Kilometer zur Kaserne um sein Leben gerannt sei, habe er seine Haut retten können. Zwar zeugte nicht der geringste Kratzer von dem angeblichen Kampf mit der Bestie, doch seine seelischen Wunden waren deutlich erkennbar. Sein Bericht versetzte die gesamte Belegschaft der Kaserne in Aufregung. Amerikanische und kanadische Einheiten wurden aufgeboten, und bald durchquerten zahllose Männer mit grimmigen Gesichtern, Gewehren, Revolvern und Scheinwerfern die ganze Umgebung. Sie waren finster entschlossen, eine Gefahr abzuwenden, die innerhalb weniger Stunden zu einer ganzen Sammlung darbender Wolfsrudel angewachsen war.

In der folgenden Aufregung wurden elf Schlittenhunde, ein amerikanischer Gefreiter und ein Indianer, der sich noch spät auf dem Heimweg befand, zu Opfern – nicht etwa des Wolfes, sondern der Rächer.

Zwei Tage blieben Frauen und Kinder in den Häusern. Soldaten zu Fuß gab es nicht mehr. Wer sich fortbewegen mußte, tat es entweder mit dem Jeep, wobei er dann immer gut bewaffnet war, oder er ließ es lieber ganz bleiben.

Ein leichtes Armeeflugzeug, das sich an der Jagd beteiligte, sah am zweiten Tag einen Wolf, und sofort brach eine Abteilung berittener Polizei auf, um ihn endlich zu erledigen. Der Wolf erwies sich allerdings als ein Cocker Spaniel, der dem Leiter der Niederlassung der Hudson's Bay Company gehörte.

Erst am dritten Tag ließ die Panik nach. Am späten Nachmittag sah der Fahrer eines Sechs-Tonnen-Lastwagens, der vom Flughafen ins Lager zurückkehrte, plötzlich ein Fellbündel auf der Straße liegen. Er trat auf die Bremse, konnte den Lastwagen jedoch nicht mehr rechtzeitig anhalten, und der Wolf, der so krank war, daß er sich nicht mehr rühren konnte, fand einen schnellen Tod.

Das Nachspiel war interessant. Bis zum heutigen Tag gibt es Bewohner von Churchill und zweifellos viele ehemalige Soldaten, die jetzt über den ganzen Kontinent verstreut leben, die in lebhaftesten Farben die Belagerung Churchills durch Wolfsrudel im Jahre 1946 schildern. Sie erzählen dabei von geradezu verzweifelten persönlichen Begegnungen, von zerfetzten Frauen und Kindern, von in Stücke gerissenen Hundegespannen und von einer Stadt im Zustand der Belagerung. Es fehlt eigentlich nur noch die dramatische Beschreibung eines nordamerikanischen Zwillings einer russischen Troika, die über die vereisten Ebenen dahinjagt und von einem Wolfsrudel überwältigt wird, während die Polarnacht ringsum erfüllt ist vom Krachen menschlicher Knochen, die unter Wolfszähnen zersplittern.«

Meiner Meinung nach bringt diese Schilderung alle Berichte über den Wolf als Menschenfresser genau auf den Punkt. Das Verhalten unserer Vorfahren kann nicht mehr erstaunen, wenn man bedenkt, daß sie infolge ihrer Angst alle möglichen Märchen erfunden haben. Zu allen Zeiten hat die Angst die Phantasie beflügelt, und die Wölfe haben solche lächerlichen Ausschweifungen der Einbildungskraft teuer bezahlt. Unter der gleichen Angst litt auch ein sogenannter »ausgewiesener Naturforscher«, als er schrieb: »Der Wolf ist ein geborener Dieb, ein zynischer und hinterhältiger Bandit; die Geschichte vom Rotkäppchen ist nicht bloß ein Märchen, das zum Vergnügen erfunden worden ist!« Über zwei Jahrhunderte vorher war Buffon bereits wesentlich sachkundiger, obwohl er die Wölfe im Grunde nicht mochte.

Man könnte aus all dem schließen, daß sich die Beziehungen zwischen Mensch und Wolf nicht gebessert haben. Dies wäre jedoch übertrieben. Denn tatsächlich ist seit einigen Jahren ein Umschwung zugunsten dieser Raubtiere zu erkennen. Leute, die wirklich die Wahrheit erfahren wollen, interessieren sich für das Verhalten der wilden Tiere und stoßen verwundert auf all den Unsinn, der über sie verbreitet worden ist.

Offenkundig bleibt aber noch viel zu tun, bis sich die Auffassung wirklich von Grund auf ändern wird. Denn die Vorurteile sind jahrhundertelang genährt worden! Nur ein kleines Beispiel: Unter zehn Franzosen findet man bestimmt keinen einzigen, der mich nicht auslachen würde, wenn ich behaupte, daß die friedliche Taube viel blutrünstiger ist als der Wolf, obwohl dies der Wahrheit entspricht. Aber die Taube ist ja traditionell das Symbol des Friedens, wogegen der Wolf Hinterlist und Grausamkeit symbolisiert!

Ich möchte jetzt einen Aspekt ansprechen, der mit dieser Angst vor dem Wolf verknüpft ist. Wer hat nicht schon von den Wölfen gehört, die dem Reisenden folgen, der sich in Kälte, Schnee und Sturm oder allen dreien zugleich verirrt hat? Dieser verirrte Reisende konnte ebensogut ein Bauer sein, der sich nach Einbruch der Nacht auf den Heimweg macht, wie ein Geigenspieler auf dem Weg nach Hause, von einer Dorfhochzeit, bei der er gespielt hat.

Wie oft habe ich arglose Leute davon erzählen hören, daß ihr Vater oder Großvater von einem Wolf verfolgt worden sei. In den alten Geschichten heißt es, daß sich Wölfe sofort auf den Menschen gestürzt hätten, wenn dieser hingefallen sei. Dies ist durchaus möglich, aber es kommt auf den genauen Hergang an; man muß folgende Frage stellen: Was kann einen Wolf dazu veranlassen, einem Menschen zu folgen? Ich glaube, ich kann eine Erklärung dafür geben.

Zuerst einmal muß festgestellt werden, daß der Wolf ein bemerkenswert intelligentes Tier ist. Wenn der Wolf im Zwielicht der Abenddämmerung, im Französischen die »Stunde des Wolfs« genannt, einen normal gehenden Menschen sieht, dürfte er sich damit begnügen, ihn aus Neugier mit Blicken zu verfolgen, und ihn dann bald nicht mehr beachten. Wenn der Vertreter der menschlichen Rasse sich jedoch im Zickzack fortbewegt oder womöglich so torkelt, daß er bei jedem Schritt Gefahr läuft zu stürzen, dann wird er die Aufmerksamkeit des Wolfes erregen. Der Wolf wird zunächst stutzig werden, ihm folgen und sich ihm schon bald nähern. Und wenn der Mensch hinfällt, dann ist es durchaus möglich, daß der Wolf ihn anfallen wird. Denn das Raubtier sieht in einem niederstürzenden Menschen nur noch eine Beute und nicht mehr jenes fürchterliche, aufrecht gehende Tier, vor dem es seit Jahrhunderten zu Recht Angst hat.

Der Bauer, der auf den Markt gegangen war, wo er Freunde getroffen hatte, hatte das Wiedersehen bei mehr als einem Glas gefeiert: außerdem war es auch ein angenehmer Zeitvertreib, bei einem guten Schoppen unter Freunden zu sitzen. Der Geigenspieler auf dem Heimweg von der Hochzeit war auch nicht auf dem Trockenen sitzen geblieben; da ist es schon möglich, daß er – ebenso wie der Bauer – auf dem Rückweg vom Markt eher gewankt als aufrecht und sicher gelaufen ist …

Natürlich hat der liebe Gott immer einen Schutzengel für Leute, die etwas zu tief ins Glas schauen, so daß derartige Vorfälle ziemlich selten gewesen sein müssen, denn man kann stolpern, ohne hinzufallen; der enttäuschte Wolf kehrte dann um, um sich ein leichteres Opfer zu suchen.

Wenn ich den Sachverhalt so erkläre, dann deshalb, weil dies die einzige Gelegenheit für einen Wolf ist, einen Menschen anzufallen. Solange der Mensch sich aufrecht hält, hat er nichts zu befürchten; und wenn er auf dem Boden liegt, stellt er seinerseits für den Wolf keine Gefahr mehr dar. Genauer gesagt, ist es also die Fallbewegung beim Sturz, die den Wolf zum Angriff verleitet. Wenn er in Lappland die Rentiere jagt oder im hohen Norden Kanadas die Karibus, dann ist er sich bewußt, daß ein Karibu bei voller Gesundheit viel schneller ist als er. Aber ein krankes, altes oder verletztes Karibu ist ein potentielles Beutetier. Wenn es von einem Wolf verfolgt wird und dabei zu Fall kommt, ist es verloren.

Als meine beiden Jungen zehn beziehungsweise acht Jahre alt waren, habe ich mit ihnen einige Dinge ausprobiert. Ich habe sie gebeten, um das Gehege meiner Wölfe zu laufen (natürlich auf der Außenseite, habe ich als guter Vater gesagt). Sie rannten also los – und parallel zu ihnen liefen auch die Wölfe, die sich freuten, spielen zu können, und wedelten heftig mit dem Schwanz, einen fröhlichen Ausdruck im Gesicht. Da rief ich meinen Kindern zu, sie sollten sich auf den Boden werfen. Sofort veränderte sich das Verhalten der Wölfe. Sie hielten schlagartig inne, stemmten ihre Vorderpfoten gegen die Umzäunung, öffneten dabei das Maul, fletschten ihre herrlichen Zähne und versuchten, nach meinen Buben zu schnappen.

Bei aufrechter Haltung wurden meine Kinder als

Spielkameraden betrachtet, sobald sie hinfielen, wurden sie zur Beute. Ich muß noch mal mit Nachdruck betonen, daß es die Bewegung ist, das Umkippen, auf das der Wolf oder jedes andere Raubtier reagiert. Wenn ich mich zum Beispiel mitten unter einem Rudel von zwanzig Wölfen befinde, kann ich mich in aller Ruhe hinsetzen und dann hinlegen; die Wölfe werden sich, von Neugier angetrieben, um mich scharen, aber ohne den geringsten Anflug einer aggressiven Absicht. Das wäre nicht der Fall, wenn ich etwa in ihrem Gehege schnell laufen würde, ins Stolpern geriete und hinfallen würde ... Dann wäre ich in ihren Augen nur noch eine Beute, und der angeborene Jagdinstinkt der Wölfe käme auf ganz natürliche Weise zum Ausdruck.

Oft habe ich die mehr oder weniger mit Varianten ausgeschmückte Geschichte vom Jäger gehört, der eine Wölfin gezähmt hatte. Das Tier war zahm und folgte seinem Herrn bei allen Ausflügen, die er auf dem Pferd unternahm. Eines Tages sagte ein Mann, den die Leute für einen echten Wolfskenner hielten (ich hüte mich sehr vor dieser Art von Experten), zu unserem Jäger, daß sich seine Wölfin auf ihn stürzen und ihn fressen würde, falls er vom Pferd falle. Der Jäger wartete nicht lange und machte die Probe aus Exempel, wobei er aber alle von der Vernunft gebotenen Vorsichtsmaßnahmen traf.

Eines Tages, als er mit dem Pferd nach Hause ritt und die Wölfin hinter ihm hertrottete, ließ er seinen schweren Umhang fallen. Sofort stürzte die Wölfin los und bohrte ihre Zähne an der Stelle, wo sonst der Hals ist, in den Umhang. Überzeugt, daß der Kenner recht hatte, zögerte der Jäger nicht lange und erschoß seine Wölfin ...

Ich meine, daß der Jäger etwas voreilig gehandelt hat. Jeder Wolf auf der ganzen Welt hätte genauso reagiert; es handelt sich um einen Reflex, der es dem Wolf ermöglicht hat zu überleben.

Ich hatte eine völlig zahme Wölfin, und wenn ich dasselbe Experiment wie der etwas zu leicht beeinflußbare Jäger unternommen hätte, dann hätte sie sich auf meinen Mantel gestürzt, aber mit Sicherheit nicht »am Hals«. Außerdem hätte die Wölfin wahrscheinlich auch den Jäger angesprungen, wenn dieser selber vom Pferd gefallen wäre; sie hätte ihn aber sogleich an seinem Geruch erkannt, und aus dem Angriff wäre ein Spiel geworden. Es muß unterschieden werden zwischen einem Wolf in freier Wildbahn, der einen Menschen fallen und dann als mögliche Beute sieht, und einem gezähmten Wolf, der seinen Herrn als Leittier versteht. Die Geschichte vom Jäger, der seinen Umhang fallen läßt, ist zwar sehr schön, verfehlt aber die Wahrheit.

Kommen wir auf die Missetaten der Wölfe zurück. In fast allen Gebieten Frankreichs sind Geschichten von Wölfen überliefert. Jackez Cornou, der über die Übeltaten der Wölfe in der Bretagne berichtet, zitiert den Domherrn Moreau aus Quimper, der Zeuge des Elends war, das die Bretagne bei den Hugenottenkriegen Ende des 16. Jahrhunderts erlitten hat. Dieser schreibt:

»Nach sieben Jahren Krieg war das Jahr 1597 ganz schlimm. Das Räuberwesen, die Pest, Hungersnöte und blutrünstige Bestien erfüllten das Land mit Unheil. Arme Leute starben im Straßengraben. Die Wölfe, die sie verschlangen, gewöhnten sich so sehr an das Menschenfleisch, daß sie über sieben oder acht Jahre sogar Leute angriffen, die bewaffnet waren. Niemand traute sich mehr allein aus dem Haus. Frauen und Kinder mußten in den Häusern bleiben, und wenn jemand eine Tür öffnete, wurde er meist sogar dort vom Wolf gerissen. Einige Frauen, die zum Brunnen gegangen sind, fand man mit durchbissenem Hals; sie konnten nicht einmal ihre Männer rufen, die nur drei Schritte von ihnen entfernt waren.«

Donnerwetter! Was soll man zu so einem Bericht sagen? Auf jeden Fall ist dies mehr als eine bloße Übertreibung. Wer kann schon glauben, daß Leute, die von Wölfen belagert werden (um eine Belagerung handelte es sich, da es in dem Bericht heißt, daß, wer eine Tür öffnete, meistens vom Wolf gerissen wurde), unklugerweise weiterhin das Haus verlassen wie diese Frauen, die Wasser holen gehen, während ihre wackeren Männer, die ihre Frauen vermutlich nur loswerden möchten, im sicheren Schutz des Hauses bleiben und nichts unternehmen, als drei Schritte von ihnen entfernt den armen Frauen die Kehle durchgebissen wird wie Schafen? Kurz, ich glaube nicht an solche absolut lächerlichen Geschichten.

Noch ein weiterer, ähnlich bizarrer Fall wird von diesem Domherrn mit der überschäumenden Phantasie erzählt: »Eine gute Frau aus Kerfeuntum, die an einem Markttag kurz vor der Geburt ihres Kindes stand, verließ die Stadt durch die Pforte Biha; da wird sie, zehn oder zwölf Schritte vom Tor entfernt, am hellichten Tag aufgeschlitzt, und ihr Kind wird herausgezogen und fortgeschleppt; dabei waren vor und hinter ihr Leute. Die Leute vorne konnten nichts sehen, weil die Frau keinen Schrei ausstieß, und die weiter hinten, die es sahen, hatten sich nicht rechtzeitig zusammengeschart, so schnell wurde alles von einem einzigen Wolf erledigt.«

Das kann man sich kaum vorstellen. Wenn sich heutzutage so ein Vorfall ereignen würde, dann würden alle die umstehenden, untätig zuschauenden Zeugen der unterlassenen Hilfeleistung angeklagt. Seltsam, wirklich sehr seltsam, dieser Wolf, der mit raschem Zupacken den Geburtshelfer spielt!

Wölfe in großer Anzahl kamen damals nicht nur in Frankreich vor. In Spanien, in Italien, überall in Europa machten diese Caniden von sich reden. Der Schweizer Forscher Tschudi hat geschrieben, daß 1799, als die russischen, österreichischen und französischen Truppen durch die oberen Täler seines Landes und über die Pässe zogen, um sich dort fürchterliche Schlachten zu liefern, in deren Folge Hunderte von Leichen in die Schluchten fielen und in den Wäldern lagen, viele Wölfe herbeiströmten, um dieses Fressen den Raben und den Adlern streitig zu machen, und dies in Gebieten, wo nie zuvor Wölfe gesichtet worden waren.

Das ist nichts Außergewöhnliches, Wölfe haben seit jeher Kadaver gefressen. Nach den Pest- und Cholera-Epidemien drangen sie in die Dörfer ein, die die Überlebenden verlassen hatten, um die Toten zu fressen. So haben sich im Verlauf der Geschichte die Menschen aus politischen oder religiösen Gründen munter gegenseitig abgeschlachtet. Ein gefundenes Fressen für die Wölfe, die hinter den marodierenden Truppen herzogen, weil sie wußten, daß reichlich Nahrung auf sie wartete.

Kann man den Wölfen deswegen Vorwürfe machen, wo die Menschen doch dumm genug waren, sich gegenseitig umzubringen?

In Wirklichkeit sind Angriffe von Wölfen auf Menschen äußerst selten vorgekommen, falls sie überhaupt je stattgefunden haben, was ich sehr bezweifle. Ich werde dies im Verlauf dieses Buches genauer erklären. Nur unter einer Voraussetzung sind Wölfe tatsächlich in der Lage, auch Menschen anzufallen, nämlich dann, wenn sie an Tollwut leiden.

Es liegt auf der Hand, daß ein tollwütiger Wolf sehr gefährlich ist, das gilt in dem Fall genauso für einen Hund, einen Fuchs oder eine Katze, aber die Berichte über tollwütige Wölfe sind alle dermaßen übertrieben und so weit hergeholt, daß sie kaum glaubwürdig erscheinen. Nur ein Beispiel: A. Delacour, Autor von Fachbüchern über Jagdkultur, schrieb über die Tollwut bei Wölfen:

»Böse Zwischenfälle gehen auf das Konto von tollwütigen Wölfen, wie zum Beispiel ein Vorfall bezeugt, der sich 1868 im Kreis Ussel zugetragen hat. Dort hat ein tollwütiger Wolf innerhalb von vier Tagen sieben Personen gebissen, zwei davon hat er fast völlig aufgefressen, nicht zu sprechen von den Hunden und anderen Tieren, die ihm über den Weg gelaufen sind.«

Gewaltig, und das innerhalb von vier Tagen! Eine reiche Ausbeute, aber die Zahlen sind viel zu hoch und können schon deshalb nicht stimmen, wenn man bedenkt, daß ein Wolf nach dem Verzehr von sechs oder sieben Kilo Fleisch wirklich kaum noch Hunger hat, berücksichtigt man seine Magenkapazität von vier Litern. Außerdem hat ein tollwütiger Wolf in der Regel nur noch eine Woche zu leben, nachdem die ersten Symptome aufgetreten sind. In der Mehrheit aller Fälle geht das Tier nach drei oder vier Tagen ein...

Panische Angst vor dem Wolf, die habe ich in den

Augen von gutmütigen alten Leuten gesehen. Ich kann mich an einen Großvater erinnern, ich war damals gerade erst zwölf Jahre alt, der erzählte mir ständig grausige Geschichten von Wölfen, die bei mir Alpträume auslösten. Er wollte mich offensichtlich dazu bringen, daß ich seine Ansichten von der Grausamkeit dieser Tiere teilte; so wurde auch die Zahl der Opfer, für die er den Wolf verantwortlich machte, andauernd größer.

Es kommt vor, daß Kinder Angst vor Wölfen haben. Eines Tages erhielt ich ein Wolfspaar aus Polen, wunderschöne Tiere. Freunde waren gekommen, um mir dabei zu helfen, das Paar in einen großen Zwinger zu bringen, der ihr vorläufiges Zuhause sein sollte bis zur Fertigstellung des weiträumigen Areals, in dem sie die Freuden und Vorteile eines Freilandgeheges kennenlernen würden. Meine zwei Jungen und meine dreijährige Tochter, die meine Frau im Arm hielt, schienen von den zwei Tieren nicht besonders angetan; da sagte meine Tochter plötzlich: »Mama, das sind böse Männer.«

Nun glaube ich zum Glück nicht, daß Kinder immer die Wahrheit sagen, das Mädchen hatte ganz einfach ein bißchen Angst. Dabei hatte ihr nie jemand Geschichten vom bösen Wolf erzählt, aufgrund derer sie schlaflose Nächte oder Alpträume hätte haben können.

Zwei Jahre danach spielte sie, zusammen mit ihren Brüdern, mit Taiga, einer schönen, überaus gutmütigen Wölfin. Sie hatte keine Angst vor den Wölfen mehr; das sagte ihr schon in dem Alter ihr Verstand.

Im folgenden möchte ich nun die Geschichte einer merkwürdigen Bestie erzählen, einer Bestie, die es zu Berühmtheit gebracht hat, weil sie über hundert Personen getötet haben soll. Es handelt sich um die sogenannte Bestie von Gévaudan, die zwischen 1764 und 1767 Furcht und Schrecken in der Gegend verbreitet hat, die heute größtenteils zum Département Lozère gehört. Ein Département, in dem damals zahlreiche Wölfe lebten, die den Pseudohistorikern gerade recht kamen und die für die Geschichte von der berüchtigten Bestie herhalten mußten.

Die Bestie von Gévaudan war kein Wolf

Wenn es nicht Historiker, genauer gesagt Pseudohistoriker gegeben hätte, dann wäre nie behauptet worden, die Bestie von Gévaudan sei ein Wolf – oder mehrere Wölfe, denn diese »Historiker« sind sich nicht einig in der Frage, wie viele Wölfe an dem Massaker beteiligt waren.

Jeder dieser »Historiker«, es sind gegenwärtig rund zwanzig an der Zahl (und zweifellos werden weitere folgen), hat ein Buch geschrieben, in dem krampfhaft und mit dürftigen Argumenten von vorgestern versucht wird, den Beweis zu erbringen, daß diese fürchterliche Bestie nur ein Wolf gewesen sein kann. Einige meinen, daß die Bestie in Wirklichkeit aus zwei Wölfen bestanden habe; einer redet von drei, und ein weiterer vermutet sogar ein ganzes Rudel *fleischfressender* Wölfe. Lachen wir nicht darüber; anscheinend hat man die Wölfe als Fleischfresser bezeichnet (als ob sie das nicht sowieso wären) und dabei stillschweigend hingenommen, daß sie sich ausschließlich von Menschenfleisch ernähren. Seltsam.

Während diese »Historiker« meinen, die Bestie bestünde aus einem oder mehreren Wölfen, so glaubten dagegen die Bauern nicht an die These vom Wolf, und sie hatten recht. In der zweiten Hälfte des 18. Jahrhunderts waren die Bauern in der großen Mehrheit Analphabeten. Man kann aber Analphabet sein und dennoch über einen gesunden Menschenverstand verfügen, der zudem mit der Intelligenz verwandt ist. In der Tat wußten die Bauern über die Wölfe recht gut Bescheid; freilich dachten sie nicht in wissenschaftlichen Kategorien, aber Wölfe sahen sie fast Tag für Tag.

Haben Sie gewußt, daß im Gévaudan durchschnittlich siebzig Wölfe pro Jahr getötet worden sind? Das heißt, wenn so viele erlegt worden sind, dann hat man eine noch viel größere Zahl zu Gesicht bekommen. Und ein gesichteter Wolf ist nicht automatisch schon ein toter Wolf. Alle Schäfer und Schäferinnen haben um ihre Herden Wölfe herumschleichen sehen, die darauf hofften, ein zartes Lamm oder ein schon etwas älteres Schaf zu erwischen (die Wölfe nehmen es da nicht so genau).

Aber die Schäfer wußten, daß sie nur einige Steine auf diese Liebhaber von Lammkeulen zu schleudern hatten, damit diese die Flucht ergriffen. Das Geschrei der Hirten und das Gebell ihrer Hunde sorgten außerdem dafür, daß die Raubtiere schnell davontrabten.

Auch damals gab es schon Leute, die die Ansicht der Bauern teilten, und diese Leute waren nicht weiter hinter ihrer Zeit zurück als zwei Jahrhunderte später die Leute mit ihren Publikationen über den Wolf, der es angeblich auf die Schäferinnen abgesehen hat.

Unter diesen vernünftigen Leuten damals war auch eine, wenn ich so sagen darf, gewichtige Instanz, nämlich der Bischof von Mende, Monseigneur Gabriel de Choiseul Beaupré, seine Exzellenz der Lehnsherr und Statthalter von Gévaudan, einer der engsten Berater des Königs. Dieser Bischof, besorgt über die ständig anwachsende Zahl der Opfer, veröffentlichte am 31. Dezember 1764 einen Hirtenbrief, in dem er öffentliche Gebete anordnete angesichts des menschenfressenden Tieres, das den Gévaudan heimsuchte.

Für Monseigneur Gabriel de Choiseul Beaupré war die Bestie »eine Geißel, ein wildes, in unseren Breiten unbekanntes Tier; überall wo diese Bestie auftaucht, hinterläßt sie blutige Spuren ihrer Grausamkeit; Angst und Schrecken greifen um sich. Die Landstriche werden verlassen. Mit Vorliebe fällt sie die Schwächsten an, Kinder und Frauen.« Und so geht es weiter über zehn Seiten. Fest steht jedenfalls, daß für den Bischof damals die Bestie kein Wolf gewesen ist, und da hatte er recht.

Das erste Werk über dieses fürchterliche Tier hat 1887 der Abbé Pourcher geschrieben. Sein Buch zeugt von einem größeren Weitblick als ihn die Mehrzahl der Autoren erkennen läßt, die ihn in ihren Büchern oder Aufsätzen zitieren. Es trägt den Titel *Histoire de la Bète de Gévaudan, véritable fléau de Dieu [Die Geschichte der Bestie von Gévaudan, einer wahrhaften Geißel Gottes]*, ein Titel, der mit dem Verweis auf die Bestie als Geißel Gottes darauf schließen läßt, daß damit nicht die Wölfe gemeint sind. Der Abbé schreibt:

»Wieso haben Dulanier und sogar auch Duhamel [Duhamel war Hilfsstabsarzt und Hauptmann eines zur Erlegung der Bestie abkommandierten Dragonerregimentes] dieses Tier eine Bestie genannt? Das bedeutet doch, daß es sich in Wirklichkeit nicht um einen Wolf gehandelt hat. Im Jahre 1764 wurden vierundsiebzig Wölfe getötet, und die Angriffe auf Menschen gingen immer noch weiter. Es liegt auf der Hand, daß diese

Bestie eine Geißel Gottes war. Denn wer möchte wohl glauben, daß ein Wolf, den man sich derart blutrünstig ausgemalt hatte, nicht auch als solcher von den Leuten erkannt worden wäre, die man zu den Waffen gerufen hatte, oder von den Bauern, die sich in so großer Zahl zusammengefunden hatten?«

Werfen wir nun einen Blick in zeitgenössische Veröffentlichungen. Ich werde sie nicht alle behandeln, das würde schnell langweilig werden. Zuvor muß gesagt werden, daß schon der Schriftsteller Henri Pourrat, der Dichter der Auvergne, die Wölfe von jedem Verdacht »freigesprochen« hat. Dann kamen andere, wenn man davon absieht, daß sie, um wenigstens eine Spur von Originalität zu beweisen, von einer unterschiedlichen Anzahl menschenfressender Wölfe ausgegangen sind.

Für einige Autoren bestand die Bestie aus zwei großen Wölfen. Der erste Wolf ist von dem königlichen Arkebusier Antoine de Beauterne erlegt worden, der dafür eine Belohnung von zehntausend Pfund erhalten hat – die hohe Summe entspricht einem wahren Vermögen und erklärt sich daraus, daß mit zunehmender Anzahl der Opfer auch die Kopfprämien für den Abschuß des Tieres stiegen. Den zweiten großen Wolf hat Jean Chatel abgeschossen, und zwar auf eine mehr als seltsame Art und Weise.

Überhaupt stößt man bei dieser langen Geschichte oft auf die Chatels. Wenn Antoine de Beauterne den ersten der beiden Wölfe (er soll, heißt es, dreiundsechzig Kilo gewogen haben – aber wie schon erwähnt, gab es Wölfe mit einem höheren Gewicht) auf eine viel kritisierte Weise getötet hat, so hat Jean Chatel den verschiedenen Berichten über die Bestie zufolge seinen Wolf auf eine dermaßen originelle Art erlegt, daß ich sie hier unbedingt beschreiben muß. Hier also der Bericht dieser Jagd:

»Am 19. Juni 1767 versammelten sich dreihundert Jäger und Treiber – in manchen Berichten ist nur von einem guten Dutzend die Rede [soviel zur Zuverlässigkeit der Zahlenangaben in den Berichten] – unter der Leitung des Marquis d'Apcher, um auf diese wilde Bestie im Wald von Tenazeyre Jagd zu machen. Die Jäger begaben sich auf ihre Posten, und die Treiber brachten es fertig, das Tier ausgerechnet auf Jean Chatel zuzutreiben, der bei Sogne d'Auvert postiert war. Als die Bestie auf ihn zukam, betete Chatel die lauretanische Litanei. Er wußte genau, daß er die Bestie vor sich hatte, aber aus Frömmigkeit und im Vertrauen auf die Heilige Mutter Gottes, wollte er die Litanei zu Ende beten. Als er damit fertig war, schloß er sein Gebetbuch, steckte seine Brille in die Tasche, griff dann zu seinem Gewehr, dessen Kugeln er vorher hatte segnen lassen, und sagte dann: ›Bestie, deine letzte Stunde ist gekommen‹ und im selben Augenblick hat er die Bestie getötet, die nur darauf gewartet hatte.«

So einfach war das also. Es ist wie mit dem Ei des Kolumbus: Man muß bloß darauf kommen! Wie sah nun dieses Tier aus? Es wird folgendermaßen beschrieben:

»Es war eine Art großer, rötlich gefärbter Wolf; mit einem ungeheuer massigen Schädel und einer langen Schnauze, viel länger im Vergleich zu einem gewöhnlichen Wolf; bei offenem Maul betrug die Länge der Mundwinkel auf beiden Seiten viereinhalb Dezimeter.«

Ist ja unglaublich! Kennen Sie außer dem Nilpferd und den größten Sauriern ein Tier, das sein Maul so weit aufreißen kann, daß die Länge der Mundwinkel fünfundvierzig Zentimeter beträgt? Der Abbé Trocelier dagegen hat eine Beschreibung des von Chatel erlegten Tieres gegeben, in der es heißt: »Diese Bestie erinnert an einen Wolf, aber das ist kein Wolf. Alle, die das Tier aus der Nähe gesehen haben, bestätigen dies. Die Vorderbeine sind viel kürzer als die Hinterbeine, und die Ohren sind anders als beim Wolf. Auch andere Merkmale sind aufgefallen, die anders sind als beim Wolf. Das Tier wiegt hundertneun Pfund, man glaubt allgemein, daß es sich um eine Art Monstrum handelt.«

Diese Bestie, die zwischen 1764 und 1767 mehr als hundert Personen getötet hat, hatte es nur auf Frauen und Kinder abgesehen. Für Schafe hat sie sich überhaupt nicht interessiert, statt dessen aber für die Schäferinnen. Den »Beweis« dafür hat neben anderen der Abbé Pic erbracht. Lesen Sie genau, was er schreibt:

»Ein kleines Mädchen aus Auvers in der Auvergne hütete in der Umgebung des Pavillon Ziegen. Als sie den Wolf kommen sieht, versteckt sie sich in einer Grotte. Um das Hirtenmädchen zu bekommen, schnappt sich der Wolf ein Zicklein und fängt an es zu beißen, aber ohne ihm allzu weh zu tun, sondern nur um es zum Schreien zu bringen, in der Hoffnung, das Wehgeschrei des kleinen Böckleins würde das Mädchen aus ihrem Versteck hervorlocken. So kam es dann auch. Kaum hatte das Mädchen ihr Versteck verlassen, hat es der Wolf getötet und fast völlig aufgefressen.«

Meines Erachtens muß dieser Wolf schon ein eiskalter Rechner mit einer geradezu dämonischen Intelligenz gewesen sein. Nach derart subtilen Berichten braucht man sich über gar nichts mehr zu wundern.

Da gibt es noch so ein Histörchen, das wissenschaftlich keinen Pfifferling wert ist, das ich aber nicht unerwähnt lassen kann. Alle »Historiker«, die über die

Bestie geschrieben und fabuliert haben, lassen diese Geschichte nicht aus, vermutlich aus tief seufzendem Herzen. Folgendes wird berichtet:

»Jeanne Marlet, die Frau von Pierre Jouve, des Bauern vom Mas* de la Bessière, Mutter von fünf Kindern, war von eher schwächlicher Konstitution; sie hatte das schöne Wetter ausgenutzt, um diesen Tag im Garten neben dem Wohnhaus zu verbringen, zusammen mit ihren drei jüngsten Kindern – einem neunjährigen Mädchen, einem sechs Jahre alten Jungen und einem Buben von achtzehn Monaten, die gerade mit dem Mittagessen fertig waren. Sie gingen vom Garten zurück zum Haus. Vor der Mutter ging der kleine sechsjährige Bube und hinter ihr das Mädchen, das ihren jüngsten Bruder auf dem Arm trug.

Die Mutter erreichte die Tür, als sie hinter sich das Geräusch eines Steins hört. Sie dreht sich um, und Gott im Himmel! Was ist denn das? Ein Tier, ganz bestimmt die Bestie, zerrt das Mädchen, das ihren Bruder nicht losgelassen hat, zu Boden. Der Mutter stockt das Blut, sie zögert nicht und ohne einen einzigen Schreckensschrei stürzt sich diese bewundernswerte Mutter auf die Bestie und zwingt sie dazu, das Mädchen freizugeben. Dieses kommt wieder auf die Beine; die Mutter hält das Kind immer noch im Arm und versucht, die Bestie mit Fußtritten abzuwehren, wird aber gegen die Mauer gestoßen. Mit einer schnellen Bewegung wirft sich die Mutter zwischen die Bestie und das Mädchen, um es mit ihrem Körper abzuschirmen. Dabei läßt sie die Bestie nicht aus den Augen und sieht, wie diese Anstalten macht, auf den sechsjährigen Buben loszuge-

*Mas: Bauernhof, ländliches Anwesen; vor allem in Südfrankreich [Anmerkung des Übersetzers]

hen. Sie warnt das Kind und stellt sich schützend vor den Jungen; nun ist sie es, die angefallen wird. Dabei wird sie umgerissen und von den Krallen am Arm zerkratzt, während sich das Tier schon auf den Kleinen stürzt, der schreit und die Mutter zu Hilfe ruft.

Diese ist aber schon wieder aufgesprungen und wirft sich auf den blutgierigen Wolf, umfaßt ihn mit beiden Armen, drückt ihn mit aller Macht gegen ihre Brust und umklammert seine Flanken mit ihren Knien. Der Wolf kommt zu Fall, die Frau mit ihm, wobei sie ihn aber immer noch umklammert hält; der Wolf wehrt sich, beide wälzen sich am Boden, mal ist der Wolf, mal die Frau oben; jeder der Widersacher kämpft aus Leibeskräften, doch das ist – leider! – ein sehr ungleicher Kampf.

Jeanne Jouve wird von den Krallen des Tieres an der Brust und an anderen Körperteilen verletzt, dazu kommt ein schwerer Biß in den Arm. Die Haube ist ihr vom Kopf gerissen worden, ihre Kleider sind völlig in Unordnung; sie richtet sich auf und wird erneut umgerissen; sie erhebt sich wieder, während die Bestie nach dem Buben schnappt. Die Bestie will ihn mitnehmen und hat den Kopf des Jungen schon im Maul.

Jeanne erwischt die Bestie und entreißt ihr den Buben. Die Bestie packt das Kind erneut, und da die Mutter immer noch kämpft, um ihr den Buben wieder wegzunehmen, läßt ihn der Wolf los und springt die Mutter an, reißt sie um, schnappt sich das Kind und läuft zum anderen Ende des Gartens, auf der Suche nach einem Ausgang.

Schon ist die Mutter wieder aufgestanden, hebt einen Stein vom Boden auf, setzt sich rittlings auf den Wolf und hämmert mit dem Stein auf dessen Schädel ein.

Aber der Wolf schüttelt sie ab, greift sich das Kind wieder und rennt Richtung Gebüsch, das auf dieser Seite den Garten umzäunt. Es gibt aber eine Stelle, an der die Büsche nicht sehr eng beieinander stehen, was dem Tier nicht entgangen ist. Jeanne, die die Lücke gut kennt, durch die ein Tier hindurchschlüpfen kann, läuft dorthin und kommt gerade noch rechtzeitig an, um das Tier an seiner empfindlichsten Stelle zu erwischen.

In dem Moment setzt der Wolf zum Sprung an; die Mutter kann ihn nicht halten, wird mitgerissen, stürzt mit dem Wolf aus einer Höhe von fast zwei Metern und landet neben ihrem Kind, das die Bestie immer noch in ihren Fängen hält.

Vergebens spuckt ihr das Tier wie eine tollwütige Katze ins Gesicht und rennt, immer noch mit dem Jungen im Maul, zur weiter unten gelegenen Wiese. Die Mutter läuft hinterher, aber die arme Frau ist am Ende ihrer Kräfte. Dieser erbarmungslose Kampf hat sie erschöpft.

Sie ruft die Ihren zu Hilfe, die sich im Haus aufhalten. Werden sie ihre schwache Stimme hören? Zum Glück sind ihre zwei Söhne gerade dabei, die Schafherde vom Stall auf die Weide zu führen. Der Zweitälteste, der ungefähr dreizehn Jahre ist, steht mit dem Bajonett an der Stalltür; der Hütehund steht neben ihm, beide bewachen die Schafe. Der Junge hört den Hilferuf seiner Mutter und läuft aus Leibeskräften los; der Hund rennt hinter ihm her, überholt ihn, sieht die Bestie, stürzt aus vollem Lauf auf sie zu, reißt sie um und zwingt sie, das Kind loszulassen, damit sie sich wehren kann. Der Bub kommt seinerseits dazu, stößt das Bajonett ins Hinterteil der Bestie, die sich wieder erhebt, ein Grundstück überquert und dann in einem Feld erneut zu Fall kommt, immer noch verfolgt und angegriffen von dem Hütehund. Aber der Wolf ist stärker, rennt den Hund über den Haufen und verschwindet.

Eine halbe Stunde hat dieser Kampf gedauert. Die gute Frau war völlig außer Atem und am Ende ihrer Kräfte. Der kleine Bub rappelt sich hoch; mit völlig entstelltem und blutverschmiertem Gesicht, die Wangen waren aufgerissen, Oberlippe und Nase abgebissen, läuft er zu seiner Mutter, die er eben wahrgenommen hat, und bittet sie, ihn zu befreien. Der arme Kerl glaubt sich nämlich noch immer in den Fängen der grausamen Bestie.

Die Mutter jedoch weiß selber nicht mehr, wo ihr der Kopf steht. Sie hat nicht einmal bemerkt, daß ihr Sohn zu Hilfe gekommen ist. Jetzt ist alles vorbei, die Bestie ist geflohen, und die Kinder scharen sich um ihre Mutter. Aber sind sie alle unversehrt? Das Mädchen und der Kleinste sind es, aber der Sechsjährige steht da, blutüberströmt; ob er je wieder gesund wird?

Leider nicht, denn drei Tage später stirbt er an den schweren Verletzungen und den Folgen des erlittenen Schocks. Es wird berichtet, daß der König, gerührt von ihrem Mut, dieser schwachen Frau eine Belohnung von dreihundert Pfund zahlen ließ.«

Dies ist also eine Erzählung, die unterstreicht, wie blutrünstig diese Bestie, dieser Wolf, sein konnte. Aber ungeachtet der ganzen Detailfreude ist dieser Bericht nicht glaubwürdig. Die Beschreibung des Kampfes zwischen dem Wolf und Jeanne Jouve ist völlig unwahrscheinlich; sie zeugt nur von der allzu überspannten Phantasie ihres Verfassers, des Pfarrers Béraud. Demzufolge ist sein Bericht dann auch von den verschiedenen Autoren, die später über die Bestie von Gévaudan geschrieben haben, nur allzu gierig verschlungen worden.

Ich behaupte dagegen, daß das Tier, das mit seinen Untaten für so viele Schlagzeilen gesorgt hat, kein Wolf gewesen sein kann. Glauben Sie, ein Wolf hätte sich damit begnügt, der guten Frau Jouve ein paar Kratzer beizubringen? Nein, ein Wolf benutzt im Kampf nicht seine Krallen, die außerdem nicht, wie bei den Raubkatzen, einziehbar sind. Der Wolf benutzt seine Zähne, die gefährliche Waffen sind. Wieso hat er sie nicht benutzt, um sich gegen diese Frau zu wehren, die auf ihn einschlug? Diese Frau, von der es heißt, sie sei von »schwacher Konstitution« gewesen, hätte niemals einen Wolf packen, an sich drücken und dabei mit ein paar Kratzern davonkommen können. Selbst ein Mann mit der zehnfachen Körperkraft dieser Frau hätte sein ganzes Leben lang große Narben behalten, falls er überhaupt das Glück gehabt hätte, mit heiler Haut davonzukommen.

Mit einem Wolf hätte dieser Kampf niemals eine halbe Stunde gedauert, ja nicht einmal zehn Minuten. Die Zähne sind die natürlichen Waffen des Wolfes; er benutzt sie, um einem Schaf die Kehle durchzubeißen oder sonst eine Beute zu töten und natürlich auch im Kampf mit seinen Artgenossen. Fast könnte man glauben, dieser Wolf hat gar keine Zähne gehabt, hätte der kleine Junge, der sich im Vergleich zu seiner Mutter kaum gewehrt hat, nicht so schwere Bißwunden erlitten, so daß er daran gestorben ist. Wieso also hat dieser Wolf seine Zähne nicht auch im Kampf gegen die Mutter des Buben benutzt? Das ist nur eines von zahllosen Rätseln und nur eine von vielen Ungereihmtheiten der düsteren Geschichte der Bestie von Gévaudan.

Es dürfte den »Historikern« ziemlich schwer fallen, auf diese Frage eine präzise Antwort zu geben. Einige haben erwogen, ob die Bestie vielleicht auch ein anderes Tier gewesen sein kann. So gibt es Vermutungen, es sei ein Luchs gewesen, genauer der früher weit verbreitete Nordluchs, der es besonders auf Hirsche abgesehen hat.

Andere Autoren wollen einen Bären »gesehen« haben, ja sogar einen Menschenaffen (Schimpansen, Gorilla, Orang-Utan). Einige besonders findige Intellektuelle haben behauptet, es handle sich um einen Hyänenhund (*Lycaon pictus*), diesen verwilderten Hund aus Afrika, der in Rudeln lebt. Wieder andere meinten, die Bestie sei ein Dingo (Wildhund Australiens). Einige Superschlaue sind noch weiter gegangen und haben sich zu der Behauptung verstiegen, die Bestie sei das Resultat einer Kreuzung zwischen einem Wolf und einer Bärin beziehungsweise zwischen einem Bären und einer Wölfin!

Dem Verfasser eines Buches unter dem Titel *La Fin d'une énigme. La Bête du Gévaudan [Das Ende eines Rätsels]* zufolge soll es sich um einen Tigon handeln, den Bastard aus der Kreuzung eines Tigermännchens mit einem Löwenweibchen. Der Autor hat sich ziemlich viel Mühe gemacht, bis er zu diesem Ergebnis gelangt ist. Er ist tatsächlich sämtliche Klassifikationen der Landwirbeltiere fein säuberlich durchgegangen, mehr noch, er hat sogar Wale in Betracht gezogen und dann ausgeschlossen. Wie wär's denn mit Eichhörnchen, Fledermäusen, Ratten oder Igeln, nicht zu vergessen die Zahnarmen *(Edentata)* wie der Ameisenbär oder das Faultier?

Ein anderer Schreiber mit ähnlicher Kompetenz redet

von einem Affen, genauer einem Hundsaffen, der sich in den Gévaudan verirrt haben und in den schrecklichen Jahren 1764 bis 1767 die Bestie gewesen sein soll. Das arme Tier dürfte sich als einziges seiner Art allein auf weiter Flur nicht besonders wohl gefühlt haben. Wie soll es mit der Einsamkeit zurechtgekommen sein, wenn man weiß, daß Paviane in Rudeln mit ausgeprägter Rangordnung leben und daß dieses gesellige Leben im Rudel für alle Mitglieder die einzig mögliche Lebensweise darstellt? Na ja, vielleicht hat dieser im Gévaudan verirrte Pavian ganz einfach nur aus Langeweile Schäferinnen und Schäfer angefallen.

Derselbe Autor gibt, oder besser versucht eine Erklärung des Verhaltens der Tiere zu geben, indem er an die Unterschiede zwischen Tieren in Gefangenschaft, in Freigehegen und in freier Wildbahn erinnert: Das Tier in der Gefangenschaft sei nur eine »bedauernswerte Karikatur« seines wilden Artgenossen.

Ohne Zweifel ist es zu bedauern, wenn es in einem Käfig gefangen gehalten wird (ich erinnere aber daran, daß die Tierkäfige von früher abgeschafft und verboten worden sind und daß Tiere nicht mehr in Käfigen gehalten werden dürfen, die nur zwei mal drei Meter groß sind). Andererseits bleibt ein Tier in der Gefangenschaft, selbst wenn es unter den schlechtesten Bedingungen gehalten wird und bemitleidenswert ist, dennoch ein sehr gefährliches Tier, ungleich gefährlicher als das wilde Tier.

Alle Welt weiß dies, am besten die Dompteure, die sich vor Raubtieren, die jegliche Furcht vor ihrem Herrn verloren haben, viel mehr in acht nehmen als vor einem wilden Tier mit seiner natürlichen Scheu. Ich ziehe Wölfe in Freigehegen auf (das Gelände umfaßt mehrere Hektar) und habe genügend Erfahrung, um behaupten zu können, daß ein in einem Freigehege lebender Wolf gefährlicher ist als ein Wolf in freier Wildbahn. Die Verhaltensforscher bestätigen dies; man tut gut daran, sich von Zeit zu Zeit an ihre wissenschaftlichen Ergebnisse zu erinnern.

Für den eben erwähnten Autor aber ist die Moral von der finsteren Geschichte der Bestie: Schuld ist einzig und allein der Wolf. Wie originell! Da ist wieder mal jemand auf Schauermärchen und Legenden hereingefallen. Außerdem ist es ja um so vieles leichter, die Wölfe für alles verantwortlich zu machen, als sie in einem Freigehege oder gar in der Wildnis zu beobachten, das wäre viel zu kompliziert und riskant!

Ich bin mir sicher, daß die Wölfe mit der Geschichte der Bestie von Gévaudan nichts zu tun haben. Ich stütze mich insbesondere auf langjährige Erfahrungen, das heißt auf ein Vierteljahrhundert des Lebens in der Gemeinschaft mit Raubtieren sowie auf eine Vielzahl von Nachforschungen in vielen Ländern, in denen diese Tiere leben, von Spanien bis nach Lappland, Polen, Kanada und so weiter. Ich habe vor Ort Dutzende von Jägern, Förstern und Zoologen befragt; Indianer, Lappen, Amerikaner, Russen und andere. Mit ihrer Hilfe habe ich gewisse Kenntnisse über den Wolf erwerben können, über die die Pseudohistoriker der Bestie von Gévaudan leider nicht verfügen.

Natürlich hätte ich über diese »Historiker« mit ihren Phantastereien liebend gerne den Mantel des Schweigens gelegt, wenn sie mit ihrem Gerede nicht der panischen Angst vor dem Wolf Vorschub leisten würden. Wahrscheinlich werden sie selber von solchen Ängsten geplagt und möchten sie deshalb mit jemandem teilen, indem sie den Wölfen ein Verhalten andichten, das diese nie gezeigt haben.

In Wirklichkeit kann die Bestie kein Wildtier gewesen sein. Nur ein Tier in der Abhängigkeit und Gefolgschaft eines Menschen konnte, wahrscheinlich zusammen mit seinem Herrn, an diesen hundert Verbrechen beteiligt gewesen sein, die sich in diesen schrecklichen drei Jahren im Gévaudan ereignet haben. Auch ist es sehr wahrscheinlich, daß irgendwelche Racheakte eine Rolle gespielt haben, für die man dann die Wölfe verantwortlich gemacht hat. Unter diesen seltsamen bis aberwitzigen Geschichten, die man in den Büchern über die Bestie von Gévaudan finden kann, verdient eine besondere Beachtung, die ich abschließend noch erläutern möchte.

Ich meine das Ende dieser fürchterlichen Bestie, die Jean Chatel unter Begleitumständen getötet hat, die gelinde gesagt merkwürdig sind. Wir haben schon gehört, wie Chatel, der »die lauretanische Litanei gebetet hat«, die Bestie gesehen und erkannt hat. Dann hat er die Bestie erschossen, mit Kugeln, die er zuvor hatte weihen lassen.

Wieso haben sich die Historiker nicht gefragt, weshalb es zum Abschuß eines Wolfes geweihter Kugeln bedurfte? Dabei ist dies eine ganz simple Frage. Warum wohl? Die Antwort lautet, daß man damals an die Lykanthropie glaubte, das heißt an die Möglichkeit, daß sich ein Mensch in der Nacht in einen Wolf verwandeln konnte. Nun waren diese Werwölfe aber äußerst zähe Burschen, ja sie galten sogar als unzerstörbar. Sie konnten die härtesten Schläge einstecken, sie schienen unverwundbar. Lanzenstöße zeigten bei ihnen nicht mehr Wirkung als Bajonette oder Gewehrsalven; von den Keulenhieben wollen wir gar nicht erst reden. Nichts also konnte sie zur Strecke bringen, nichts ... – außer den geweihten Kugeln. Deren Wirkung war von ganz anderer Durchschlagskraft; solche Kugeln haben die Werwölfe gleich ins Jenseits befördert.

Bleibt nur noch die Frage, weshalb der Gevatter Chatel seine Kugeln hatte segnen lassen, mit denen er die »Bestie« getötet hat. Wer weiß, vielleicht glaubte er, in Übereinstimmung mit der großen Mehrheit seiner Zeitgenossen, daß diese seltsame Bestie in Wirklichkeit nichts anderes als ein Werwolf war.

Wolfspopulation

Gibt es in Frankreich noch Wölfe? Diese Frage wird mir oft gestellt. Die Antwort lautet ganz klar nein.

Wir sind die intelligentesten Wesen der Erde, jedenfalls glauben wir das gerne, aber in Sachen Artenschutz können wir als das Schlußlicht auf der Welt gelten. Der Schutz der wilden Tiere ist ohne Zweifel eine wichtige Sache, für die sich die Mehrzahl unter uns aber nicht besonders zu interessieren scheint. Vielleicht wird das in Zukunft anders sein. Ich gehöre zu denen, die sich dies wünschen.

In Frankreich haben wir den Wolf ausgerottet. Sicher, auch in England, Deutschland, Irland und der Schweiz gibt es keine Wölfe mehr. In England konnten die Wölfe bis zum Jahr 1500 überleben. In Schottland sind die letzten dieser Caniden von einem gewissen Cameron de Lochiel erlegt worden. In Irland gab es noch Wölfe bis 1766 oder 1770. Was die Schweiz anbelangt, so hat der Naturforscher Tschudi berichtet, daß im Tessin zwischen 1852 und 1859 dreiundfünfzig Wölfe getötet worden sind. Aber im Kanton Neuenburg sind zwischen 1660 und 1668 sogar vierhundert dieser Tiere abgeschossen worden. Später sind noch vereinzelt Wölfe erlegt worden, und zwar 1860, 1867, 1870 und noch einmal 1872.

In unserem Jahrhundert ist ein Wolf im Wallis getötet worden, genau am 27. November 1947, und zwar von einem gewissen Albin Brunner, der dem Bericht von Professor Heini Hediger zufolge dafür gefeiert worden sein soll. In allen Details berichtete Brunner, wie er die Eingeweide einer geschlachteten Kuh ausgelegt und bis abends um zehn Uhr auf den Wolf gewartet hatte. Seine verständliche Ungeduld meisternd hatte er mit erstaunlicher Selbstbeherrschung gewartet, bis das Tier so nahe genug herangekommen war, daß er es nicht verfehlen konnte.

Bei seiner romanhaft ausgeschmückten Schilderung machte er nur einen Fehler, sich nicht streng an die Wahrheit zu halten. Denn nicht Albin Brunner war es, der den Wolf erlegt hatte, sondern sein Onkel Marius Brunner. Er hatte ein totgeborenes Kalb als Köder ausgelegt, weil er Füchse wildern wollte. Statt eines Fuchses hatte er den Wolf abgeschossen, aber weil er keinen Jagdschein hatte, erfand er einfach die Geschichte mit seinem Neffen Albin, um Schwierigkeiten mit den Behörden zu vermeiden und außerdem die Abschußprämie zu kassieren, obwohl er keine Jagderlaubnis hatte.

Wenn auch die Wölfe in einigen Ländern noch als schädliche Tiere angesehen werden, so ist man in einigen anderen Ländern doch seit ein paar Jahren dabei, die Wolfsbestände zu erfassen. Da sich in der Folge gründlicher Forschung vor Ort die Einstellung doch beträchtlich gewandelt hat, werden die Wölfe nicht mehr systematisch ausgerottet und verfolgt.

Diese Feldforschungen haben eine genauere Kenntnis dieser Tiere ermöglicht und erwiesen, daß sie einen wesentlichen Beitrag leisten zum Gleichgewicht in der

Population der *Cervidae* (Huftiere). Wir kommen weiter unten darauf zurück, was man alles genau über die Wölfe wissen muß. Sie leben jedenfalls in zahlreichen Ländern, und das Leben der Menschen ist in keinster Weise durch sie gefährdet.

Heute gibt es etwa siebenhundert bis achthundert Wölfe in Spanien, besonders in der Sierra Morena. Im Norden Portugals, wo man übrigens sehr viele Maßnahmen trifft, um ihren Schutz zu gewährleisten, leben ungefähr hundert. In Italien existiert noch eine kleine Zahl an Wölfen in den Abruzzen, aber die Bestände überleben mehr schlecht als recht.

An Tieren, die man eingefangen hatte, fiel auf, daß sie ziemlich degeneriert waren und Mangelerscheinungen aufwiesen, da sie sich von Abfällen ernährten, die sie auf den Müllplätzen der Dörfer fanden. Trotzdem besteht Anlaß zur Hoffnung, da der World Wildlife Fund (WWF) den Ankauf von *Cervidae* (Hirscharten), insbesondere Rehen, finanziert, die in den Gebieten ausgesetzt werden, in denen diese letzten Wölfe Italiens leben, damit diese infolge der zusätzlichen Beute die Möglichkeit angemessener Ernährung haben.

In allen Ländern Zentraleuropas gibt es Wölfe und natürlich auch in Rußland. In Jugoslawien sind 1958 viertausend Wölfe getötet worden. In einem Brief vom 12. Dezember 1966 schrieb mir Milah Petrovic, Sekretär des jugoslawischen Jagdverbandes, daß es in seinem Land ungefähr zweitausendfünfhundert Wölfe gibt. Wölfe kommen auch noch vor in Ungarn, Griechenland, Bulgarien, Rumänien und Polen. Natürlich gibt es die meisten Wölfe in der GUS. Es soll gegenwärtig über hunderttausend Wölfe in dem riesigen Land geben, wenn man die Bestände in allen Republiken zusammenzählt – und dies, obwohl der Wolf dort seit Jahrzehnten intensiv gejagt wird.

So wurden offiziellen Angaben zufolge 1942 fünfundzwanzigtausendachthundert Wölfe abgeschossen. In Kasachstan, dieser Republik mit vergleichsweise nur fünfzehn Millionen Einwohnern bei der fünffachen Fläche Frankreichs, sind nach offiziellen Angaben im Verlauf von zwanzig Jahren (zwischen 1950 und 1970) zweihundertachttausend Wölfe getötet worden. 1958 sind offiziell achtzehntausendeinhundertsechzig Wölfe erlegt worden. Diese Wölfe haben ihren Jägern elf Millionen Rubel an Prämien eingebracht.

Es bedurfte eines großen technischen Aufwands wie des Einsatzes von Hubschraubern und Raupenfahrzeugen, um zu solchen Resultaten zu gelangen.

In Schweden gibt es nicht mehr viele Wölfe. In Stockholm berichtete mir der Naturforscher Kai Curry Lindhal, daß im Zentrum seines Landes nur noch fünfzehn Wölfe lebten und im schwedischen Teil Lapplands gerade noch zehn Stück. Das war im Jahr 1969, und ich war von diesen Zahlen sehr überrascht; jedoch wies der schwedische Zoologe darauf hin, daß die Wölfe von den Lappen, die sich über die von Wölfen an den Rentierherden angerichteten Schäden bitter beklagten, gnadenlos ausgerottet würden. In der Zwischenzeit haben sich die Dinge zum Besseren gewendet, die Wölfe stehen jetzt unter Schutz, und ihre Wiedereinbürgerung wird angestrebt.

In Finnland, genauer im finnischen Teil Lapplands, der an Karelien grenzt, werden Bestandsfluktuationen bei diesen Raubtieren festgestellt. Das Anwachsen der Wolfsbestände kann indirekte, vom Laien kaum vermutete Gründe haben. So hat zum Beispiel in Karelien die

Forstwirtschaft in den letzten Jahren zur Vergrößerung der für den Elch günstigen Lebensräume beigetragen.

Diese größere Anzahl an Elchen hat wiederum die Bedingungen für die Wölfe verbessert, so daß ihre Bestände zugenommen haben. Entlang der Grenze zwischen Finnland und Rußland werden Zählungen vorgenommen, bei denen ein deutlicher Zuwachs der Wolfsbestände zu verzeichnen ist.

Auch die Tatsache, daß eine Vielzahl Menschen die Taiga verlassen und in die Dörfer und Städte gezogen ist, hat den Zuwachs der Wolfspopulation begünstigt.

In der Türkei, im Iran und in Afghanistan kommen Wölfe in großer Zahl vor, ebenso in China und in der Äußeren Mongolei. In diesem Land tragen die Jäger mit ihrer Trophäenjagd unfreiwillig zum Erhalt und zum Zuwachs der Wolfspopulation bei. Denn sie lassen – besonders im Altaigebirge und im Süden des Landes – die Gerippe der Hirsche oder von anderem Hochwild liegen, die sich dann die Wölfe holen.

Auch in Lettland gibt es noch Wölfe, aber sie sind häufig das Objekt von Jagden gewesen; so sind zum Beispiel schon im Winter 1955/56 zweihundertfünfundvierzig Tiere erlegt worden.

Auch in Grönland haben einige Wölfe überlebt, es sind aber nur sehr geringe Bestände.

In den Vereinigten Staaten von Amerika, und da in erster Linie in Michigan und Minnesota, leben fast tausend Wölfe.

Kanada gehört zu den größten Reservaten der Erde, was die Wölfe betrifft. Vor mehreren Jahren hat mir Phillip Jougman, Konservator in Ottawa, mitgeteilt, daß es in Nova Scotia, New Brunswick und auf Prince

Edward Island keine Wölfe mehr gibt. In den anderen Provinzen dieses riesigen Landes jedoch finden die Wölfe gute Lebensbedingungen vor.

M. C. B. Kollinosky vom Ministerium für Land- und Forstwirtschaft Ontarios hat mir interessante Daten zur Populationsstruktur der Wölfe mitgeteilt. Nach im Jahr 1963 durchgeführten Zählungen gibt es in Alberta 1200 Wölfe, zwischen 2500 und 5000 in British Columbia und 1500 bis 2000 in Manitoba. In Labrador leben nach dieser Zählung mehrere Hundert. In den Northwest Territories sollen es 2000 bis 5000 sein, in Ontario zwischen 8000 und 10 000, in Québec zwischen 1500 und 3500, in Saskatchewan zwischen 1500 und 2500 und schließlich in Yukon Territory über tausend.

Im Verlauf der letzten fünfundzwanzig Jahre sind diese Zahlen nicht zurückgegangen, wie die zahlreichen Populationskontrollen zeigen, die in den verschiedenen Gebieten dieses Landes durchgeführt werden.

Alaska ist noch ein wolfsreiches Land, trotz des Baus der berühmten Ölpipeline, die die Fauna in diesem Gebiet etwas durcheinander gebracht hat. Die neuesten, mit modernen Techniken durchgeführten Zählungen ergeben für Nordamerika eine Wolfspopulation zwischen 60 000 und 70 000 Tieren. Die Art ist also nicht bedroht, und genauso wenig sind es die Einwohner!

Das Wild kann darüber erfreut sein, daß es so viele Wölfe gibt. Denn in der Tat sorgt der Wolf nicht nur für das biologische Gleichgewicht und die Gesundheit der Karibus, sondern auch der Elche und der Hirsche. Zugleich ist er, wie wir noch sehen werden, nützlich für die Wälder und Weiden.

Im Hinblick auf die Population der Wölfe ist vor allem

das Geschlechtsverhältnis von Bedeutung. Bei Wolfsrudeln, die in Freigehegen leben, ist es relativ einfach, den Anteil von männlichen und weiblichen Tieren zu bestimmen, sei es durch die genaue Beobachtung der adulten (erwachsenen) Tiere, sei es – und dies ist noch viel einfacher – bei der Geburt der Welpen und in der Zeit danach, in der die ganze Aufmerksamkeit des Muttertieres den Jungen gilt.

Bei Wölfen, die in freier Wildbahn leben, wird das Geschlechterverhältnis an Hand der getöteten Tiere ermittelt.

Zahlreiche Autoren aus den verschiedensten Ländern haben Untersuchungen durchgeführt. Aus vielen Berichten geht hervor, daß es ungefähr gleich viele Männchen und Weibchen gibt, wobei die Zahlen leicht (etwa um drei Prozent) zugunsten der männlichen Tiere variieren. In einigen Berichten werden 41 Prozent männliche gegenüber 59 Prozent weiblichen Tieren festgestellt. Die größte Differenz gibt es bei den finnischen Wölfen, wo 89 Prozent aller Tiere Männchen und nur 11 Prozent Weibchen sind. Für den Überhang männlicher Tiere in manchen Gebieten gibt es bisher keine Erklärung.

Für Minnesota kommt M.-H. Stenbornd auf 64 Prozent männliche Tiere und 36 Prozent Weibchen, auf der Basis einer Stichprobe bei 156 Wölfen und unter Berücksichtigung der Erlegungsmethode (vom Flugzeug aus abgeschossene oder mit Fallen gefangene Wölfe). Bei den Welpen ergibt sich das gleiche Geschlechterverhältnis. Dem Finnen Pulliainen zufolge steht fest, daß ein Überhang an männlichen Tieren in einem Gebiet zur Kontrolle bestimmter Wolfspopulationen beiträgt.

Ein besonders interessanter Aspekt des Geschlechterverhältnisses ist in Finnland zwischen 1953 und 1964 anläßlich von Invasionswellen entdeckt worden. In den ersten Jahren der Zunahme war die Mehrzahl der getöteten Wölfe männlichen Geschlechts, aber allmählich hat der Anteil der Weibchen zugenommen, bis das Geschlechterverhältnis ausgeglichen war.

Pulliainen schließt daraus: »Diese Untersuchungen ergeben, daß anscheinend nur die männlichen Wölfe abwandern, während in der Paarungszone und in den angrenzenden Arealen das Geschlechterverhältnis ziemlich genau 50:50 beträgt.« Die Schlußfolgerung liegt nahe, daß diese abwandernden männlichen Tiere sich nicht in ihrem angestammten Familienrevier paaren konnten.

In der Region des Großen Sklavensees (Northwest Territories) in Kanada bildeten im Winter 1955/56 die Welpen nur 13 Prozent der Gesamtpopulation. 1957/58 machten sie 46 Prozent und 1959/61 sogar 73 Prozent der Bestände aus.

In Ontario ist eine Klassifikation nach der Altersstruktur vorgenommen worden. Die Wölfe sind in Welpen und Jungwölfe (ein bis zwei Jahre alt) sowie in erwachsene Tiere eingeteilt worden. 1957/58, nachdem über einen langen Zeitraum von den Rangern Wölfe eingefangen wurden, war das Geschlechterverhältnis folgendermaßen: 35 Prozent Welpen, 40 Prozent Jungwölfe und 25 Prozent erwachsene Tiere. Dann hat man die Wölfe von 1959 bis 1964 unter besonderen Schutz gestellt. 1965 war das Geschlechterverhältnis folgendermaßen: 31 Prozent Welpen, 17 Prozent Jungwölfe und 52 Prozent erwachsene Tiere. Bei einer Stichprobe mit 17 ausgewachsenen Weibchen hat sich ergeben, daß nur 59 Prozent von ihnen im ersten Jahr nach der Geschlechtsreife trächtig waren. Die Zahl der Welpen betrug im Durchschnitt 4,9 je Wurf.

Die größte Untersuchung der Populationsstruktur der Wölfe hat 1967 in Alaska R. A. Rausch begonnen. In der Mehrzahl wurden die Wölfe dazu in Fallgruben gefangen oder vom Flugzeug aus gejagt. So sind zwischen 1969 und 1975 auf diese Art nicht weniger als 4150 Tiere gefangen worden, deren Alter dann festgestellt wurde. Insgesamt wurden 593 weibliche Tiere nach Welpen, Jungwölfen und erwachsenen Weibchen eingeteilt. Außerdem wurden die trächtigen Weibchen gezählt und der Durchschnitt der Würfe ermittelt. Die Ergebnisse zeigten, daß die Welpen in jedem Jahr zwischen 36 und 48 Prozent der Population ausmachten, im Durchschnitt der sieben Jahre des Untersuchungszeitraums waren es 44 Prozent.

In den verschiedenen Regionen Alaskas ergaben sich leichte Schwankungen in der Altersstruktur der Wölfe. So steigerte sich in den arktischen Regionen im Verlauf des Untersuchungszeitraums der Anteil der Welpen von 38 Prozent auf 65 Prozent, im Durchschnitt betrug er 48 Prozent. In den südlicheren Regionen dagegen stieg der Anteil von 39 Prozent auf 60 Prozent, im gleichen Zeitraum betrug er durchschnittlich 43 Prozent. Unter den 593 Weibchen waren 246 Welpen (42 Prozent), 170 Jungwölfe (29 Prozent) und 177 adulte Tiere (30 Prozent).

Für Ontario ergibt sich nach einigen Untersuchungen, daß unter natürlichen Kontrollbedingungen 40 Prozent der erwachsenen Weibchen in der Lage sind zu werfen; dies liegt daran, daß sie sich nicht paaren können, wenn sie noch zu jung sind. Außerdem ist die

Sterblichkeitsrate bei Welpen im Alter zwischen fünf und zehn Monaten besonders hoch. Die Überlebensquote bei Welpen in dieser Phase schwankt zwischen 6 und 43 Prozent.

Bei den Welpen und Jungtieren zwischen zehn Monaten und siebzehn bis zweiundzwanzig Monaten erhöht sich die Überlebensquote auf 55 Prozent. Haben die Tiere diesen Zeitraum überstanden, dann erhöht sich die Quote auf ungefähr 80 Prozent. Mit anderen Worten, ein Wolf, der einen Winter überlebt hat, hat 80 Prozent Chancen, auch ein zweites Jahr zu überstehen. Vorausgesetzt natürlich, der Mensch schaltet sich nicht dazwischen.

Aber von den Zeiten abgesehen, in denen der Wolf in manchen Gebieten systematisch vernichtet wird (unter dem Vorwand von Populationskontrollen), bedeuten Krankheiten, die extremen Temperaturen und Unfälle eine größere Gefahr für die Wölfe als der Mensch.

Die genannten Zahlen sprechen eine deutliche Sprache; sie zeigen, daß selbst die Raubtiere, auch wenn sie gute Beutemöglichkeiten vorfinden, sich nicht vermehren wie die Karnickel oder andere kleine Nager.

Es steht nicht zu befürchten, daß es bei Wölfen zu einer Massenvermehrung kommt, wie dies bei Lemmingen oder Wasserratten der Fall ist.

Bleibt noch festzustellen, daß in Grönland, dieser über zwei Millionen Quadratkilometer großen Insel, die Wölfe infolge unkontrollierter Bejagung so gut wie ausgestorben waren. Seit 1975 jedoch stehen die Wölfe dort unter gesetzlichem Schutz, was insbesondere auch der Schaffung des größten Nationalparks der Welt zu verdanken ist – seine Fläche beträgt vierhundertfünfzigtausend Quadratkilometer, was ungefähr vier Fünftel der Fläche Frankreichs entspricht.

Der Bestand wächst wieder an; vorher betrug er nur noch einige Dutzend Exemplare. Infolge des äußerst rauhen Klimas – der größte Teil des Landes ist von Schnee und Eis überzogen – sind die Wölfe dort weiß und von sehr großer Statur.

Als die Wölfe angriffen

Wie wir gesehen haben, leben in zahlreichen Ländern Tausende von Wölfen in freier Wildbahn, und dennoch ist kein einziger Fall bekannt, daß Menschen von diesen Tieren angegriffen worden seien.

Nehmen wir zum Beispiel Spanien, wo es heute sieben- bis achthundert Wölfe gibt. Wenn auch nur ein einziges dieser Raubtiere ein Kind oder einen Erwachsenen töten würde, glauben Sie, daß dies unbekannt bliebe?

Ich bin überzeugt, daß ein derartiger Vorfall für ganzseitige Schlagzeilen auf den Titelseiten der Zeitungen sorgen würde, Radio und Fernsehen würden die Sache aufgreifen, und alle die alten Geschichten, die anscheinend bei unseren Großmüttern Angst und Schrecken verbreitet hatten, würden wieder hervorgeholt.

In den Bergen, wo die Schäfer ihre Herden hüten, würden wieder die auf zwei Achsen montierten Hütten auftauchen, in die sich die Schäfer nachts zum Schutz vor den Wölfen verkriechen würden. Auch hatte man früher eine Laterne an der Hütte angebracht, die die Wölfe abschrecken sollte. In Wirklichkeit waren diese Hütten vor allem als Schutz gegen Unwetter gedacht, doch man hat immer alles auf die Wölfe geschoben.

Heutzutage also, und damit doch schon seit einer

gewissen Zeit, fressen die Wölfe keine Vertreter der menschlichen Spezies mehr. Haben Sie etwa den Appetit auf Menschenfleisch verloren? Wer weiß? Auf jeden Fall muß man sich, will man etwas von Angriffen der Wölfe auf Menschen lesen, an die alten Bücher halten oder an einige neuere Arbeiten, deren Autoren sich von Märchen und von mehr oder weniger glaubwürdigen Erzählungen »inspirieren« lassen. Anhand einiger Beispiele wollen wir untersuchen, welches Bild sich unsere Vorfahren von den Wölfen gemacht haben.

Beginnen wir mit Gaston de Foix, der wegen seines Buches *Livre de la Chasse [Buch der Jagd]*, erschienen unter dem Namen Gaston Phébus, vor allem bei den Jägern bekannt ist. Gaston Phébus, der von 1331 bis 1391 lebte, schrieb, daß Wölfe Menschenfleisch jedem anderen Fleisch vorziehen würden, weil sie »darauf versessen sind; sie fressen keine anderen Tiere und mögen besonders Kinder wegen ihres ganz zarten Fleisches.« Nach solchen Behauptungen wundert man sich nicht, daß die armen Leute damals eine Höllenangst vor Wölfen hatten.

Erst vor kurzem schrieb Robert Delort in seinem Buch *Der Elefant, die Biene und der heilige Wolf*:

»Begegnungen, bei denen sich ein einzelner Mensch plötzlich einem einzelgängerischen Wolf gegenübersah, waren ziemlich häufig. Der Wolf reagierte dabei gewöhnlich als erster, und je nach Appetit, Laune und Einschätzung der Situation nahm er den Kampf auf oder floh.«

Ich finde diese Darstellung amüsant. Robert Delort ist sicher ein guter, ausgewiesener Historiker. Aber wenn man das Verhalten der Wölfe nur annähernd kennt, wenn man nur einigermaßen mit diesen Raubtieren vertraut ist, wenn man die Fachleute befragt und die Menschen, die seit jeher in ständigem Kontakt zu diesen Tieren leben – Eskimos, Lappen, die Indianer Nordamerikas –, dann ist man zumindest verwundert über solche Aussagen.

Der gute Robert Delort gibt alles in allem, und ohne es zu merken, nur Anthropomorphismen von sich, wenn er von der Laune des Wolfs redet. Wieso spricht er nicht gleich von seinem Seelenhaushalt? Man muß wissen, daß der Wolf immer die Initiative ergreift, wenn er einem Menschen begegnet; er ergreift aber, wie die Jäger früher wußten, eine ganz besondere Initiative, nämlich die Flucht.

Robert Delort zitiert außerdem Jean Anglade, der von dem schrecklichen Abenteuer eines Bauern berichtet, der in eine Wolfsgrube gestürzt war, in der sich bereits ein Wolf befand:

»Die beiden kämpften die ganze Nacht miteinander, Mann gegen Tier, mit Klauen, Zähnen und Messer. Als am Morgen andere Bauern dem Unglücklichen zu Hilfe kamen, erkannten sie ihn nicht mehr wieder: Blutverschmiert, mit aschfahlem Gesicht und Schaum um den Mund, mit gräßlichem Grinsen die gebrochenen Zähne bleckend, war er selber schlimmer geworden als das Tier, so daß er auch nicht von ihm abließ, als die Menge es endlich besiegt hatte, und ihm unter wüsten Beschimpfungen das Fell vom Leibe riß. Das waren sicherlich außerordentliche Umstände, denn keiner der beiden Feinde konnte ja aufgeben und das Weite suchen.«

Wie erschütternd ist doch dieser Bericht! Aber erschütternd heißt eben noch lange nicht der Wahrheit entsprechend.

Und noch ein Historchen über eine Wolfsfalle. Jackez Cornou erzählt es in seinem Buch *Les Loups en Bretagne [Die Wölfe in der Bretagne]*. Es handelt sich um das tragikomische Abenteuer, das 1870 Saig Glaziou aus Guernevez-en-Roudoualler (Morbihan) erlebt hat:

»Ein junger Mann kehrte frohen Mutes von seiner Verlobten Mariannig nach Hause, die in Coat Kilvern, an der Straße nach Spezet wohnte; es war ein verlassener Weg, gesäumt von Büschen und Wäldern an den Hängen der *Montagnes noires*. Er träumte vor sich hin und achtete nicht auf das unwegsame Gelände, da spürte er plötzlich, wie der Boden unter seinen Füßen nachgab. Inmitten eines Gewirrs von Zweigen landete er in einer Wolfsfalle, die Monsieur de Kerjegu, der Besitzer des Gutes Trévarez, in der Nachbargemeinde Laz aufgestellt hatte.

Etwas benommen von dem Sturz, begann sich Saig nach einigen Minuten wieder zu fassen und zu überlegen, wie er wieder nach oben gelangen konnte, als ihm in der Dunkelheit plötzlich Zweifel kamen, ob er der einzige in der Grube war. Aus einer Ecke des Loches, hinter Zweigen versteckt, fixierten ihn zwei funkelnde Augen. Man kann sich vorstellen, wie ihm da der kalte Schweiß herunterlief. Ohne Zweifel war es ein Wolf, der vor kurzem den gleichen Weg genommen hatte. Im Angesicht der drohenden Gefahr kam Saig die geniale Idee, sein Feuerzeug zu nehmen und das Rädchen zu drehen. Als die Zündfunken aufsprühten, kauerte sich das Tier in seine Ecke und hielt es für klüger, das Mittagessen zu verschieben. So ging es die ganze Nacht weiter, sobald das Tier bedrohlich wurde, betätigte er das Feuerzeug und ließ die Funken aufsprühen. Mit dem Morgengrauen bestand Hoffnung auf Rettung.

Es war Sonntag, und es dauerte nicht lange, bis das klopfende Geräusch von Holzschuhen zu hören war. Der Bauer aus Kerbiked war auf dem Weg zur Messe. Er hörte die Hilferufe unseres Gefangenen, eilte herbei und konnte ihn vorsichtig aus dem Loch ziehen. Was den mitgefangenen Vierbeiner betrifft, so ist dieser weniger glimpflich davongekommen. Er wurde mit Hilfe mehrerer Nachbarn in seinem Gefängnis erschossen.«

Diese Geschichte einer Gefangenschaft in der Gesellschaft eines Wolfs ist glaubwürdiger als die vorige, die Jean Anglade berichtet hat. Zum einen ist sie genauer, zum anderen nennt sie auch Details. Vor allem aber entspricht sie eher der Wirklichkeit.

Ein Wolf in Gefangenschaft, der sich dann außerdem noch plötzlich in der Gesellschaft eines Menschen befindet und nicht die Möglichkeit zur Flucht hat, wünscht nur in Ruhe gelassen und möglichst überhaupt nicht beachtet zu werden. Mit Sicherheit hätte der Wolf auch ohne die Funken aus dem Feuerzeug seinen Gesellschafter in der Grube nicht angegriffen, auch wenn er schon länger nichts gefressen hätte.

Kommen wir noch mal einen Augenblick auf Robert Delort zurück, der in seinem schon erwähnten Buch die einschlägigen Geschichten weitererzählt, die unzählige Male schon in den Zeitschriften vom Anfang unseres Jahrhunderts gestanden haben, insbesondere in *Le Petit Journal*, diesem Lügen- und Sensationsblättchen aus den Jahren 1890 bis 1915. Delort berichtet:

»Bei einer anderen, häufigeren Form des Kampfes standen mehrere Menschen mehreren Wölfen gegenüber: Ein jagendes Rudel stieß auf eine Dorfhochzeit. Es begegnete einem mit mehreren Personen besetztes

Fuhrwerk, einer Gruppe von Hirten, Kosaken oder Verunglückten, die sich allein auf weiter Flur befanden. Auch hier war der Ausgang ungewiß, er hing davon ab, wie gut die Menschen bewaffnet waren und wie viele Angreifer und Verteidiger sich gegenüberstanden, ob Pferd oder andere Tiere dabei waren, und, als leichtere Beute, die Wölfe von den Menschen ablenkten.«

Nun denn, eine Heirat scheint damals eine ziemlich gefährliche Angelegenheit gewesen zu sein; und die arme Braut muß vor der Hochzeitsnacht eine schreckliche Angst vor dem Wolf gehabt haben.

Es überrascht mich jedesmal, wie sich Schriftsteller und Historiker Ende des 20. Jahrhunderts immer noch auf ebenso groteske wie lächerliche Märchen stützen, um ihr Wissen zur Schau zu stellen.

Ich werde meinerseits drei Geschichten aus diesem *Petit Journal* wiedergeben, die zeigen, wie »erhellend« solche Berichte sind. Anschließend werde ich sie kommentieren.

Es ist gar nicht notwendig, einige Jahrhunderte zurückzugehen, um auf Erzählungen von den Schreckenstaten der Wölfe zu stoßen. Es genügt, einen Blick zurück auf den Anfang unseres aufgeklärten Jahrhunderts zu werfen!

Folgendes wurde im *Petit Journal* vom 16. März 1902 geboten. Auf der letzten Seite der illustrierten Beilage sieht man eine kolorierte Zeichnung mit einem Radfahrer, der von zahlreichen Wölfen angegriffen wird. Der Vorfall wird unter dem Titel »Von Wölfen überfallen« geschildert. Ein sehr nüchterner, aber bezeichnender Titel. In dem Artikel heißt es:

»Ein schwedischer Eisenbahninspektor ist nahe der finnischen Grenze einem schrecklichen Tod entgangen.

In Ausübung seines Dienstes fuhr er gerade auf einer Draisine, als sich ein Rudel Wölfe an seine Verfolgung machte. Zum Glück ging die Strecke bergab, was dem Mann ermöglichte, schneller zu fahren. Als er jedoch am Ende des Abhanges angekommen war, ging es wieder bergauf; das wäre beinahe sein Untergang gewesen.

Zum Glück sah der Wärter eines Stellwerks, in welcher Gefahr sich der Inspektor befand. Mit Gewehrschüssen tötete er zunächst den Wolf an der Spitze des Rudels, dann zwei andere; der Rest lief erschrocken davon. Der Inspektor war vor lauter Schreck in Ohnmacht gefallen, und der Arzt, der ihn im Häuschen des Stellwerkwärters untersuchte, in dem er mehrere Tage das Bett hüten mußte, befürchtete schwere seelische Folgestörungen.«

Am 22. März 1903 veröffentlichte das *Petit Journal* auf dem Titelblatt eine Zeichnung, die ein Rudel Wölfe beim Angriff auf einen Pferdeschlitten zeigte. Der Artikel auf der zweiten Seite trug den Titel »Grausamer Vater bestraft: Von Wölfen gefressen!« Es verhielt sich folgendermaßen:

»Ein fürchterlicher Vorfall hat sich kürzlich in der Nähe des Dorfes Kovsoska in Rußland ereignet. Der Besitzer eines kleinen Gutes kam von einem Nachbardorf nach Hause; er fuhr zusammen mit seiner jungen Frau und seinem kleinen Kind in einem Schlitten, als er plötzlich aus der weiten Steppe ein finsteres Heulen hörte. Es waren Wölfe, die in diesem Jahr besonders zahlreich waren. Und wirklich, auf einmal erschien an einer Wegbiegung ein wildes, ausgehungertes Rudel und heftete sich an die Fersen der Reisenden.

Der Mann feuerte die Pferde an, und der Schlitten glitt pfeilschnell über den vereisten Schnee; die Pferde, verängstigt durch den Anblick der gefährlichen Fleischfresser, rannten in Windeseile; das ausgehungerte Rudel kreiste um das leichte Fahrzeug und hüpfte um die Pferde herum; noch eine Minute, und es wäre zu spät gewesen.

In diesem Moment kam der Mann auf eine schreckliche, verabscheuenswerte Idee. ›Frau‹, sagte er zu seiner zitternden Gattin, die neben ihm schier umkam vor Angst und den kleinen Jungen an die Brust drückte, ›Frau, wenn wir ihnen das Kind hinwerfen . . ., während sie . . . während sie mit ihm beschäftigt sind, hätten wir Zeit, uns in Sicherheit zu bringen.‹ – ›Was sagst du da, du mieser Kerl? Kommt gar nicht in Frage! Niemals, niemals, lieber möchte ich sterben!‹ – ›Wie du willst‹, knurrte der Schuft aufgeregt. Und mit einem brutalen Stoß stieß er die Frau und das Kind vom Schlitten. Er glaubte, sich durch dieses scheußliche Verbrechen zu retten, er hoffte, daß es mit dem leichter gewordenen Schlitten viel schneller vorwärts ginge.

Eine wunderbare Fügung der Vorsehung sorgte dafür, daß die beiden bedauernswerten Menschen in einem ziemlich tiefen, verschneiten Loch am Rande des Weges landeten, dem die vom Schnee geblendeten, durch die Verfolgung des Gespanns atemlos hechelnden Wölfe auswichen, ohne die Frau und das Kind zu bemerken, die in den Schnee gepurzelt waren und für einige Minuten von dem dicken weißen Teppich begraben wurden. Die Wölfe setzten ihre Verfolgung fort, gieriger denn je, und erreichten den Schlitten. Mitsamt dem ganzen Gespann wurde der Mann aufgefressen. So erlitt er die gerechte Strafe für sein abscheuliches Verbrechen. Die Frau und das Kind dagegen kamen beide unverletzt davon. Nach langen und anstrengenden Versuchen konnten sie sich aus dem Graben befreien und ins Dorf zurückkehren; sie wurden wie durch ein Wunder gerettet.«

Ende gut, alles gut – die Wölfe haben für Gerechtigkeit gesorgt, besser als es die Menschen getan hätten. Nach der Lektüre einer solchen Geschichte werden die Bauern in ihren Hütten und die jungen Dinger in ihren Stuben vor Rührung geweint haben.

Schade ist nur, daß diese ergreifenden Berichte bei jeder Gelegenheit aufgetischt und ständig wiederholt wurden, manchmal in kürzeren, manchmal in längeren Abständen. Hier ein schönes Beispiel dafür:

Der Schweizer Naturforscher und Tierzeichner Robert Hainard, der bei jedem Wetter und in vielen Ländern mehr Nächte in freier Natur als in seinem Bett verbracht hat, um die wilden Tiere und insbesondere die Wölfe zu beobachten, schreibt in einem seiner bemerkenswerten Bücher *(Les Mammifères sauvages d'Europe [Die wilden Säugetiere Europas])* folgendes:

»Im Februar 1956 habe ich in Bialowieza drei Tage in der Gesellschaft von Bisonhütern verbracht. Danach hat mich mein Dolmetscher wieder mit dem Pferdeschlitten abgeholt. Der Weißrusse, der uns fährt, sagte der Dolmetscher, hat mir soeben erzählt, daß genau hier vor einer Woche ein Mann, seine Frau und sein Kind, die spät nachmittags mit einem Schlitten unterwegs waren, von einem Rudel Wölfe angefallen worden sind. Um Zeit zu gewinnen, wollte der Mann, daß seine Frau das Kind den Wölfen zum Fraß vorwirft. Sie hat sich geweigert. Aber bei einem Stoß wurden die Frau und das Kind aus dem Schlitten geschleudert. Die Wölfe liefen über sie hinweg, holten den Schlitten ein und fraßen den Mann und das Pferd.«

»Ich war sehr beeindruckt«, fährt Robert Hainard fort, »denn ich war auf der Suche nach aktuellen Berichten über Angriffe von Wölfen auf Menschen. Also bin ich gleich nach meiner Ankunft zur Verwaltung des Nationalparks gegangen, um mich zu erkundigen, ob die Geschichte stimmte. Der Direktor und die für den Park arbeitende Zoologin bestätigten mir beide, daß sie völlig frei erfunden sei.«

Da hätten wir also eine Geschichte, veröffentlicht am 22. März 1903 im *Petit Journal* zusammen mit einer Zeichnung, die den Lesern das Gruseln lehren soll, – und dieselbe Geschichte erzählt 1956, also dreiundfünfzig Jahre später, der Fahrer eines Pferdeschlittens!

Robert Hainard wußte nicht, daß der Bericht dieses Vorfalls schon über ein halbes Jahrhundert vorher veröffentlicht worden war.

Solche Geschichten, so absurd und falsch sie auch sind, können um die ganze Welt gehen und dann von leichtgläubigen Gemütern, von denen es noch viele gibt, arglos für bare Münze genommen werden. Natürlich kann es niemand, der solche Albernheiten weitererzählt, unterlassen, noch ein paar Details nach eigenem Gusto hinzuzudichten, um seinen Zuhörern zu imponieren.

Diese Leute haben sicherlich viel Phantasie, aber sie können höchstens die Ignoranten überzeugen, die nur allzu gerne an den Haaren herbeigezogene Geschichten glauben wollen. Für die Wölfe beunruhigend ist die Tatsache, daß auch noch heutzutage die Phantasie allzu leicht die Oberhand über die Wirklichkeit gewinnt.

Ich möchte noch einen Artikel aus diesem *Petit Journal* zitieren. Er ist in der Nummer vom 10. März 1907 erschienen, unter dem Titel »Ein tragischer Vorfall«, mit dem Untertitel »Von einem Wolfsrudel angegriffen«. Darin heißt es:

»Die Szene, die unser Stich auf Seite acht zeigt, gehört zu den schlimmsten, die man sich vorstellen kann. Ein Händler aus Csikhoz (Transsylvanien), Léon Hering, war in diesen Tagen von zu Hause aufgebrochen, mit einem Pferdeschlitten, den er selber steuerte. Unterwegs tauchte in der Nähe des Gespanns ein Wolfsrudel auf, und Herr Hering erschoß eines der Tiere mit seinem Gewehr. Da kam er auf den unheilvollen Gedanken, seinen Schlitten anzuhalten und das Tier mitzunehmen, das er abgeschossen hatte. Aber kaum war er abgestiegen, kamen die Wölfe zurück, noch angriffslustiger und in größerer Zahl. Die verängstigten Pferde gingen durch, und der unglückselige Mann blieb allein und ohne Waffe zurück, ohne Hoffnung, der wilden Meute zu entkommen.

Am Morgen kam das Gespann ohne seinen Besitzer am Hause Herings an. Die Frau des Händlers war außer sich vor Sorge und schickte die Bediensteten auf die Suche nach ihrem Mann. Bald entdeckte man am Straßenrand den Kopf und ein Bein des armen Mannes; alles übrige hatten die Wölfe gefressen. Einige Schritte weiter lag der Kadaver des Tieres, das Herr Hering getötet hatte, im Graben.«

Geschichten in diesem Stil sind zu Hunderten veröffentlicht worden; und was die Illustrationen betrifft, so zielen sie alle darauf ab, die Phantasie der Leute anzuregen, indem sie ihre tiefen Ängste ansprechen.

Diese Erzählungen sind sich alle auf merkwürdige Weise ähnlich, fast immer geht es darum, daß Wölfe einen Schlitten verfolgen und Mensch und Pferd auffressen. Die Berichterstatter besitzen keinerlei Kenntnisse über das Verhalten der Wölfe und schreiben nur, um die Phantasie der Leser anzustacheln, ihnen Angst einzujagen und die Auflagen zu steigern. Diese Schreiberlinge achten nicht einmal darauf, daß ihre Geschichten wenigstens halbwegs plausibel erscheinen.

In diesem dritten Bericht aus dem *Petit Journal* heißt es, man habe den Kopf und ein Bein des Händlers gefunden sowie den Kadaver des von dem Mann erschossenen Wolfs. Wenn sich aber Wölfe tollkühn dazu entschließen, nicht nur Menschen, sondern auch Pferde anzufallen, die sie als Beute betrachten, dann müssen sie einen ungeheuren Hunger haben.

So bleibt es mindestens verwunderlich, daß diese so zahlreichen Wölfe nicht auch den Kopf und das Bein des Opfers gefressen haben. Seltsam ist auch, daß sie den Kadaver ihres Artgenossen haben liegen lassen. Denn im Gegensatz zur landläufigen Annahme und zu dem französischen Sprichwort* fressen sich Wölfe gegenseitig auf, wenn sie der Hunger quält.

Ich halte demnach diesen Bericht für vollkommen falsch. Wölfe überlegen es sich zweimal, bevor sie einen Menschen angreifen, und falls sie es einmal doch tun sollten, dann lassen sie mit Sicherheit nicht Teile der Leiche zurück.

Es ist nichts Außergewöhnliches, daß man ab und zu, vor allem in den kältesten Wintermonaten in unseren Tageszeitungen Artikel lesen kann, die davon berichten, daß in Jugoslawien, in Rußland, Lappland oder auch in Kanada ein ganzes Dorf von ausgehungerten

*Wörtlich übersetzt lautet die französische Redensart: *Wölfe fressen sich nicht gegenseitig auf.* Dem entspricht im Deutschen: *Eine Krähe hackt der andern kein Auge aus* [Anmerkung des Übersetzers].

Wölfen umzingelt worden ist. Solche Berichte entbehren jeder Grundlage.

So habe ich mich zum Beispiel nach der Veröffentlichung eines Artikels in einer großen Tageszeitung, die gemeldet hatte, daß ein Ort in Lappland von Wölfen belagert wurde, selber vor Ort begeben. Über mehrere Wochen habe ich die Lappen befragt. Natürlich haben sie über meine Fragen gelacht, denn der gemeldete Vorfall hat sich niemals ereignet. Die gleiche Frage nach Angriffen von Wölfen auf Menschen habe ich Indianern in Kanada ebenso gestellt wie Naturforschern in Polen, Rußland und Schweden – alle haben sie mich angestarrt, als sei ich hinter dem Mond.

Allen diesen Geschichten ist eines gemeinsam: In der Regel spielen sie in fernen Ländern und in weit abgelegenen, schwer zugänglichen Gebieten. Es wird aber höchste Zeit, daß die Herrschaften, die solche Artikel schreiben, einsehen, daß heutzutage dank des Flugzeugs die Distanzen keine große Rolle mehr spielen und daß man, wenn man wirklich ernsthaft Nachforschungen anstellen will, ohne größere Schwierigkeiten auch jene abgelegenen Regionen erreichen kann, in denen sich solche Vorfälle angeblich ereignet haben sollen. Die Zeiten, in denen man die Leser auf ziemlich plumpe Weise schlicht für dumm verkaufen konnte, sind zwar noch nicht ganz, aber doch allmählich vorbei; jedenfalls ist man auf dem rechten Weg.

Es ist interessant, welche Vorstellungen von Wölfen ein Gelehrter seinerzeit, vor zwei oder mehr Jahrhunderten, gehabt hat. Ich spreche von dem berühmten Naturforscher und Gelehrten Georges Louis Leclerc, Comte de Buffon. Buffon mochte die Wölfe im Grunde genommen nicht; in dieser Hinsicht ähnelte er vielen unserer Zeitgenossen. Seine Abneigung drückte er wie folgt aus:

»Es ist an diesem Tier nichts Gutes außer seinem Fell, das man zu grobem Pelzwerk verarbeitet. Sein Fleisch ist derart minderwertig, daß alle anderen Tiere sich davor ekeln, und nur die Wölfe selbst fressen gerne ihresgleichen. Ein übler Geruch entströmt seinem Maul; und um seinen Hunger zu stillen, macht er sich über alles her, was er gerade findet: verwestes Fleisch, Knochen, Haare, schon halb gegerbte Häute, die noch mit Kalk bedeckt sind. Oft würgt er das Gefressene wieder aus, und er entleert sich öfter als er Nahrung aufnimmt. Kurz, er ist in jeder Hinsicht verabscheuungswürdig, von niederträchtiger Gesinnung, mit seinem hinterhältigen Gesicht, seinem wilden Aussehen, seiner furchterregenden Stimme, dem unerträglichen Geruch, seiner widernatürlichen Wesensart und seiner blutrünstigen Gesinnung; er ist ein abscheuliches Wesen, ein Schädling zu seinen Lebzeiten und nutzlos auch nach seinem Tode.«

Was für ein Porträt! Und dennoch hat der berühmte Naturforscher aus Montbard bei all dem Wust und Unsinn, den er da verzapft hat, doch etwas Wahres gesagt. Er schreibt nämlich an anderer Stelle:

»Der Wolf geht dem Menschen aus dem Weg.« Und diese Wahrheit ist nicht gering zu veranschlagen, denn der Wolf hatte schon immer Angst vor dem Menschen. Diese Erfahrung mache ich fast jeden Tag.

Buffon meint, die Muttertiere seien dreieinhalb Monate lang trächtig und schreibt dazu: »Die Männchen legen sich bei der Brunst nicht fest, sie schweifen von einem Weibchen zum anderen, sofern diese läufig sind.« Buffon schließt daraus, daß – unter Berücksichtigung einer Trächtigkeit bei Hündinnen von sechzig Tagen und bei Wölfinnen von hundert Tagen – die beiden Arten im System sehr weit voneinander entfernt seien, was ihn zu dem Schluß führt, daß sich »der Hund und die Wölfin nicht paaren können.«

In Wirklichkeit ist dem berühmten Forscher hier ein großer Irrtum unterlaufen. Die Wölfin ist zwischen zweiundsechzig und dreiundsechzig Tagen trächtig; und die männlichen Tiere rennen nicht jedem Weibchen hinterher, das ihnen in die Nähe kommt. Wie wir sehen werden, ist er dem Weibchen bemerkenswert treu.

Paarungen zwischen Wölfin und Hunderüde sowie zwischen Wolf und Hündin schließlich führen zu einwandfrei positiven Resultaten, und die Jungen aus solchen Paarungen sind ihrerseits sehr fruchtbar. Ich zitiere noch einmal den Standpunkt Buffons:

»Der Wolf zieht lebendes Fleisch dem Aas vor, und dennoch verschlingt er die übelsten Abfälle. Er liebt Menschenfleisch, und vielleicht würde er, wenn er der Stärkere wäre, sich nur von Menschenfleisch ernähren!« Jeder Kommentar ist hier überflüssig.

Noch eine kleine Geschichte zum Abschluß dieses Kapitels. Es ist die Geschichte vom Wolf, der in das schlickige Wasser eines Tümpels taucht und sich danach unter einer Mauleselin ausschüttelt. Die Eselin schließt die Augen, bekommt die ganzen Spritzer ab und wird dann unverzüglich aufgefressen. Wer will nach solchen Geschichten noch behaupten, der Wolf sei nicht schlau und gerissen!

Die Vernichtung der Wölfe

Der Mensch hat sein ganzes Können, sein Wissen, seine Intelligenz und sämtliche Tricks benutzt, um dem Wolf Herr zu werden. Über Jahrhunderte hinweg hat er all seine Fähigkeiten zur Bekämpfung der Angst eingesetzt, die er angesichts dieses wilden Tiers empfand.

Man hat Jagd gemacht auf den Wolf, was aber eher dem Versuch seiner Vernichtung gleichkam. Ja, im Grunde genommen wollte man ihn ausrotten. In einigen Ländern, darunter Frankreich, ist dies gelungen; aber es gibt keinen Grund, sich dieses Erfolges zu rühmen.

Die Jagd konnte gewissermaßen als das sportlichste oder wenigstens nicht unfaire Mittel gelten, die Oberhand über den Wolf zu gewinnen. Es gab die verschiedenen Methoden, dem Wolf Fallen zu stellen, darunter war die einfachste: die Wolfsgrube. Man hat Gift benutzt, die Brechnuß und das aus ihr gewonnene Strychnin, ein in Frankreich bevorzugtes Mittel zur Ausrottung der Wölfe. Schließlich kamen das Flugzeug, Hubschrauber, Raupenfahrzeuge und noch teuflischere Mittel, wie zum Beispiel jenes, das zum ersten Mal 1961 in Ontario ausprobiert worden ist.

In dem Jahr sind in dieser Provinz Kanadas mehrere Dutzend Wölfe gefangen worden. Anschließend hat man die Wölfe wieder frei gelassen, aber man hatte zuvor einen kleinen Radiosender an ihnen angebracht. Diese Radiohalsbänder strahlen ein Dauersignal in Form pulsartiger Pieptöne aus, dessen Empfang der Forst- und Jagdverwaltung die Möglichkeit gibt, den Weg der freigelassenen Tiere ständig zu verfolgen, die sich schon bald wieder ihren Artgenossen anschließen. Mit Hilfe dieser modernen »Fährtensucher« können die Jagdbehörden große Wolfsrudel orten, um dann Treibjagden zu deren Abschuß zu organisieren.

Es ist verschiedentlich behauptet worden, daß man in Rußland gezähmte Wölfe benutzt, um in bestimmten Gegenden die Wolfsbestände zu vernichten. Diese »domestizierten« Wölfe seien, so wird behauptet, sehr folgsam und bestens abgerichtet. Sie können die Spuren ihrer wilden Artgenossen verfolgen, wie es die besten Polizeihunde nicht besser könnten (was den Spürsinn betrifft, bin ich völlig einverstanden).

Auf diese Weise kann das Revier der Wolfsrudel ausfindig gemacht werden. Es wird berichtet, daß es in Kasachstan mit Hilfe eines dressierten Wolfes gelungen sei, dreihundert Wölfe zu erlegen, für die eine Prämie von hundertfünfzigtausend Rubel gezahlt worden sei. Ich habe keine Bestätigung dieses Berichts erhalten können, aber auf jeden Fall bin ich sehr skeptisch, was diese domestizierten Wölfe und ihren Einsatz betrifft.

Unter Domestikation versteht man die Zähmung oder Züchtung einer wildlebenden Art zu einem Haustier, das dem Menschen von Nutzen ist oder ihm bestimmte Dienste leistet. Ich bin der Ansicht, daß man Wölfe nicht domestizieren kann. Ich habe sehr viele Wölfe aufgezogen, Hunderte gesehen, lebte mit einigen sozusagen auf bestem Fuße, aber ich habe noch nie einen

Wolf gesehen, den man als Haustier bezeichnen könnte. Ein Wolf läßt sich zähmen, an den Menschen gewöhnen, aber um ihn zu domestizieren, dazu bedürfte es mehrerer Generationen von gezähmten Wölfen; und kein Mensch lebt lange genug dafür.

Es fällt mir also schwer zu glauben, daß dressierte Wölfe gleichsam die Rolle von Verrätern gespielt haben können, indem sie ihre Artgenossen verfolgten. Genauso skeptisch stehe ich folgendem Bericht gegenüber:

»Die Rentierzüchter sollen aus Sorge um den Schutz ihrer Herden dressierte Wölfe als Hüter einsetzen. Und trotz ihrer relativen Folgsamkeit und der Anhänglichkeit ihrem Herrn gegenüber laufen diese gezähmten Wölfe nicht ohne Maulkorb herum!«

Hat man da noch Töne – den Aufpasser spielen und dabei mit Maulkorb herumlaufen, das ist schon erstaunlich oder? Nun heißt es, diese Wölfe seien folgsam. Aber damit Wölfe gehorchen, müssen sie die Dominanz des anderen akzeptieren, was nicht so ohne weiteres der Fall ist. Selbst wenn man davon ausgeht, daß diese Wölfe vom frühesten Zeitpunkt der »Prägungsphase« an mit der Flasche aufgezogen worden sind (das heißt noch bevor sie die Augen geöffnet haben, also wenn sie jünger als zehn Tage waren), dann ist sogar bei einem vom Menschen geprägten Welpen die Wahrscheinlichkeit gering, daß man aus ihnen folgsame Hündchen und anhängliche Haustiere macht.

Wir werden später noch die Unterschiede im Verhalten sehen, die es zwischen einem gezähmten und einem auf den Menschen sozialisierten Wolf gibt.

Wenn ich also nicht an diese Geschichte von folgsamen Wölfen glaube, die ihre wildlebenden Artgenossen jagen, so gibt es doch ein anderes Tier, das tatsächlich auch Wölfe jagt. Es ist der Steinadler *(Aquila chrysaëtos).*

In den sechziger Jahren habe ich einen Steinadler abgerichtet, der eine Spannweite von zwei Meter zwanzig hatte. Es lohnt sich genauer zu beschreiben, wie dieser große Raubvogel bei der Jagd auf Wölfe zum Einsatz gekommen ist. Geduld ist die oberste Tugend bei der Abrichtung eines solchen Raubvogels.

Dabei gibt es unterschiedliche Methoden in der Abrichtung eines Adlers oder etwa eines Wanderfalken. Bei einem Falken muß der Ausbilder darum bemüht sein, das Vertrauen des Tieres zu gewinnen, ihm die Angst zu nehmen, indem er es an seine Anwesenheit gewöhnt. Dieser Aspekt spielt beim Steinadler keine Rolle. Der Adler hat nämlich keine Angst; dagegen jedoch stellt er mit seiner Kraft und den mächtigen Fängen eine gewisse Gefahr für den Falkner dar. Im Gegensatz zur allgemein verbreiteten Ansicht ist der Schnabel keine Waffe, er benutzt ihn nur, um seine Beute zu zerstückeln. Und noch ein feiner Unterschied: Ein Adler kann mehrere Tage ohne Nahrung auskommen; das scheint ihm nichts auszumachen. Deshalb ist es nicht immer leicht, ihn dazu zu bringen, daß er sich auf ein hingehaltenenes Stück Fleisch oder auf eine reglose Beute stürzt.

Aber wie alle Raubtiere reagiert er, wenn er ein Tier flüchten sieht. Eine weitere Schwierigkeit beim Steinadler liegt in seinem Körpergewicht, das zwischen vier und sechs Kilo beträgt. Ein Wanderfalke *(Falco peregrinus)* oder ein Hühnerhabicht *(Accipiter gentilis)* wiegt nur ein Kilo; das gilt für die Weibchen, die größer sind als die Männchen. Es ist deshalb viel leichter, sie auf der Faust zu halten. Außerdem sind sie lebhafter und schneller.

Der Adler dagegen ist unvergleichlich, was seine majestätische Schönheit betrifft. Ich stand jedesmal stumm vor Bewunderung da, wenn ich meinen Adler fliegen sah, wenn er fast dreihundert Meter von mir entfernt am Rand eines Tannenwaldes seine Kreise zog und dicht über den Wipfeln der Bäume schwebte. Wenn bei Sonnenuntergang sein Gefieder in allen Farben schillerte, fühlte ich mich begnadet, daß ich der Zeuge und Initiator dieses Schauspiels sein durfte. Ein Schauspiel für einen König, einen Jäger oder einen Schäfer.

Nach mehreren Wochen der Geduld war es mir gelungen, den Adler, den ich Malrif getauft hatte, abzurichten. Sogar in der Nacht habe ich nach ihm gesehen, ich redete zu ihm, und schon von weitem erkannte er meine Stimme. Malrif gehorchte mir, soweit es einem Raubvogel eben möglich ist, sich dem Willen des Menschen zu fügen. Nachdem ich ihn in seinem ziemlich großen Vogelhaus (fünfundvierzig Meter lang, fünfzehn Meter breit und fünf Meter hoch) daran gewöhnt hatte, auf meinen von einem dicken Handschuh geschützten Arm zu fliegen, erzielte ich mit Hilfe seiner bedingten Reflexe (denen der Physiologe Pawlow den Namen gegeben hat) ziemlich bald gute Ergebnisse.

Am Anfang habe ich ein kurzes Signal mit der Pfeife gegeben, wenn ich dem Adler ein Stück Fleisch hinhielt. Es hat nicht lange gedauert, bis er die Verbindung zwischen dem Pfeifton und der Nahrung erkannt hatte, und so kam er ganz selbstverständlich auf meinen Arm geflogen, um sich das Fleisch zu holen, das ich ihm hinhielt.

Später, als ich Malrif in die Berge mitnahm und befürchtete, er könnte sich zu weit entfernen und den Pfiff nicht mehr hören, habe ich ihm ein Fuchsfell gezeigt, an dem ich ein Stück Fleisch befestigt hatte, und das ich dann weit in die Höhe warf.

Zuvor aber hatte ich damit begonnen, Malrif diesen Köder zu zeigen; dann lief mein jüngerer Bruder so schnell er konnte los, wobei er den Köder hinter sich herzog. Ich ließ den Adler frei, und sofort schwang er sich mehrere Meter in die Höhe, bevor er dann sehr schnell auf den Köder herabschoß und die Beute verschlang. Mit dieser Lektion war Malrif bereit für die Jagd.

Wenn ein Adler einen Fuchs schlägt, packt er ihn mit einem seiner gefährlichen Fänge am Rücken, mit dem anderen Fang wartet er, bis sich der Fuchs umdreht, um den Angreifer zu beißen; dann schlägt er seinem Opfer den Fang über den Kopf.

Früher gab es in der UdSSR, insbesondere in der Republik Kirgisien, Jäger, die für die Jagd auf den Wolf keine Hunde und auch keine Waffen hatten. Aber sie zogen Adler auf und richteten sie so ab, daß sie sich genau wie beim Schlagen eines Fuchses verhielten. Die Jäger waren zu Pferd, und sobald sich ein Adler auf einen Wolf gestürzt hatte, waren die Jäger im Galopp zur Stelle und töteten den Wolf vollends mit ihren Spießen. Ein gut abgerichteter Adler konnte pro Jagdsaison fünfzig Wölfe oder ebenso viele Füchse schlagen. Ein Fuchs bereitet dem Adler keinerlei Schwierigkeiten, der König der Lüfte geht immer als Sieger aus dem Kampf hervor.

Aber wenn der große Raubvogel nicht im Dienste des Menschen steht, dann wird er in der Regel junge

Füchse schlagen, die für ihn eine leichtere Beute darstellen. Vor allem aber wird er die Beute zu seinem Hort schleppen, um die Jungen zu nähren; zwar legt das Weibchen zwei Eier, oft aber kommt nur ein Junges hoch.

Der Wolf ist natürlich ein viel gefährlicherer Gegner als ein Fuchs. Es kann vorkommen, daß der Wolf sein mächtiges Gebiß in die Fänge des Adlers bohrt und sie durchbeißt. In so einem Fall nehmen sich die kirgisischen Jäger des Raubvogels an, der sozusagen auf dem Felde der Ehre verwundet worden ist, und ernähren das einbeinige Tier, als Belohnung für den Mut, den es gezeigt hat.

Es ist noch nicht allzu lange her, daß sich die Kirgisen bei der Jagd auf Wölfe des Steinadlers bedienten; kurz nach dem Zweiten Weltkrieg wurde der Wolf in dieser an China grenzenden Republik noch nach dieser Methode gejagt, ebenso in der Mongolei. Der Grund liegt darin, daß sich diese Jäger nicht immer ein Gewehr leisten konnten, und so blieben sie wohl oder übel bei der alten Methode ihrer Vorfahren.

Aber die Hetzjagd auf den Wolf galt als die ehrwürdigste Form: Könige, hohe Herren und berühmte Persönlichkeiten haben an Hetzjagden teilgenommen. Der Jäger und Naturforscher Oberthur betrachtet die Hetzjagd als die schönste Ausprägung des Jagdwesens in Frankreich. Ein großer Wolf, sagte er – und dies war auch der Standpunkt der Spezialisten –, könne höchstens mit Hilfe des Zufalls zu Tode gehetzt werden.

Zum Beispiel wenn der Wolf durch den Anblick einer Hundemeute aufgescheucht wird oder wenn er so vollgefressen ist, daß er kaum rennen und sich nicht von den Hunden lösen kann. Zwar wird er die Hunde in Schach halten, aber nicht verhindern können, daß ein Jäger zu Pferd ihn erreichen und ihm mit einem Karabiner den Schädel zertrümmern wird. Trotzdem ist in so einem Fall der Wolf nicht wirklich zu Tode gehetzt worden. Es war erlaubt, auf dieses Tier zu schießen; eine solche Praxis war nicht gegen die Jagdregeln. Zweifellos sind einige große Wölfe zu Tode gehetzt worden, aber um welchen Preis?

Zum Beispiel vom Grand Dauphin, dem Sohn Ludwigs des XIV., der im Wald von Fontainebleau einen alten Wolf gehetzt und vier Tage später vor den Toren der Stadt Rennes erlegt hat. Oder der Sire de Bois Couteau, der in der Nähe von Angoulême seine kleine Hundemeute auf einen Wolf losließ. Am Ende ist der Wolf mitsamt der ganzen Meute von der Flut im Mündungstrichter der Gironde überrascht worden und ertrank.

A. Delacou berichtet von vier Beamten der Gendarmerie von Lunéville und ihrer Jagd, bei der sie einen Wolf nach drei Tagen schnappten, wobei sie ihn neununddreißig Stunden ununterbrochen gehetzt hatten. Die Hetzjagd hatte in der Umgebung von Nancy begonnen und fand ihr Ende in der Nähe von Trier, wo die Jäger von den Einwohnern wie Befreier begrüßt wurden!

Ludwig XIII. soll nicht nur ein großer Wolfsjäger gewesen sein, die Berufung dazu soll ihm gleichsam schon in die Wiege gelegt worden sein. Und tatsächlich hat er mit neun Jahren an seine ältere Schwester geschrieben:

»Liebe Schwester, hier schicke ich Ihnen zwei Fueße, den einen vom Wolff, den andern von der Woelffinn, die ich gestern bei der Jagd erlegt habe; am nach Mittag ist Hirschjagd, ich hoffe, er wird uebel zugericht.«

Wie hat man sich eine Hetzjagd auf Wölfe vorzustellen? Ich glaube, man kann sich auf die Kompetenz J. -A. Clamarts verlassen, der sie folgendermaßen beschreibt:

»Wenn der Piqueur eine gute Duftspur vorfindet, sollte er sich weit vorne postieren und nicht zu nahe am Kessel; auch braucht es möglichst mehrere Koppeln mit frischen Jagdhunden. Der Hundsjunge mit den Parforce-Hunden sollte sich hundert Schritte von der Fährte aufstellen und die Hunde zum Loskoppeln bereithalten, und der Piqueur wird mit den für die Hetze bestimmten Leithunden angreifen.

Der Piqueur gibt verschiedene Hornsignale: Anjagen, Fanfare des Wolfs, Aufstöbern, Sichtung, Wolf tot! Sobald der Wolf gestellt wird, müssen die Jäger auf ihn schießen; wenn sie ihn verfehlen, geben sie Signal für die Sichtung. Wenn der Wolf an den Koppeln vorbeikommt, wartet der Hundsjunge, bis die Leithunde vorüber sind und koppelt seinerseits seine Meute los. Der Piqueur zu Pferd reitet querfeldein und signalisiert: Wolf tot! oder Sichtung, während alle anderen berittenen Jäger so schnell wie möglich die Verfolgung aufnehmen und so oft wie möglich Sichtung oder Wolf tot! signalisieren.

All diese Geräusche schüchtern den Wolf ein, manchmal weiß er gar nicht mehr, wo er sich befindet; handelt es sich um einen Jungwolf, dann läßt er sich sogar abfangen.«

Es konnte vorkommen, daß ein Jungwolf, nachdem er gestellt worden war, sich mit dem Rücken an einen Baum lehnte und auf diese Weise, weil ihm von hinten keine Gefahr drohte, den Hunden standhalten konnte, die von seinem mächtigen Gebiß abgeschreckt wurden. Die Jäger kamen dazu und töteten das Raubtier mit einem Karabiner oder schnitten ihm die Kehle durch.

Bevor wir fortfahren, muß die Bezeichnung des Wolfes in der Fachsprache der Jäger erläutert werden. Man spricht von Welpen (Tiere bis zu sechs Monaten), Jährlingen oder Wölflingen (bis ein Jahr), Jungwölfen (bis zwei Jahre), Wölfen (zwei bis vier Jahre alt), großen Wölfen (bis fünf Jahre), alten Wölfen (fünf bis acht Jahre) und großen alten Wölfen (über acht Jahre).

Einer der größten Vernichter der Wölfe war Denneval, der – wie wir im Kapitel über die Bestie von Gévaudan gesehen haben – eintausendzweihundert Wölfe getötet hat. Was aber nichts daran geändert hat, daß er bei seinen Versuchen, die Bestie zu töten, die freilich gar kein Wolf war, gescheitert ist.

Einer der berühmtesten Wolfsjäger, dessen Name in die Geschichte eingegangen ist, war der Marquis de Haley. Dieser hat im Verlauf von fünfzig Jahren ebenfalls nicht weniger als tausendzweihundert Wölfe erlegt.

Während der Schreckensherrschaft in den Wirren der Französischen Revolution verhaftet, befürwortete dieser Edelmann aus altem Geschlecht schon das auf seinesgleichen damals wartende Schicksal, als er plötzlich die Tore seines Gefängnisses aufgehen sah – auf Bitten der Bevölkerung, die er vor den wüsten Angriffen der Wölfe gerettet hatte und die sich nach seiner Abwesenheit den Überfällen der Wölfe wehrlos ausgeliefert sah. Von Gesetzes wegen wurde die Freilassung des Marquis verfügt, mit der ausdrücklichen Verpflichtung, die Wölfe bis zu ihrer totalen Vernichtung zu jagen.

Aber da die Vernichtung dieser schrecklichen Gesellen dem Marquis de Haley Leben und Freiheit kosten konnte, hat sich der schlaue Jäger in einen wilden Krieg gegen die Wölfe gestürzt, ohne sie aber ganz zu vernichten, so daß immer noch Wölfe übrig blieben. Weil dann noch einmal seine Verdienste um die Bevölkerung in der Normandie und der Picardie gewürdigt wurden, hat man ihn wieder in seine Besitzrechte versetzt. So haben die Wölfe nicht nur das Leben, sondern auch Hab und Gut des Marquis de Haley gerettet, des besten Jägers seiner Zeit.

Dieser Edelmann war nicht der einzige, der sein Leben den Wölfen zu verdanken hat. D. Bernard erzählt die Geschichte aus dem Norden Frankreichs, wo die Baronin von Draeck (1747–1823), die auch die Beinamen Diane de Brédenarde oder Wolfsbaronin hatte, mit ihren Jagderfolgen zu einer fast legendären Figur des Artois geworden ist. Schon als kleines Mädchen schlüpfte sie in eine Jagdtasche und begleitete ihren Onkel Alexandre de Lauréteau auf seinen Jagden.

Bei den Ursulinen von Saint-Omer fing sie an, sämtliche Ratten im Kloster zu vernichten, und als sie Lamoural de Draeck geheiratet hatte, entschloß sie sich, nunmehr die Wölfe zu vernichten. Da sie beim Volk beliebt und unersetzlich wurde, konnte sie auf Antrag der amtlichen Vertreter der Revolution in ihrem Schloß in Zutkerque verbleiben und in aller Ruhe ihre Jagden fortsetzen. Bis ans Ende ihrer Tage hat sie Männerkleider getragen.

Der Schwede Christian Dammeskild-Samsoë hat erzählt, wie es einem ausgezeichneten Skifahrer gelungen ist, mit einer Lanze Wölfe zu erlegen. Als die dicke Schneedecke zu schmelzen begann oder nur noch eine dünne Schicht bildete, die dem Gewicht der Wölfe nicht mehr standhielt, konnte ein geschickter Skiläufer die Wölfe einholen und sie mit einer Lanze töten, sei es durch einen gezielten Stich in den Körper oder einen kräftigen Schlag auf den Schädel.

Diese Art der Jagd kann man als Sport bezeichnen, weil sie dem Tier eine Chance läßt zu entkommen und weil der Jäger selbst eine beachtliche körperliche Leistung erbringen muß. Um bei dieser Art Jagd einen Wolf zu fangen, benutzte man leichte und lange Skier, die den Läufer auf der dünnen, weichen Schneedecke tragen konnte.

In seinem Buch *La Chasse aux loups en Russie [Die Wolfsjagd in Rußland]* beschreibt A. de Tarteion de Camprieux diese Jagd:

»Vom Scheitel bis zur Sohle in die Pelze gehüllt und bis an die Zähne bewaffnet, sitzen vier Männer, den Fuhrmann nicht gerechnet, in einem Schlitten, der meistens nur von einem Pferd gezogen wird, damit die Wölfe nicht abgeschreckt werden, sondern die kleine Gruppe der Jäger für einfache Bauern halten, die sich auf die Felder begeben.« (Bei Mondlicht schauen die Wölfe nicht so genau hin, von der Tatsache abgesehen, daß Bauern im allgemeinen ihre Felder nicht in der Nacht bestellen, sei es bei Vollmond oder Neumond).

»Am Fahrzeug, das langsam über den Schnee gleitet, ist hinten ein ungefähr vier Meter langes Seil angebracht, an dessen Ende ein Mistballen aus einem Schweinestall baumelt. Von Zeit zu Zeit zieht einer der Männer das Ferkel, das er mit den Knien umklammert, am Ohr oder am Schwanz.

Bald werden die ausgehungerten Wölfe durch den Mistgeruch und das Quieken des Ferkels angelockt. Sie kommen von allen Seiten und glauben, ihre Beute schnappen zu können, indem sie sich auf den Mistballen stürzen. Die Jäger warten genau diesen Moment ab und erschießen sie aus nächster Nähe. Aber diese im Winter äußerst vergnügliche Jagd wird im Frühjahr manchmal sehr gefährlich, wenn die Wölfe in der Ranz sind und in Rudeln von zwanzig oder dreißig Stück der Fährte eines Weibchens folgen.«

In England gibt es schon lange keine Wölfe mehr. Wie haben die Engländer diese Caniden ausgerottet? Auf ziemlich simple Art und Weise. Jedes Dorf mußte eine Steuer zahlen und in jedem Jahr eine bestimmte Anzahl von Köpfen erlegter Wölfe abliefern.

In Deutschland hat man die Wölfe nach der gleichen Methode ausgerottet. Aber in diesem Land konnten Wölfe aus Polen die Revolutionskriege nutzen und sich in den frei gelassenen Territorien ansiedeln.

Auch mit Treibjagden hat man den Wolf gejagt. Diese Jagdform war 1601 Gegenstand eines Erlasses, der 1669 noch einmal bestätigt worden ist. Darin wurden die Landesherren und die Bewohner ihrer Ländereien dazu aufgerufen, sich alle drei Monate zu versammeln, um die Wölfe zu vernichten. Den Lehnsherren wurde aufgetragen, nicht zu warten, bis sich die Dorfbewohner über Angriffe der Wölfe beklagten.

Die Richter und die Forstgerichtsschreiber mußten von der Durchführung dieser Jagden verständigt werden, die man damals in Frankreich üblicherweise »battues« oder »huées« nannte, nach dem Geschrei, das bei dieser Wolfsjagd veranstaltet wurde. Der Richter ordnete den Tag, die Stunde und den Ort der Versammlung an, zu der sich alle Bewohner mit der Munition, die sie besaßen, einfinden mußten. Der Flurschütz rief die Anwesenden zum Appell und notierte sich die Namen der Fehlenden auf seiner Liste. Eine Geldstrafe wurde für die Abwesenheit verhängt, weil diese als unentschuldbar galt, da die Treibjagden nur an Sonn- und Feiertagen nach dem Gottesdienst stattfanden, damit die Feldarbeiten nicht gestört wurden.

Der Führer der Treibjagd teilte die Anwesenden in zwei Gruppen auf: die Treiber und die Schützen. Die Treiber gingen mit dem Flurschützen, der sie in regelmäßigen Abständen um den Wald postierte und es so einrichtete, daß sie immer den Wind im Rücken hatten...

Die Trommler, die manchmal auch dabei waren, standen in der Mitte und auf den Flügeln. Die Gruppe der Schützen folgte dem Jagdleiter, der alle nacheinander so hinter sich postierte, daß der Wind immer von vorne kam und die Schützen jeweils den Nachbarn zur Linken und zur Rechten sehen konnten. Die besten Schützen standen in den Senken und Felsschluchten, durch die die Wölfe in der Regel kamen.

Auf das Signal, meist ein Pistolenschuß des Jagdleiters, gingen die Schützen in Stellung, und die Treiber rückten vor und zogen den Kessel enger.

Elzéar Blaze, der geistreiche Autor der beiden klassischen Bücher zum Thema Jagd, *Le Chausseur au chien courant [Die Jagd mit Laufhunden]* und *Le Chausseur au chien d'arrêt [Die Jagd mit Vorstehhunden]*, hat im letztgenannten Buch eine Anekdote erzählt, die es verdient, hier wiedergegeben zu werden.

»Wir waren in Polen, hatten unser Lager in der Nähe der Kleinstadt Sochaczew aufgeschlagen, sechzehn französische Meilen von Warschau entfernt. Man sagte uns, daß es in einem Wald in der Nähe eine Menge Wölfe gebe; also gehen eines morgens alle Jagdfreunde des Regiments auf die Jagd nach den Wölfen. Zwei

Gruppen machen sich an die Verfolgung; ich beziehe Stellung, ein Wolf taucht zwanzig Schritte vor mir auf, ich fange ihn ab und töte ihn. Halali!

Alle Jäger strömen herbei; der Wolf war ein großartiges Tier, aber er hatte nur drei Läufe, ein Vorderlauf fehlte. »Den hat er vielleicht bei der Schlacht von Preußisch-Eylau verloren«, sagte ein alter Soldat. Ein weiterer Wolf wird erlegt, wir sehen uns ihn an, er ähnelt dem ersten. Der Lauf ist glatt abgetrennt, das Fell überdeckt die Verletzung, man könnte fast glauben, daß er nur mit drei Beinen auf die Welt gekommen ist.

Wir erlegen noch einen dritten und einen vierten Wolf und kommen aus dem Staunen gar nicht mehr heraus: Sie haben nur drei Läufe, und immer fehlt ein Vorderlauf.

Ein kluger Kopf aus dem Regiment wollte uns weismachen, daß die Wölfe in Polen so zur Welt kommen. Mehrere unter uns fingen an, ihm zu glauben, denn wie sollte man sich vorstellen, daß vier Wölfe einmal rein zufällig genau die gleichen Verletzungen davongetragen hatten? Ich wollte wissen, was an der Geschichte dran war und, wenn möglich, den Grund dieses merkwürdigen Sachverhalts erfahren.

Ich begab mich zum Anwesen des Försters, das zwei Wegstunden von dem Gebiet entfernt war, wo wir gejagt hatten. Er gab mir folgende Erklärung: Die Felle unserer Wölfe sind im Handel sehr gefragt. Im Frühjahr versuchen wir, die Stellen aufzufinden, wo die Fähen die Welpen geworfen haben, und schneiden dann allen weiblichen Welpen eine Pfote ab. Die Mutter leckt die Wunde aus, die dadurch schnell heilt. Die Wölfinnen mit nur drei Beinen laufen nicht so schnell wie die anderen, die verbleiben in ihrem Revier. In der Ranzzeit locken sie alle Wölfe aus den benachbarten Wäldern an, die wir dann leicht abschießen können.

Diese Erklärung schien mir mehr als zufriedenstellend, und unsere Naturforscher waren ziemlich erstaunt, als ich ihnen bewies, daß die Wölfe in Polen auch weiterhin der Klasse der Vierbeiner angehören wollten und es sich daher klugerweise zur Gewohnheit gemacht hatte, wie alle Wölfe auf der Welt mit vier Läufen geboren zu werden.«

Zur Zeit der Revolution und des Kaiserreiches waren in Frankreich Wölfe sehr verbreitet. Da die Waffen anderswo gebraucht wurden, konnten sich die Wölfe vermehren, so daß ihre Zahl ständig anstieg.

Daniel Bernard berichtet in seinem Buch *Der Mensch und der Wolf*, daß im Frühjahr 1802 im Südwesten Frankreichs (in der Gemeinde Sabres im Département Landes) mehrere Rudel von fünf bis sechs Wölfen in Pferche und Stallungen eingedrungen sind und fast sechshundert Schafe und Lämmer gerissen haben. In der Normandie vermehren sich die Wölfe so schnell, daß die Viehbestände gefährdet sind. Gérard Desrivières, ehemaliges Mitglied der Deputiertenkammer, beklagt sich darüber in einem Brief vom 28. Januar 1817:

»Seit siebenundzwanzig Jahren hat man nichts mehr gegen die Wölfe unternommen. Sie konnten sich daher stark vermehren und richten in Wäldern und Fluren großen Schaden an. Sie vergreifen sich an Pferden, Fohlen, Kälbern und Schafen, ja sogar Hunde holen sie aus den Gehöften; zu unserer eigenen Sicherheit wie der unserer Schafe müssen wir daher eine Menge kräftiger Wachhunde halten, die viel Futter benötigen...

Vor der Revolution gab es auf unseren Weiden eine

blühende Pferdezucht, aber heute sieht man hier nur noch jämmerliche Gäule, und auch ihre Zahl hat sich stark vermindert. Das kommt daher, weil wir die Pferde wegen der Wölfe bei Nacht einsperren müssen und sie zu jeder Jahreszeit nur noch an der Krippe füttern können. Sie kosten mehr an Futter, als sie später wieder einbringen, und der Bauer sieht keinen Sinn mehr in der Pferdehaltung.

Der elende Zustand der schlecht genährten Tiere und die gestiegenen Kosten für die Zucht haben zu ungewöhnlichen Maßnahmen geführt: Man läßt die Stuten kaum noch decken. Die meisten Landwirte lassen ihren Stuten die Gebärmutter verstopfen, damit sie nicht zufällig von einem Hengst gedeckt werden können. Wenn eine Stute gefohlt hat, dann überlegt die Familie oft, ob sie das Fohlen aufziehen kann, oder es besser schlachtet.«

Der Wolf wurde auch vom Hochsitz aus gejagt, zweifellos eine weniger edle Jagdform als die Hetzjagd, aber dafür brauchte man viel Geduld. Die Jäger wissen, wie hoch der Geruchssinn bei wildlebenden Tieren entwickelt ist, und fragen sich deshalb, wieso die Wölfe den auf sie lauernden Mann nicht gewittert haben. Es gab jedoch ein offenbar sehr wirksames Mittel; man mußte den Geruch des Jägers durch einen anderen, stärkeren Geruch gleichsam neutralisieren.

J.-A. Clamart hat erzählt, wie er Wölfe vom Hochsitz aus erlegt hat:

»Wenn ich weiß, daß es in einem bestimmten Territorium Wölfe gibt, insbesondere in einer Periode hoher Sterblichkeit bei den Tieren, dann nehme ich in einem Gelände außerhalb der bewohnten Siedlungen, vorzugsweise in einem Moorgebiet, eine Fläche von ungefähr zwanzig Metern im Quadrat. In der Mitte grabe ich ein Faß ein, um das ich im Abstand von etwa dreißig Zentimetern eine Art Dornenhecke von einem Meter Höhe anbringe. Dann vergrabe ich auf allen vier Seiten einen Tierkadaver – Luder in der Jägersprache – in einer Tiefe von sechzig Zentimetern bis einem Meter und bedecke sie mit einer etwa dreißig Zentimeter dicken Schicht Erde.

Das ergibt vier Gruben oder Luderschächte, unter denen ich einen kleinen Kanal anbringe, ungefähr zwei Meter lang sowie jeweils sechzig Zentimeter breit und tief. Diese Kanäle nehmen das vermoderte Wasser auf, das die verfaulenden Kadaver abgeben und nach dem der Wolf sehr gierig ist. Das solchermaßen vergrabene Fleisch hält sich, zumal in einem Moorgelände, sehr lange. Der Wolf wird durch die ausströmenden Dämpfe bald darauf aufmerksam.

Jedoch ist er in den ersten Tagen noch nicht mutig genug, sich näher heranzuwagen; später aber fühlt er sich sicherer und gewöhnt sich daran. Nachdem ich festgestellt habe, daß der Wolf die Erde aufgewühlt, von dem Kadaver gefressen und dem Moderwasser getrunken hat, warte ich bis zum nächsten Vollmond und gehe dann auf dem Faß in Stellung.

Zwischen elf Uhr abends und zwei Uhr nachts kommt der Wolf immer wieder angelaufen, ohne jede Vorsicht; der Geruch der Kadaver, der ihm von allen Seiten in die Nase weht, verhindert, daß er meine Witterung aufnimmt; in aller Ruhe macht er sich ans Fressen, und ich erschieße ihn.«

Nichts leichter als das; aber mir scheint, daß diese Hochsitzkonstruktion mindestens zwei Unannehmlichkeiten mit sich bringt. Man mußte genügend Zeit zur

Errichtung des Ganzen haben und außerdem mußte man in der Lage sein, diesen bestialischen Gestank auszuhalten. Den Wölfen dürfte er nichts ausmachen, aber für einen Menschen dürfte das nicht das reinste Vergnügen gewesen sein. Doch bekanntlich heiligt ja der Zweck die Mittel.

Der Schwede Dammeskild-Samsoë hat einige erstaunliche Methoden beschrieben, sich der Wölfe zu entledigen:

»In einer Region der Provinz Jämtland verwendete man sehr raffinierte Methoden zur Vernichtung der Wölfe. Dem Direktor des Lappischen Museums in Stockholm, Dr. Manker, zufolge steckte man ganz einfach einen gekrümmten Wacholderzweig in ein Stück Fleisch. Die beiden angespitzten Enden des Zweiges waren durch einen Draht verbunden. Wenn die Wölfe das Fleisch verschluckten, lockerte sich der Draht, der Zweig streckte sich wieder aus und verletzte den Wolf tödlich.«

Auch in Schweden ist das Flugzeug gegen die Wölfe eingesetzt worden, aber im Gegensatz zum Vorgehen in Rußland, Norwegen oder Kanada hat man nicht vom Flugzeug aus auf die Wölfe geschossen. Man hat sie lediglich aus der Luft geortet, um den Jägern ihre Standorte durchzugeben.

Frison-Roche zitiert in *Les Seigneurs du Grand Nord* [*Die Herren des Hohen Nordens*] das Erlebnis des Dr. Pearson.

»Einmal war ein Wolf in einer zu einer Falle ausgebauten Grube gefangen worden. Ich stieg in die Grube hinab, packte den Wolf und umschlang ihn mit aller Kraft; das Tier war völlig verschreckt, ich befreite es aus seiner mißlichen Lage und stellte es auf den Boden.

Ich rechnete damit, daß es sofort die Flucht ergreifen würde. Aber siehe, es blieb zu meinen Füßen liegen, die Schnauze auf dem Boden, den Schwanz zwischen den Beinen, wie gelähmt! Ich mußte es richtiggehend anschreien, damit es zurück in die Freiheit lief.«

Wie wir gesehen haben, war die Wolfsgrube das alteingesessene und anerkannt wirksame Mittel zum Einfangen der Wölfe, obwohl ein erfolgreicher Jäger noch im 19. Jahrhundert geschrieben hat, man habe mit den Gruben mehr in ihr Brevier vertiefte Geistliche gefangen als Wölfe!

Ein in eine Grube gefallener Wolf läßt sich leicht ergreifen. Allenthalben ist der Mut von Leuten bewundert worden, die in die Grube gestiegen sind, um sich so eines lebenden Wolfes zu bemächtigen.

Aber diese Ruhmestaten werden übertrieben dargestellt, denn der Wolf, der in einer Grube gefangen ist, ist zu Tode erschrocken, wenn er könnte, würde er sich sogar in einem Rattenloch verkriechen.

Unbestritten besitzt jeder Wolf seine besondere Eigenart. Manche Wölfe lassen sich am Nacken packen, dies ist die beste Methode, einen Wolf festzuhalten, weil er so sämtliche Möglichkeiten der Gegenwehr verliert und nicht einmal mehr versucht zu beißen. Andere versuchen, eine Verteidigungshaltung einzunehmen, indem sie ihre Zähne fletschen, oder legen ein Imponiergehabe an den Tag, das zugegebenermaßen meist auch erfolgreich ist. Ich bin kein Held, und doch habe ich oft Wölfe gepackt, indem ich sie fest an ihrem Nacken hochhielt. Ihr Blick war dabei nicht besonders freundlich, aber ich wußte, daß der Wolf viel mehr Angst hatte als ich selber.

Verschiedene Arten von Fallen sind verwendet worden, aber ein Wolf ist stets viel schwerer zu fangen als ein Fuchs, obwohl dieser im Rufe steht, schlauer zu sein. So wurden zum Beispiel Tellereisen mit spitzen Zacken benutzt, zu denen die Raubtiere durch Fährten gelockt wurden, die durch Aas gelegt wurden und aus allen Richtungen zu der Falle führten.

Weiter wurde die Wolfskammer benutzt, eine Art Kessel aus Pflöcken von etwa ein Meter siebzig Höhe über dem Boden (man bewundere die Präzision des Erfindergeistes), die im Abstand von sechzehn Zentimetern so angebracht waren, daß sie an einen Lattenzaun erinnerten, dessen offenstehende Tür mit einem Köder verbunden war und beim geringsten Kontakt zufiel.

Der »Nadelköder« hat etwa die gleiche Wirkung wie Gift und kann als weitere grausame Fangmethode bezeichnet werden, die menschlicher Erfindergeist ersonnen hat. Daniel Bernard zitiert, wie Gaston Phébus diese Konstruktion beschrieben hat:

»Man nimmt so viele Nadeln, wie man möchte und bindet sie paarweise mit Roß- oder Maultierhaar zusammen. Hat man sechs oder sieben Reihen fertig, so dreht man jeweils eine Nadel in die eine Richtung und die andere in die entgegengesetzte. Wenn sie auf diese Art befestigt sind, steckt man sie paarweise in ein Stück Fleisch, das dicker und größer sein muß, als die Nadeln lang sind. Dann schleift der Jäger einen Köder umher und legt da ein Stück Fleisch aus.

Die Wölfe, die von dem Köder angelockt werden, finden dann die mit Nadeln gespickten Fleischstücke und schlingen sie, da sie recht klein sind, ungekaut hinunter. Sobald das Fleisch verdaut ist, schnellen die Nadeln wieder in ihre Ausgangslage zurück, legen sich überkreuz und durchlöchern die Gedärme des Wolfes, der daran zugrundegeht.«

Im Zuge des technischen Fortschritts wurden neue, immer raffiniertere Fangmethoden ersonnen. Manche erwiesen sich auch für den Menschen als gefährlich, wie die Batterie, eine Art Falle mit Gabeln, an denen Gewehre angebracht waren, die genau auf die Beute gerichtet waren, die der Wolf verschlingen sollte.

In der Regel wiesen Schilder auf solche in der Nähe befindliche Fallen hin, aber damals konnte nicht jedermann lesen. Im allgemeinen hatten alle diese Fallen und Erfindungen jedoch keine spürbaren Auswirkungen auf die Wolfsbestände. Aber es dauerte nicht lange und man hatte wirksamere Techniken entdeckt.

In erster Linie wäre hier das Gift zu nennen, sozusagen die Waffe eines Feiglings. Aber wenn es um Wölfe ging, war den Menschen das Hemd näher als der Rock. Am Anfang verwendete man Arsen, aber ohne großen Erfolg. Dann kam das Strychnin, dem die zweifelhafte Ehre zukommt, Hervorragendes geleistet zu haben bei der Ausrottung der Wölfe in Frankreich.

Im 20. Jahrhundert traten dann das Flugzeug und der Hubschrauber auf den Plan. In Frankreich sind sie nie zum Einsatz gekommen, aus gutem, das heißt schlechtem Grund: Es gab bereits keine Wölfe mehr! Aber obwohl man mit Hilfe von Flugzeugen die Wölfe viel leichter erlegen kann, bedeutet dies nicht unbedingt, daß sie ausgerottet werden.

Dafür müssen mehrere Faktoren zusammenkommen. Das Wetter muß günstig sein, die Wölfe müssen sich in der Steppe oder auf weiten, offenen Flächen aufhalten, die keinen Schutz bieten. Sobald es in der Nähe ein Waldstück gibt, werden die Wölfe darin Unterschlupf suchen.

In Rußland gingen 1958 von 18 660 abgeschossenen Wölfen nur 270 auf das Konto von Jägern im Flugzeug. In der Tatarischen Republik und in Tschuwaschen jedoch soll 1956 ein Spezialist, der als »großer Sportsmann« galt, gefahrlos von seinem kleinen Flugzeug aus 820 Wölfe abgeschossen haben. Doch sowohl die kleinen Maschinen als auch Hubschrauber haben zum Glück für die Wölfe den entscheidenden Nachteil, daß sie sich nicht jedermann leisten kann, so daß sie nur in besonderen Fällen zum Einsatz kommen.

Die in Polen am weitesten verbreitete Jagdart ist die »Lappjagd«. Die Jagd spielt sich im Winter ab, wenn man die Spuren der Wölfe leicht im Schnee lesen kann. Die Treiber suchen das Gestrüpp und das Dickicht, in dem sich die Wölfe ausruhen, und ziehen darum Seile, an denen Fetzen oder Lappen – daher der Name und auch der Ausdruck »durch die Lappen gehen« – aus rotem Stoff angebracht sind.

Diese im Wind flatternden Lappen bilden eine Barriere, die die Wölfe nicht zu überschreiten wagen und sie in eine bestimmte Richtung drängt. Dann treiben die Treiber die Wölfe auf die Jäger zu. Diese Jagd ist offenbar gefährlich für die Jäger, denen man deshalb anrät, nur zu schießen, wenn man die Wölfe deutlich im Visier hat und mit Sicherheit trifft.

Die Mittel, die man einsetzt, um einen unglückseligen Wolf zu jagen, sind manchmal ebenso aufwendig wie lächerlich. So hat man im Januar 1954 im Département Isère einen Hubschrauber, fünf Einheiten der Gendarmerie und dreitausend Jäger aufgeboten, um eine Wölfin und ihre Welpen zur Strecke zu bringen, die in der Region jedoch keine größeren Schäden angerichtet hatten. Trotz oder gerade wegen dieses riesigen Aufgebotes an Menschen und Material konnte die Wölfin entkommen. Der Rüde war einige Tage zuvor in Vignier abgeschossen worden, man hat ihm das Fell abgezogen und damit einen Raum im Rathaus von Morestal geschmückt.

Auch die Schweiz hat ihren berühmten Wolf gehabt. Das war im Winter 1946/1947, in der Presse standen Berichte über das »Monster des Wallis«, in denen – wie Professor H. Hediger berichtet – mal von einem Luchs, mal von einem Panther oder sogar von einer ganzen Pantherfamilie die Rede war. Zwei Jahre lang war dieses Monster in aller Munde. Es handelte sich um den berühmt berüchtigten Wolf von Eischoll, der am 27. November 1947 von einem Bauern im Hochsitz abgeschossen worden ist.

Aber zuvor hatte man alle Hebel in Bewegung gesetzt, ganze Einheiten der Polizei wurden abkommandiert, und aus allen Gemeinden der Region wurden Freiwillige mobilisiert. Die verschiedensten Fallen wurden benutzt, Giftköder ausgelegt. Sogar auf die Kunst eines Tierbändigers griff man zurück, als ob ein Dompteur über genügend Wissen verfügte, die verschiedenen Trittsiegel des Wilds zu unterscheiden. Kurz, für all jene, die in der Affäre ruhigen Kopf behalten hatten, war die ganze Aufregung mitsamt dem Trubel nur grotesk.

In Frankreich ging die Bekämpfung des Wolfs auch im 19. Jahrhundert noch weiter. Im Jahr 1800 wurden im Gévaudan zweiundsechzig Wölfe getötet, 1801 waren es fünfzig, 1802 fünfundfünfzig, 1803 einundvierzig, 1804 achtzehn, 1805 fünf, 1806 zwei, 1815 vierzehn, 1816 zweiundzwanzig (nach den Napoleonischen Kriegen wurde der Wolf wieder strenger verfolgt), 1818 vierundvierzig, 1819 zwanzig, 1880 waren es dann noch achtunddreißig und schließlich nur noch achtzehn von 1883 bis 1898.

In ganz Frankreich sind nach den offiziellen Statistiken zwischen 1818 und 1829 10 789 Wölfe erlegt worden. 1883 waren es auf nationaler Ebene 1306 Wölfe. 1890 waren nach einem Bericht des Comte Le Couteulx de Canteleu 461 Wölfe; darunter 236, die bei einer Treibjagd neben Hirschen, Wildschweinen und Rehen von siebenundzwanzig Hundekoppeln abgewürgt worden sind.

Seit der Jahrhundertwende nahm die Zahl der in Frankreich getöteten Wölfe rapide ab. Nur noch vereinzelte Wölfe sind es, die abgeschossen werden. In Poitou hat der hauptamtliche Wolfsjäger Bost-Lamondie zwischen 1907 und 1912 über sechzig Wölfe oder Welpen gefangen oder getötet. Seine vorzüglichen Hunde stammten aus der Kreuzung einer Wölfin, die man am 27. Mai 1907 in La Montrée (Gemeinde Ferrière) aus der Wurfhöhle genommen hatte, mit »Qui Vive«, einem Laufhund aus der Hundekoppel von Grailly im oberen Poitou.

Nach dem Ersten Weltkrieg waren die Wölfe in Frankreich kein besonderes Thema mehr, jedenfalls richteten sie keinen Schaden mehr an. Und doch wurden kurz nach Kriegsende im Département Marne zweiundzwanzig Welpen erlegt. Im Januar 1926 ist ein Wolf in der Nähe von Sussac im Département Haute-Vienne getötet worden. Im September des gleichen Jahres ist in der Umgebung von Gonfalun eine Wölfin abgeschossen worden, 1927 ein Wolf in Département Deux-Sèvres. Am 28. Mai 1932 ist in der Charente eine Wölfin zusammen mit ihren vier Welpen getötet worden, schließlich sollen im Franche-Comté 1932 drei Wölfe gesichtet worden sein, dann noch einmal zwei im Jahre 1933.

Der Schweizer Tierzeichner und Forscher Robert Hainard hat berichtet, daß im Winter 1945/1946 ein Welpe von Jägern aus Hauteroche bei Flavigny-sur-Ozerain (Cote d'Or) erlegt worden sein soll. In der Lozère, im berüchtigten Gévaudan, ist am 31. Dezember 1951 ein erwachsener Wolf im Kanton Gandrieu abgeschossen worden. Bewohner der Region haben behauptet, der Jäger sei auf dem Hochsitz gewesen und habe eigentlich Hasen abschießen wollen, dann aber den Wolf erlegt. Um aber keinen Ärger zu bekommen (es lag Schnee, und wenn Schnee liegt, ist die Jagd verboten), soll er angegeben haben, daß er den Wolf verfolgt hatte, weil er ein Schaf gerissen hatte.

1952 sollen in La Ribeyre im Cantal zwei Wölfe getötet worden sein, vergiftet mit Strychnin, das man einem Fohlenkadaver beigegeben hatte. Im selben Jahr ist in der Nähe von Rumilly in der Haute-Savoie ein Wolf zwischen acht und zehn Jahren abgeschossen worden, was von Doktor Baronne, einem Tierarzt aus Lyon, bestätigt wurde.

In Belgien sind nach Angaben des Naturforschers Serge Frechkop (in seinem Buch *Faune de Belgique* [*Die Fauna Belgiens*]) die letzten Wölfe 1844 getötet worden: zwei Exemplare, ein Rüde und ein Weibchen, beide in der Umgebung von Saint-Hubert (Provinz Luxemburg). König Leopold I. hat sie als Schenkung dem Königlichen Institut für Naturwissenschaften in Belgien vermacht, wo sie präpariert und ausgestellt wurden – genauso wie die folgenden Exemplare: ein 1847 in der Nähe von Lüttich erlegtes Weibchen, ein 1856 in den Ardennen gefangener Wolf sowie zwei

Rüden, die der Herzog von Flandern auf den Gütern der Amenois in Muno (Provinz Luxemburg) erlegt hat.

Schließlich muß ich noch eine Geschichte erwähnen, die viele Schlagzeilen gemacht hat und die eine Menge Geld gekostet hat. Es handelt sich um die Bestie der Vogesen. Diese Bestie hatte kein menschliches Wesen getötet, aber einige Wochen lang war sie genauso populär wie die Bestie von Gévaudan, vielleicht sogar noch bekannter, da es in der Öffentlichkeit und in den Medien eine derartige Resonanz gab, wie man es sich vor über zwei Jahrhunderten noch nicht hätte vorstellen können.

Es war im Winter 1977/1978, als diese Bestie von sich reden machte. Sie hatte eine Anzahl Schafe auf dem Gewissen, die sie zum Teil aufgefressen haben soll. Wenn schon nicht die ganze Region auf dem Kriegspfad war, so waren wenigstens doch große Manöver im Gange. Die hauptamtlichen Wolfsjäger rüsteten sich zum Gefecht, und natürlich waren die Gendarmen, die Bauern, die Feuerwehr und alle Jäger der Umgebung samt ihren Gewehren mit von der Partie.

Diese Bestie der Vogesen will man so ziemlich überall gesehen haben. Kaum war ein Lamm von irgendeinem herumstreunenden Köter gebissen worden, schob man es gleich auf die Bestie. Und schon waren die alten Schreckensgeschichten wieder fieberhaft im Umlauf. Die Journalisten konnten ihrer Phantasie freien Lauf lassen. Dazu mußten sie nicht mal besonders einfallsreich sein, denn alle Welt ließ sich von dem Fieber anstecken.

Das Ende der Geschichte: Die Bestie der Vogesen hat ihr Geheimnis mit sich genommen, denn eines schönen Tages hat sie keine Schafe mehr gerissen und ward nicht mehr gesehen. Die wackeren Kämpfer wurden es auch leid, von ihren Feldzügen immer mit leeren Händen zurückzukommen; aber die Ehre war gerettet, schon die Teilnahme an der Jagd war eine Ruhmestat. Jedem die Abenteuer, die er verdient!

Zur selben Zeit machte im Département Lozère ein anderer Wolf von sich reden, es handelte sich um den Wolf von Aubrac. Er hatte weniger Glück als sein Kamerad in den Vogesen, denn er wurde am 20. Juni 1977 von einem Schäfer getötet, dessen Hund er nachlief. Dieser Wolf hatte sein Glück bei den Schafen probiert und eines Tages – er mußte einen fürchterlichen Hunger gehabt haben – hatte er einen jungen Stier, der vierhundert Kilo wog, gerissen.

Der Journalist vom Lokalblatt schrieb allen Ernstes, daß der Wolf, nachdem er den Jungstier getötet hatte, in einer einzigen Nacht den halben Stier aufgefressen habe. Die Lozère liegt zwar schon weit im Süden Frankreichs, doch hat ein Wolf, der sechs bis sieben Kilo Fleisch verschlingt, in erster Linie das Bedürfnis, in aller Ruhe zu verdauen, denn er leidet dann nicht mehr unter Hunger, sondern daran, daß er sich zu sehr vollgefressen hat. Also, die Hälfte einer Beute von vierhundert Kilo fressen...?

Eine Frage stellt man sich heute: Diese einsamen Wölfe, ob sie nun Bestie der Vogesen, Wolf von Aubrac oder Bestie der Landes (Département an der südlichen Atlantikküste) heißen, woher kamen sie eigentlich? Vor einigen Jahrzehnten hätte man gesagt: aus Italien, Spanien oder Polen.

Obwohl der Wolf in den Augen der Mehrheit nach wie vor als gefährliches Tier gilt, beginnen inzwischen auch die Laien, ihn besser zu kennen. Dies ist zum Teil auch klugen Lehrern zu verdanken, die es unternommen haben, den Wolf bei ihren Schülern zu rehabilitieren und Vorurteile abzubauen.

Es kommt manchmal vor, daß Erwachsene beim Besuch eines Freigeheges, in dem es auch Wölfe gibt, beim Anblick von Welpen rufen: »Ach Gott, sind die niedlich!« Und schon hätte man am liebsten eines von den wunderschönen Kuscheltieren. In manchen Fällen handelt es sich dabei einfach um übertriebene Zuneigung, manchmal aber spielt pure Angeberei eine große Rolle. Aus welchen Gründen auch immer, man kauft sich also einen Welpen.

Die Monate vergehen, aus dem Welpen wird ein Jungwolf und schließlich ein erwachsener Wolf, und der Charakter des Tieres wird immer ausgeprägter. Man muß wissen, daß aus einem Wolf kein Schoßhündchen und niemals Mamas Liebling werden kann. Der Wolf ist ein geselliges Tier, das in Rudeln mit ausgeprägter Rangordnung lebt. Er übernimmt gerne die dominante Rolle, und im Spiel mit seinem Herrchen kann es schon vorkommen, daß er ein bißchen brutal und gewalttätig wird.

Der Tag wird kommen, an dem der Besitzer allmählich Zweifel bekommt, ob er wirklich Herr über den Wolf ist, und diese Zweifel werden sich verfestigen. Zum Beispiel wird der Wolf vermutlich die Zähne fletschen, nur wenige Zentimeter von der Kehle seines Herrn entfernt, so wie er es auch bei einem seiner Artgenossen täte, wenn er in einem Rudel leben würde.

Folglich würde der Besitzer alles daran geben, den Wolf wieder loszuwerden, der weniger als zwei Jahre vorher noch so ein niedlicher Welpe war. Er wird ihn nicht einem Tierpark übergeben, weil er glaubt, daß der Wolf dort, eingesperrt in einen zu kleinen Zwinger, nur unglücklich sein würde. Da kommt er dann auf die Idee, dem Wolf die Freiheit zu geben und ihn in die freie Wildbahn zu entlassen!

Der Herr denkt sich, daß der Wolf in einer abgelegenen Region ohne Großstädte in der Nähe, dafür aber mit einem reichen Wildbestand versehen, gut zurechtkäme und daß der Wolf in einem solchen Revier wieder das Leben seiner wilden Vorfahren leben könnte. Ganz so einfach ist es nicht!

Weil dieser Wolf von seinem jüngsten Alter an daran gewöhnt war, vom Menschen das Fressen zu bekommen, hat er die schlechte Gewohnheit der Bequemlichkeit angenommen. Er ist immer bei bester Nahrung gewesen, ohne das geringste dafür tun zu müssen; er bekam sein Futter, wenn schon nicht auf dem Tablett serviert, so doch in einem Napf hingestellt.

Aus diesem Grund wird sich dieser freigelassene Wolf in erster Linie eine ziemlich leichte Beute suchen: ein Schaf, ein Kalb oder Geflügel. In der Regel wird es nicht lange dauern, bis man ihn abschießt; es sei denn, er hat soviel Glück wie die Bestie der Vogesen.

Wollte man alles aufzählen, was der Mensch zur Vernichtung der Wölfe ersonnen hat, würde man gar nicht fertig. So hat man sich in Kanada dem Wolf gegenüber manchmal nicht bloß ignorant, sondern sogar böswillig verhalten.

Als zum Beispiel 1953 in der Nähe von Yellowknife Karibus überwinterten, haben die Bewohner der Gegend ungefähr fünftausend dieser Karibus abgeschossen. Die Passagiere eines Fluges erzählten, daß die ganze Gegend von Karibukadavern übersät war, die »Wölfe gerissen hätten«! Loïs Crisler berichtet von diesem Vorfall in ihrem Buch *Wir heulten mit den Wölfen*:

»Der Musher eines Hundeschlittens war von Wölfen getötet worden, behauptete der Besitzer des Gespanns. Die Nachforschungen ergaben, daß der Schlittenführer von den Hunden getötet worden war und daß der Besitzer es den Wölfen in die Schuhe schob, damit er seine Hunde nicht totschießen mußte.«

Verschiedene Autoren waren der Ansicht, daß zu den Zeiten der Bestie von Gévaudan die Wölfe die wirtschaftliche Entwicklung einer Region behindert hätten. Die Bauern aber wußten es besser; ihnen war klar, daß die Wölfe in keiner Weise dafür verantwortlich waren, daß Felder aufgegeben wurden.

Zum Abschluß dieses Kapitels muß auf die wichtige Rolle hingewiesen werden, die die Kopfprämien bei der Vernichtung der Wölfe gespielt haben. Unter dem Konvent sind wegen der starken Vermehrung der Wölfe beträchtliche Prämien für den Abschuß der Tiere gezahlt worden: zweihundertfünfzig Pfund für den Abschuß eines Weibchens, dreihundert Pfund für den Abschuß einer trächtigen Wölfin, zweihundert Pfund für jeden Rüden und hundert Pfund pro Welpen, der kleiner war als ein Fuchs.

Der Eifer der Jäger ließ nach, als die Prämien sanken; die Wolfsbestände vergrößerten sich folglich wieder, weshalb prompt auch die Abschußprämien erhöht wurden.

Unter der Präsidentschaft von Jules Grévy wurden noch 1882 Prämien für den Abschuß eines Wolfes gezahlt. Sie beliefen sich auf hundert Francs pro Wolf oder nicht trächtige Wölfin, hundertfünfzig Francs pro trächtige Fähe und vierzig Francs pro Welpen (als

Welpen galten Tiere, die unter acht Kilo wogen). Wenn ein Wolf nachweislich einen Menschen angefallen hatte, dann gab es zweihundert Francs für den Abschuß dieses Tiers.

Es sei daran erinnert, daß es in Frankreich Karl der Große war, der als erster an den Missetaten der Wölfe Anstoß nahm. So gab es im Jahre 813 spezielle Beamte, die ausschließlich für die Wolfsjagd zuständig waren. Diese Wolfsjäger oder »Luparii« wurden zum Schutz der Bauern vor den Wölfen eingesetzt. Das Amt des Wolfsjägers wurde im Mittelalter abgeschafft, 1404 unter Karl VI. jedoch wieder eingeführt.

Die Einführung der »Louveterie«, der hauptamtlichen Wolfsjäger, in Frankreich geht auf eine Verordnung vom Januar 1583 zurück, mit der Heinrich III. den Forstbeamten Anweisung gab, in ihrem Bezirk Männer zu rekrutieren, die alle ihre Gewehre, ihre sonstigen Waffen und zur Wolfsjagd geeignete Hunde mitbringen sollten. Dies hatte dreimal im Jahr zu geschehen, und zwar in den für die Jagd günstigsten Jahreszeiten.

Der »Grand Louvetier« in Frankreich war der Befehlshaber einer paramilitärischen Organisation, einer regelrechten Armee von Lieutenants und Sergeants, die mit der Wolfsjagd beauftragt waren.

Unter der Französischen Revolution wurde die Louveterie abgeschafft, aber Napoleon setzte den »Grand Louvetier de France« [Oberwolfsjäger Frankreichs] wieder in sein Amt ein, das sich mit dem des »Grand Veneur« [Oberjägermeisters] überschnitt.

Im Premier Empire wurden die hauptamtlichen Wolfsjäger eingeführt, die von den Präfekten in jedem Département und in unterschiedlicher Anzahl bestimmt wurden, jeweils in Abstimmung mit den Leitern der Forstverwaltung. Die vormals hauptberufliche Funktion des Wolfsjägers ist inzwischen in erster Linie nurmehr eine ehrenamtliche Tätigkeit.

Denn 1966 beschloß die Nationalversammlung auf Antrag des Abgeordneten Bricourt, die Louveterie zu modernisieren und die Aufgaben der hauptamtlichen Wolfsjäger den modernen wirtschaftlichen Erfordernissen anzupassen. Als Institution jedoch blieb die »Louveterie« bestehen. Heute sind die Angehörigen des Offizierskorps der »Louveterie« in erster Linie als Berater für die Landwirtschaft und in Fragen des Jagdwesens tätig. So kommt das Talent der einstigen Wolfsjäger nur noch bei der Jagd auf Füchse, Wildschweine und anderes sogenanntes Schadwild zum Einsatz.

Aberglaube und Redensarten

Der Wolf hat Angst und Schrecken verbreitet und deshalb im Leben der Menschen einen wichtigen Platz eingenommen. Selbstverständlich haben sich die Erzähler, die Fabeldichter und die Jäger mit ihm beschäftigt. Und ebenso selbstverständlich wurden seine Missetaten ins zigfache gesteigert, übertrieben, entstellt und mit Grausamkeiten ausgeschmückt. So ist es nicht überraschend, daß der Wolf zu einer lebenden Legende geworden ist.

In meiner Jugend habe ich mir die Geschichten von braven Leuten angehört, die versuchten, mir auch Angst vor den Wölfen zu machen. Sie behaupteten, mit eigenen Augen schreckliche Untaten von Wölfen gesehen zu haben. Manchmal waren es auch die Eltern der Leute, die Augenzeugen gewesen sein sollen. Was mir da alles über die Wölfe erzählt worden ist, das ist schier unglaublich. Man braucht aber bei diesen einfachen Leuten vom Land nur ein bißchen nachzubohren, und man merkt sehr schnell, daß ihre Erzählungen weit von der Wirklichkeit entfernt sind.

Dagegen habe ich auch einfache Schäferinnen gekannt, die Ende des letzten Jahrhunderts noch kleine Mädchen gewesen waren und ganz ungezwungen erzählten, daß diese Raubtiere nur Schafe gerissen haben, den Menschen gegenüber aber nie bedrohlich gewesen sind. Die Schäferinnen hatten damals zur Verteidigung nur einen Stock, und sie fühlten sich nicht als Heldinnen, nur weil sie einen Wolf vertrieben haben. Doch dessen ungeachtet, blieben die Schäferinnen davon überzeugt, daß die Wölfe über magische Kräfte verfügen.

Vor allem in den Märchen werden außergewöhnliche Geschichten über die Wölfe erzählt. Diese Märchen wurden an den Abenden erzählt, wo man sich um den Kamin versammelte. Und wenn die Rede auf die Wölfe kam, dann waren die guten alten Frauen, die vor dem Feuer dösten, plötzlich hellwach. Ihre Augen begannen zu leuchten, und sie wiederholten die altbekannten Geschichten, wollten aber keinerlei Widerspruch dulden.

In ihrer Kindheit hatten sie diese Märchen gehört; sie hatten sie von den Eltern, oft sogar von den Großeltern, deren Angedenken sie dermaßen hochhielten, daß sie auf keinen Fall irgendwelche Zweifel an deren Wahrhaftigkeit aufkommen lassen wollten.

Auf diese Weise sind viele Irrtümer überliefert und viele Legenden für die Wahrheit gehalten worden. Da sind mir Geschichten von Wölfen erzählt worden, die sich ein Lamm holten und mit dem Lamm im Maul über den Zaun gesprungen sind, so mühelos, als ob sie nur ein kleines Maishuhn schleppten. Natürlich fehlte der Hinweis nicht, daß der Wolf so schnell gelaufen sei, daß ihn die Hunde nicht erreichen konnten. Dabei kann ein Wolf, der mit einem Lamm im Maul wegläuft, mühelos von einem Menschen eingeholt werden, der dazu keineswegs Meister im 100-Meter-Sprint sein muß.

Zunächst einmal gilt folgendes: Ein Wolf auf der

Flucht wird zuallererst das Lamm fallen lassen, um die eigene Haut zu retten, sobald er merkt, daß er verfolgt und bald eingeholt wird.

Ich bin Zeuge eines solchen Vorfalls gewesen. Ein Wolf rannte mit einem Lamm davon; das Lamm war krank und wog höchstens dreißig Kilo. Der Wolf versuchte, so schnell wie möglich zu laufen. Ich konnte ihn mühelos einholen, und er ließ das Lamm sofort los. Dabei war der Wolf keineswegs ein Schwächling.

Es heißt, der Mensch sei ein Tier, das sich seine Götter selber schafft. Mit einem einzigen Gott ist der Mensch nicht zufrieden, er braucht mehrere. Heutzutage findet er sie vorzugsweise in den Stadien, wo er einen Kerl grenzenlos bewundert, der einen Ball treten kann und dafür eine Menge Geld kassiert. Aber zu Zeiten, als es noch keine Fußballfelder gab, bewunderte man das, wovor man Angst hatte – zum Beispiel die Wölfe, denen man riesige Kräfte und Wundertaten zuschrieb, die diese niemals hätten vollbringen können.

Außerdem schrieb man ihnen, ja sogar ihren verschiedenen Körperteilen, wunderbare Heilkräfte zu. Man glaubte, man könne diese oder jene Krankheit heilen, man müsse dazu nur bestimmte Körperteile des Wolfs zu sich nehmen. Hier einige Rezepte, die anscheinend unfehlbar waren.

Man faßte Wolfszähne in Silber ein und gab diese originellen Kinderklappern dann den Säuglingen zum Lutschen, weil dies den Durchbruch der Zähne beschleunigen sollte. Die Beschreibung des folgenden Brauchs verdanken wir Du Fouilloux. Er berichtet, »daß man dem Säugling die Zähne des Wolfs umlegt, dann zahnen die Kinder früher und unter weniger Schmerzen. In Paris hängen die Mütter den Neugeborenen silberne

Klappern um den Hals, in die ein großer Wolfszahn eingefaßt ist, damit die Säuglinge mit dieser Klapper spielen, sie sich in den Mund stecken und mit dem Zahnfleisch darauf herumbeißen, so daß durch dieses Mittel ihre Zähne leichter und weniger schmerzhaft durchbrechen.«

Die getrockneten und zu Pulver zerriebenen Eingeweide des Wolfs galten als probates Mittel bei einer Magenkolik. Mit Pulver aus dem Herz des Wolfs bekämpft man die Epilepsie, wobei man eine Dosis von einem halben bis zu zwei Skrupeln verwendete (ein Skrupel entsprach einer vierundzwanzigstel Unze, also etwa 1,25 Gramm), folglich eine geringe Menge.

Die zu Pulver zerriebene, getrocknete Leber des Wolfs wurde gegen Wassersucht und Schwindsucht empfohlen. Die Galle wurde, vermischt mit Gurkenkernen, auf den Bauchnabel aufgetragen: so heilte man Verstopfung. Gegen Husten wurde das gleiche Gemisch aus Galle und Gurkenkernen in Wein eingeweicht. Der Leber des Wolfs wurden verschiedene Heilkräfte zugeschrieben. So wurde bei Bißwunden oder giftigen Stichen, bösartigen Geschwulsten und geschwürigen Wunden empfohlen, eine zuvor gebratene Leber zu trocknen, zu zermahlen und dann das in Wasser aufgelöste Pulver in kleinen Schlucken einzunehmen.

Die Gicht wurde gemildert mit einer Mixtur aus Wolfsfleisch, das lange in Öl gekocht worden war, während das getrocknete rechte Auge des Wolfs auf den linken Arm des Kranken aufgetragen wird und so zu der Senkung des Fiebers beiträgt.

Das Herz des Wolfs verlieh Mut, machte aber auch streitsüchtig. Man trocknete es in der Sonne und verwendete es dann, unter Zugabe von etwas Wein, gegen

Schmerzfüße und Gicht. Um ein Heilmittel gegen die Epilepsie zu bekommen, riß man einem lebenden Wolf das Herz heraus, mischte das Herz mit den Herzen von drei Raben, zerstieß das ganze zu Pulver und mischte zum Schluß noch getrocknete Schlüsselblumen darunter.

Sogar der Kot von Wölfen kam zur Anwendung. Mit Honig vermischt, galt der Kot als unfehlbares Mittel gegen »triefende und tränende« Augen.

Beenden wir dieses Kapitel aus der Apotheke des Wolfes mit dem Versuch, eine Legende auszurotten, an die noch viele Leute glauben.

Es geht um die Trinkgewohnheit der Wölfe. Einigen klugen Geistern zufolge soll der Wolf die Flüssigkeit aufsaugen, der Hund dagegen auflecken. In Wirklichkeit aber leckt der Wolf natürlich genauso wie der Hund.

Diese Legende besagt außerdem, daß eine Wölfin ihre Welpen aufmerksam beobachtet, wenn sie sie zum ersten Mal zum Trinken an den Bach führt. Sollte sie eines der Jungen beim Auflecken erwischen, töte sie dieses sofort, weil sie es für einen Hund halte. D. Bernard berichtet von dieser Legende:

»Man erzählte auch, daß eine Wölfin im gleichen Wurf mit ihren Wolfsjungen einen Hund zur Welt gebracht habe. Nach einigen Wochen, als sie am Johannistag ihre Nachkommenschaft zur Tränke führte, wußte sie Bescheid. Nur der Hund trank das Wasser aus dem Bach, indem er es aufleckte; er wurde auf der Stelle umgebracht. Das Thema des Wolfshundes, der von seiner Mutter und seinen Geschwistern getötet wird, taucht häufig in den Volkserzählungen der Bretagne, der Normandie, in Lothringen und in Wallonien auf.«

Jedes Jahr drängt sich eine Menge Besucher um mein Freigehege, in dem etwa fünfzig Wölfe aus Europa, Sibirien und Kanada leben. Und fast jeden Tag kommen Leute mit dieser Legende an. Nur ein Beispiel: Im August 1986, eine Besuchergruppe beobachtete gerade die Wölfe aus Kanada, behauptete ein sehr selbstsicherer Zeitgenosse ziemlich lauthals, daß Wölfe das Wasser aufsaugen, während Hunde es bloß auflecken und hinunterschlabbern.

Ich habe milde gelächelt, ließ den »Experten« aber weiterreden. Dieser dozierte auch gleich weiter: »Jedes Jahr wirft die Wölfin fünf Junge, keines mehr, und wenn sie ungefähr einen Monat alt sind, geht die Wölfin mit ihnen an einen Bach; und wenn ein Junges schlabbert, wird es getötet, weil es ein Hund ist.«

Es mag ja noch angehen, daß der Mann so albernes Zeug glaubt, aber ich wollte nicht, daß er den anderen Besuchern seine Märchen auftischt und ihnen einen Bären aufbindet. Deshalb deutete ich mit der Hand auf das Rudel kanadischer Wölfe und fragte ihn, ob das auch wirklich Wölfe seien. »Aber sicher sind das Wölfe, bei Wölfen weiß ich Bescheid!«

»Mir fällt auf«, antwortete ich und unterdrückte ein Grinsen, »daß Sie scheinbar bestens informiert sind, aber ich erlaube mir, auf der Frage zu bestehen: ›Sind das wirklich Wölfe, was Sie hier sehen?‹«

»Klar doch, wenn ich's Ihnen sage!«

»Na, dann passen Sie mal genau auf, was jetzt kommt.« Ich ließ den Worten Taten folgen, drehte den Wasserhahn auf und füllte eine der Tränken. Drei von den Wölfen liefen herbei und begannen sofort zu trinken. Der Mann schaute zu, und mit ihm vierzig bis fünfzig andere Besucher, die in schallendes Gelächter ausbrachen, denn natürlich leckten die Wölfe das Wasser auf wie alle Hunde und auch alle Wölfe dieser Welt, gleich ob sie aus Kanada, Polen oder Sibirien stammen! Was den kenntnisreichen Zeitgenossen betrifft, so zog er wortlos ab; er brachte es nicht einmal fertig zuzugeben, daß er sich wie so viele andere zum Sprachrohr einer idiotischen Legende gemacht hatte.

Wie läßt sich die Entstehung einer solchen Legende erklären? Versuchen wir, dies zu ergründen. Man kann wohl davon ausgehen, daß irgendwelche schlechten Beobachter einmal gesehen haben, wie eine Wölfin einen toten Welpen im Maul trug und dann in einen Fluß fallen ließ, von dessen Strömung der Welpe davongetragen wurde.

Ich habe gesehen, wie eine Wölfin nach der Geburt dreier Welpen (es war ihr erster Wurf) einmal einen Welpen im Maul trug. Neugierig verfolgte ich die Szene. Der Welpe war tot, er war kleiner und magerer als die beiden anderen. Die Wölfin lief etwa zehn Meter, noch immer den Welpen im Maul, dann fing sie am Fuße eines Baumes an, die Erde aufzuwühlen. Auf diese Weise grub sie ein ungefähr zwanzig Zentimeter tiefes Loch, in das sie ihr Junges legte. Sie deckte es aber nicht mit Erde zu, was Wölfe gewöhnlich auch nicht tun, wenn sie ein Stück Fleisch eingraben. Sie entfernte sich mit leichten, federnden Schritten, in der für Wölfe typischen geschmeidigen Eleganz. Eine Viertelstunde später kam sie zurück, schnappte sich ihren Welpen und verschlang ihn kurz darauf.

Vielleicht war es ein Vorfall dieser Art, der nur oberflächlich und isoliert vom Gesamtverhalten der Wölfe beobachtet worden ist, auf Grund dessen die Legende von den Wölfen geboren worden ist, die von der Mutter gefressen werden, wenn sie das Wasser auflecken!

Werfen wir nun einen Blick auf den Wahrheitsgehalt einiger traditioneller Redensarten. Die Beispiele beziehen sich in erster Linie auf die französische Sprache. In Fällen, in denen es im Deutschen keine Entsprechung gibt, wird zunächst (auf deutsch) der wörtliche Sinn wiedergegeben und dann die dem französischen Ausdruck entsprechende deutsche Redensart angeführt. Man wird sehen, daß es im Französischen viel mehr Redensarten gibt, die sich auf den Wolf beziehen, als im Deutschen, wo oft der Hund oder auch ein anderes Tier an die Stelle des Wolfes getreten ist.

So lautet zum Beispiel ein altes Sprichwort im Französischen: »Ein Wolf hat niemals seinen Vater gesehen«; dies gibt zu mehreren Vermutungen Anlaß. Mit der Redensart soll darauf angespielt werden, daß es sich um ein uneheliches Kind handelt. Doch der Ursprung dieser Redensart geht auf traditionelle Meinungen über die Wölfe zurück. Vielleicht glaubten unsere Vorfahren, daß der Wolfsrüde immer zu neuen Abenteuern aufbrach, nachdem er für seine Nachkommenschaft gesorgt hatte; vielleicht wurde er aber auch von seinen Rivalen bei den schweren Kämpfen während der Ranzzeit getötet, auch wenn diese Kämpfe nur das Vorspiel zur Paarung darstellen. In Wirklichkeit ist der Rüde ein vorbildlicher Gatte und fürsorglicher Familienvater, wie wir im Verlauf dieses Buches noch sehen werden.

»Wölfe fressen sich nicht gegenseitig auf«, sagt man im Französischen [*Eine Krähe hackt der anderen kein Auge aus*], ein Sprichwort, das überhaupt nicht der Wahrheit entspricht. Im übertragenen Sinn mag es vielleicht stimmen, daß Betrüger, Gauner oder Finanzhaie sich nicht gegenseitig in die Quere kommen, obwohl ... Aber den Wolf dafür als Sinnbild zu nehmen, ist nicht sehr gelungen. Tatsächlich kann es vorkommen, daß sich Wölfe gegenseitig fressen, nämlich wenn sie ausgehungert sind. Daher stimmen auch die Berichte mancher Jäger, die nach dem Abschuß von Wölfen gesehen haben, daß sich die überlebenden Tiere des Rudels auf die Kadaver ihrer Artgenossen gestürzt und sie verschlungen haben.

In den kanadischen Rocky Mountains gab es ganz am Anfang des 20. Jahrhunderts Wolfsfarmen. Es heißt, die Aufzucht sei besonders rentabel gewesen, da es Prämien für den Abschuß dieser Tiere gab; und weil man dafür nur den Kopf oder die Pfoten abliefern mußte, konnte man den Wölfen das Fleisch ihrer Artgenossen, für die man die Prämie kassiert hatte, als Beifutter geben.

Vor ungefähr zwanzig Jahren gab es einen Vorfall, bei dem junge Wölfe von zehn Monaten und eine Wölfin von achtzehn Monaten von den erwachsenen Artgenossen gefressen worden sind. Es war aber nicht der Hunger, der die erwachsenen Tiere zum Kannibalismus getrieben hat. Die jungen Wölfe waren Opfer gewaltiger Machtkämpfe in der Ranzzeit, auch der Kampf um die Vorherrschaft im Revier hat dabei eine Rolle gespielt.

»Einen Wolfshunger haben« ist auch heute noch eine gebräuchliche Redensart. Ihre Herkunft läßt sich leicht erklären, wenn man mit Wölfen in Kontakt tritt. Man braucht nur zu sehen, mit welcher Gier sie die Fleischstücke zerreißen und verschlingen, um sich über den Ursprung dieses sprichwörtlichen Hungers klarzuwerden.

»Bekannt sein wie der weiße Wolf« [*wie ein bunter*

Hund] erklärt sich aus der Tatsache, daß man weiße Wölfe [oder bunte Hunde] nur sehr selten zu Gesicht bekommt, so daß sie schnell Berühmtheit erlangen.

Früher war in Frankreich auch noch der Ausdruck geläufig: bekannt sein »wie ein grauer Wolf«. Tatsächlich werden alte Wölfe grau, aber man hatte so sehr Jagd auf die Wölfe gemacht, daß man ihnen kaum die Zeit ließ, grau zu werden, weshalb auch ein grauer Wolf eine Seltenheit war.

Weiter gibt es den Ausdruck »Der Hunger lockt den Wolf aus dem Wald« [*in der Not frißt der Teufel Fliegen*, auch im Sinn von: *sein wahres Gesicht zeigen.*]. Es ist bekannt, daß ein ausgehungerter Wolf gewisse Risiken eingeht und sogar einen sicheren Platz im Wald verläßt, um seinen Hunger zu stillen. Dieses Sprichwort geht aber von der Annahme aus, daß der Wolf vorwiegend im Wald lebt, während er in Wirklichkeit ein Tier der Steppe und der offenen Landschaft ist. Nur weil er erbarmungslos gejagt worden ist, hat er Zuflucht in den Wäldern gesucht und wenigstens zum Teil auch gefunden.

»Den Wolf bei den Ohren halten«, [*in einer heiklen Lage sein*] bedeutete, daß man in eine fast ausweglose Situation geraten war. Eine »Wolfskälte« [*Hundekälte*] bezeichnet grimmig kalte Temperaturen, die einen Wolf aus seiner Höhle locken können.

Es gibt noch eine Vielzahl von Redensarten und Sprichwörtern, die ich nur kurz anführen kann: »sich dem Wolf in den Rachen werfen« [*in die Höhle des Löwen gehen*]; »wenn man vom Wolf spricht, so ist er nicht weit« [*wenn man den Esel nennt, kommt er schon gerannt, Lupus in fabula*]; »mit den Wölfen heulen«, »wer sich zum Lamm macht, den fressen die Wölfe«

[*wer sich unter die Kleie mischt, den fressen die Säue*]; »den Wolf gesehen haben« [von Frauen: *nicht mehr Jungfrau sein*]; die Stunde »zwischen Hund und Wolf« [*in der Dämmerung*]; »mit Wolfsschritten« [*auf leisen Sohlen, wie der Fuchs schleichen*]; »wenn der Wolf in der Falle sitzt, beißen ihn alle Hunde in den Hintern« [*ist ein Hochgestellter gefallen, so fallen alle über ihn her*]; »der Wolf stirbt in seiner Haut« [*er wird sich nicht bessern, bei ihm ist Hopfen und Malz verloren*].

Am bekanntesten ist wohl der Ausspruch »Homo homini lupus« – »der Mensch ist dem Menschen ein Wolf«. Hier müßte es besser heißen, der Mensch ist dem Menschen ein Mensch, was etwas ganz anderes bedeutet. Unter Wölfen gibt es in der Tat einen Verhaltenskodex, der im allgemeinen respektiert wird. Er gibt nach einem Kampf dem Sieger die Möglichkeit, den Unterlegenen zu schonen, wenn dieser ein Demutsverhalten zeigt. Diese Verhaltensregel wird von der menschlichen Rasse jedoch nicht eingehalten.

Im Deutschen gibt es noch weitere Redensarten, die umgekehrt im Französischen nicht vorkommen: jemanden durch den Wolf drehen, wie durch den Wolf gedreht sein, sich einen Wolf laufen, der Wolf in der Fabel oder Lupus in Fabula, mit den Wölfen heulen (auch im Französischen und Englischen), der Wolf im Schafspelz, unter die Wölfe geraten sein, sich einen Wolf reden. Schließlich gibt es noch den Wolf in einem bestimmten Körperteil, über den wir besser den Mantel des Schweigens legen.

Zum Abschluß dieser Aufzählung möchte ich ein Zitat des Dr. Oberthur anführen:

»Es gibt diese wunderschöne Redensart, wenn jemand wohlhabend ist und über viel Grundbesitz verfügt. Sie stammt aus der Gegend von Fougères und lautet: Dort ist's wirklich gut bestellt, wo der Wolf furzt auf dem Feld.«

Der Wolf hat nicht nur all diese Redensarten und Sprichwörter geprägt, sondern auch viele Orts- und Flurnamen. Oft werden dazu aber auch Namen gezählt, die etymologisch gar nichts mit dem Wolf [Loup, gesprochen: Lu] zu tun haben.

Hierher gehören die fälschlicherweise, wegen der ähnlichen Aussprache, mit dem Wolf in Verbindung gebrachten Ortsnamen: Loudun, Louveciennes, Loupiac, Damloup, Chanteloup, Chanteloube, Canteloup, Canteleu.

Ein Gelehrter, Monsieur Almin, hat mir die genaue Bedeutung dieser Ortsnamen erklärt. Loudon bezeichnet die Zitadelle von Lancos, urkundlich erstmals 895 erwähnt, dann 1059 als Lanciduniom. Losdunum entspricht dem früheren Lancidunum, gebildet aus dem gallischen Männernamen Lancos und dem Suffix Dunum, Zitadelle: Also Lancos' Zitadelle. Mit dem Wolf hat das nichts zu tun, es handelt sich um eine Volksetymologie, also die volkstümliche Umwandlung der Herkunft eines unverstandenen Wortes.

Louveciennes, urkundlich erstmals 862 als Monte Lupicium erwähnt, geht auf den lateinischen Namen Lupicius und das Suffix *anum* zurück. Loupiac, als Lupiaco 961 erwähnt, stammt von dem lateinischen Männernamen Luppius und dem gallorömischen Suffix *acum* (aus dem gallischen *accos*).

Damloup geht auf einen Heiligen zurück. Natürlich auf keinen heiligen Wolf, sondern auf den gallorömischen Heiligen Lupinius. Die in Frankreich häufigen Ortsnamen in Verbindungen wie Chanteloube, Canteloup oder Canteleu haben keinerlei Bezug zum Wolf. Ihre Herkunft ist unterschiedlich interpretiert worden. Monsieur Almin gab mir seine Erklärung, ohne Gewähr.

Der Begriff leitet sich aus dem gallischen *cantalou* her, das in der bekannten Inschrift von Auxeg (Côte d'Or) urkundlich erwähnt ist: »*Iccavos Oppiniencos ienru Brigendoni Cantalum*, was bedeutet Iccavos, Sohn des Oppianos, hat dieses ›Monument‹ für Brigitte errichtet«. Die exakte Bedeutung von *cantalou* ist bis jetzt noch nicht bekannt. Es läßt sich in Verbindung bringen mit dem altgallischen Wort *cantal* (Kreisumfang) und dem gälischen *cêtal* (Gesang). Es besteht die Möglichkeit einer doppelten Bedeutung: im wörtlichen Sinn ein kreisförmiges Monument und, im übertragenen Sinn, ein Gesang, vielleicht Sänger, die sich im Kreis aufgestellt haben? Es ist damit zu rechnen, daß an einem dieser Orte mit Wortverbindungen wie Chanteloup eines Tages die Grundmauern eines Monuments ausgegraben werden.

Es gibt aber viele Orte und Flurnamen, die ihre Bezeichnung wirklich den Wölfen verdanken. Dazu gehören La Loubière, Louviers, der Berg Louvier, die Wolfsschlucht, der Wolfswald, die Wegkreuzung zum gehängten Wolf, die Wolfseiche (früher hängte man die Wolfskadaver an Eichenästen auf), den Wolfsgraben sowie Gratteloup [Wolfskratzen]. Bernard berichtet davon, daß es in Sandellon im Loiret ein einsam gelegenes Haus mit diesem Namen gibt: »Man sagt, der Wolf komme in Hungerzeiten oft dorthin und kratze an der Tür.«

Der Name Gratteloup verweist aber auch auf einen anderen Zusammenhang. In der Jägersprache sagte man von einem Wolf, der gerade seinen Kot abgesetzt hatte, daß er scharrt, das heißt, daß er mit den Hinterläufen Erde aufkratzt und hinter sich wirft. Hunde zeigen das gleiche Verhalten, und im allgemeinen wird angenommen, daß diese Angewohnheit darauf zielt, die Losung wenigstens zum Teil zu verdecken, um sie vor eventuellen Feinden zu verbergen oder die eigene Anwesenheit nicht zu deutlich zu markieren.

Ein Detail möchte ich hinzufügen, nämlich daß ein Wolf, wenn er aus nächster Nähe verfolgt wird, oft das Bedürfnis zu koten verspürt, zweifellos infolge von Angst. Er setzt seinen Kot sehr schnell ab, nimmt sich aber nicht die Zeit, ihn zuzudecken.

Bevor wir dieses Kapitel über Redensarten und Aberglaube abschließen, müssen noch die Wölfe erwähnt werden, die als Heilige gegolten haben. Der bekannteste unter ihnen ist der Wolf von Gubbio (Umbrien), der den Vorschlag des heiligen Franz von Assisi akzeptiert haben soll, sich von den Einwohnern Gubbios füttern zu lassen statt die ganze Region zu verwüsten und die Menschen in Angst und Schrecken zu versetzen.

Daniel Bernard erzählt eine schöne Legende über den heiligen Johannes und den Wolf von Vernols. Ein armer Einsiedler lag in seiner Grotte in der Nähe eines Wolfs im Sterben; zweifellos wartete der Wolf auf das Ende des Einsiedlers, um ihn fressen zu können. Da kam ein Kreuzritter des Weges, der eine Reliquie mit einem Beinknochen des heiligen Johannes des Täufers bei sich hatte und das Wehklagen des Sterbenden hörte. Er drang in die Grotte ein, scheuchte den Wolf zurück, indem er mit der Klinge seines Schwertes drohte, und gab dem Alten das kleine goldene Kreuz, in das die Reliquie eingefaßt war. Der Einsiedler küßte die Reliquie voller Andacht, dann verschied er. Für das Gewissen des Kreuzritters entstand eine schwierige Lage: Sollte er, nur mit dem Schwert bewaffnet, den Einsiedler begraben oder sollte er ihn dem Wolf überlassen? »Wolf«, rief er, »siehst du diesen Leichnam und dieses Kreuz, im Namen des heiligen Johannes, halte Totenwache, behüte ihn und das Kreuz treu bis zu meiner Rückkehr.«

Am nächsten Tag bewachte der Wolf den unversehrten Einsiedler immer noch. Vor ihm lag die Leiche eines Bettlers, mit durchgebissener Kehle und der Hand zum Kreuz ausgestreckt. Die Mönche haben an dieser Stelle eine Kapelle errichtet, aus der später die Kirche von Vernols entstanden ist; noch heute findet dort am Namenstag des heiligen Johannes eine Prozession statt.

Weiter wurde der Wolf im Zusammenhang mit dem heiligen Simpert von Augsburg genannt, der ein Kind aus den Klauen eines Raubtiers befreit und dieses dann gezwungen hat, das Kind der Mutter zurückzubringen.

Auch die Geschichte der heiligen Austreberthe, die Wäscherin in einem Kloster war, ist erwähnenswert. Die von den Nonnen in Pavilly gewaschene Wäsche trug regelmäßig ein Esel und brachte sie zum heiligen Philibert, dem Abt von Jumièges. Auf dem Rückweg nahm der Esel immer die schmutzige Wäsche mit. Aber eines Tages, als der Esel wie immer allein durch den Wald ging, wurde er von einem Wolf angefallen und verschlungen. Die Äbtissin entdeckte das Raubtier und befahl ihm, an die Stelle seines Opfers zu treten und dessen Aufgabe zu übernehmen, was der Wolf über viele Jahre hinweg zuverlässig getan hat. Im achten Jahrhundert wurde in dem Wald eine Gedenkkapelle errichtet, die später durch ein »Eselskreuz« ersetzt worden ist. Das Fest des Grünen Wolfs von Jumièges und das Wolfsfest in Montreuil sollen ihren Ursprung in dieser Legende haben.

Wir können also feststellen, daß der Wolf die Leute auf dem Land eher erschreckt hat, während er geradezu ein Freund der Heiligen gewesen ist. Sankt Ignazius von Loyola ist sogar der Schutzpatron der Wölfe geworden ... ein Umweltschützer der ersten Stunde!

In Italien sagt ein Sprichwort: »Ein Hirte, der die Wölfe lobt, liebt seine Schafe nicht« – oder ein anderes: »Die schlimmsten Wölfe sind die getauften« (also die Menschen) – oder: »Böse Hasen und kleine Wölfe gibt es nicht« und schließlich: »Schuldig oder nicht, einen Wolf klagt man an«.

Im Islam gibt es das Sprichwort: »Wenn man einen Wolf fragt, warum er einer Schafherde folgt, gibt er zur Antwort, daß der aufgewirbelte Staub seinen wehen Augen gut tut.« In Kurdistan sagt man, wenn man einem Wolf befiehlt, vor den Schafen zu laufen, dann wendet er ein, daß er wehe Füße hat!

Im Buddhismus gibt es den Wahlspruch: »Wer die Gebote der Religion leichtfertig und ohne innere Überzeugung befolgt, benimmt sich wie ein Wolf, der fasten will.«

In Rußland kann man die übertragene Redensart hören: »Der Wolf hatte Mitleid mit der Stute; er ließ ihren Schwanz und ihre Mähne übrig.«

Im 15. Jahrhundert war die Angst vor dem Wolf anscheinend weniger verbreitet. Denn es galt als gutes Zeichen, wenn man einem Hirsch, einem Bären oder einem Wolf begegnete.

Zweihundert Jahre später glaubte man, daß ein Wolf am Morgen Glück bringe; dieser Glaube ist heute noch in den Vogesen verbreitet; wenn dann der Wolf schnell das Weite sucht, bedeute dies, daß ein Glücksfall unmittelbar bevorsteht.

Schließlich noch die weltberühmte Wölfin des römischen Kapitols. Zu den Zeiten Ciceros ist sie vom Blitzstrahl getroffen worden, war über Jahrhunderte verschwunden, ist dann im Mittelalter wieder entdeckt und während der Renaissance mit bronzenen Putten vervollständigt worden. So wurde diese etruskische Wölfin zum Wahrzeichen Roms.

Von Wolfskindern und Werwölfen

Die Wolfskinder – ein geheimnisvolles Rätsel, eine Legende oder gar Wirklichkeit? In der Tat, Wolfskinder hat es gegeben, und natürlich ist ihre Existenz auch geleugnet worden. Im allgemeinen hält man es für ein wenig »dick« aufgetragen, daß Kinder von Wölfen aufgezogen werden können. Heute läßt sich die Existenz von Wolfskindern nicht mehr abstreiten, da die dagegen angeführten Argumente nicht stichhaltig sind.

Es war zu Beginn des Jahres 1927, als in der Presse Reportagen über die Wolfskinder von Bengalen aufgetaucht sind. Die Berichte waren zu einem gewissen Grad mit fantastischen Ausschmückungen garniert, was zumindest bei einigen Gelehrten der Zeit Skepsis hervorrief. Zunächst gilt es festzuhalten, daß die meisten dieser Fälle von Wolfskindern uns aus Indien erreichten. Wieso gerade Indien? Dafür gibt es mindestens zwei Gründe.

Erstens unterscheidet sich der Indische Wolf (*Canis lupus pallipes)* nicht unbeträchtlich vom europäischen Wolf. Er ist um einiges kleiner, und da er außerdem weniger der Verfolgung ausgesetzt ist als der europäische Wolf, fürchtet er den Menschen auch nicht so sehr. Es kann vorkommen, daß er seinen Bau sogar in der Nähe eines Dorfes ansiedelt. Diese Unterschiede erklären, weshalb der indische Wolf einen besseren Ruf genießt als unsere Wölfe. In Indien war zum Beispiel auch nie die Rede davon, daß Menschen von Wölfen verschlungen worden seien... Zweifellos hätte sich Kipling die Geschichte von Mowgli nicht in Europa vorstellen können.

Der zweite Grund, der das Verhalten der indischen Wölfe zu erklären vermag, bezieht sich auf die Sitten und Gebräuche der Bewohner des Landes. So war es vor kaum einem halben Jahrhundert sehr häufig der Fall, daß in Zeiten der Hungersnöte viele Kleinkinder gestorben sind.

Es konnte vorkommen, daß eine schwangere Frau, die bereits ein mehrere Monate altes Kind hatte, dieses aufgab und im Wald aussetzte. Dabei handelte es sich bei dem ausgesetzten Kind fast immer um ein Mädchen; in Indien wurde damals mehr Wert auf männliche Nachkommen als auf Mädchen gelegt.

Die Mutter befand sich in einer schwierigen Situation. Sie befürchtete angesichts der erneuten Schwangerschaft, das erste Kind nicht mehr aufziehen zu können. Zu Beginn unseres Jahrhunderts galt es infolge der extremen Armut in einigen Regionen Indiens nicht als verwerfliche Tat, sein Kind auszusetzen, während dies nach dem Sittenkodex unserer bürgerlichen Gesellschaft als Verbrechen betrachtet wird.

Aber von dem Säugling, den seine Mutter aussetzt, bis zur »Adoption« durch eine Wölfin, ist es vielleicht mehr als nur ein Schritt. Es müssen schon verschiedene Faktoren zusammenkommen, die freilich keine unüberwindliche Hürde darstellen. Bevor wir sehen, wie die Sache hat vor sich gehen können, müssen wir uns mit den Argumenten einiger Wissenschaftler auseinandersetzen, die seinerzeit die Möglichkeit ausgeschlossen haben, daß ein Kind von Wölfen aufgezogen werden kann.

Diese Wissenschaftler behaupteten, daß die Säugezeit bei Wölfinnen allenfalls vier Monate betragen kann und daß deshalb ein Kleinkind, das von einer Wölfin angenommen wird, keine Überlebenschance habe. Das Argument trägt jedoch nicht.

Erstens ist der Magen eines Kleinkindes sehr früh in der Lage, auch feste Nahrung aufzunehmen. Außerdem waren die ausgesetzten Kinder nicht immer im Säuglingsalter, manchmal waren sie älter als sechs Monate und konnten einen relativ abrupten Wechsel in der Ernährung durchaus überstehen. Aus verschiedenen Gründen ist es jedoch wahrscheinlich, daß ein von einer Wölfin aufgefundenes neugeborenes Kind nur geringe Überlebenschancen hat.

Verschiedene Faktoren tragen dazu bei: eine äußerst geringe Widerstandskraft des Kindes sowie die Tatsache, daß es wahrscheinlich gar nicht gestillt werden kann, weil es die Zitzen der Wölfin nicht findet. Es spricht einiges dafür, daß es sich bei den bekannten Fällen – etwa ein Dutzend – von Wolfskindern um Babies handelte, die schon älter als sechs Monate waren. Sie wurden in diesem Alter ausgesetzt, weil die Mutter nicht mehr stillen konnte, was bei Hungersnöten oft vorkam, die im übrigen auch die Erwachsenen zu Tausenden hinwegrafften.

So also könnte es gewesen sein. Eine Wölfin mit einem Wurf Welpen ist auf der Suche nach Beute und findet ein Kind, ein kleines, von der Mutter im Wald ausgesetztes Mädchen. Sie nimmt es in ihre Höhle mit. In aller Regel wird das Baby als gutes Futter für die

Welpen betrachtet werden – für Welpen, die zwar noch gesäugt werden, aber vielleicht schon drei bis vier Wochen alt sind. Denn wenn sich eine Wölfin auf die Jagd nach Beute begibt, dann heißt dies, daß die Welpen groß genug sind, um allein in der Höhle zurückgelassen zu werden.

Der Rüde sorgt ebenfalls für Nahrung und entfernt sich sogar öfter als das Muttertier. Man kann folglich von der Annahme ausgehen, daß die Welpen, wenn die Mutter mit der Beute ankommt, den Magen bereits voll haben, da sie vom Rüden versorgt worden sind, der für sie Fleisch ausgewürgt hat. Welpen, die nicht der Hunger plagt, schlafen oder spielen. Das kleine Menschlein, das die Wölfin ihnen hinlegt, wird mit den Beinen zappeln und kreischen, und die Welpen werden mit ihm spielen wollen. Die Arme und die Beine, mit denen das Kind strampelt, bedeuten für die Welpen eine Einladung zum Spiel. Wenn sich dann die Müdigkeit bemerkbar macht, werden die Welpen und ihr seltsamer Spielkamerad einschlafen.

Die Wölfin und der Rüde werden später mit neuer Nahrung in die Höhle zurückkehren. Nach dem Aufwachen werden die Welpen die Zitzen suchen und daran saugen, an ihrer Seite der Säugling, dem es vielleicht gelungen ist, eine Zitze zu finden. Wenn die Säuglinge satt sind, werden sie sich wieder für ihr »Spielzeug« interessieren, welches – und dies ist von entscheidender Bedeutung – im Verlauf der vergangenen Stunden schon sehr stark den Geruch der Welpen angenommen hat.

So folgt eines aufs andere: das mehrmalige Säugen, die vorgewürgte und darum von den erwachsenen Tieren schon halb verdaute und leicht aufnehmbare Nahrung, und die Wiederholung dieser Vorgänge sorgen dafür, daß aus dem kleinen Menschenkind ein Mitglied der Wolfsfamilie wird.

Dies ist nichts Außergewöhnliches. Zahlreiche Fälle von Löwen- oder Tigerjungen sind bekannt, die von Hündinnen aufgezogen worden sind. Es hat Katzen gegeben, die kleine Hunde gesäugt haben. Der Schwede Berggren hat den herrlichen Löwen, den er aus Kenia mitgebracht hatte, später, als das Tier schon erwachsen war, dabei überrascht, wie es am Euter einer Kuh gesaugt hat.

Kommen wir zurück zu unserem Kind unter den Welpen. Die Tage gehen vorüber, die Welpen wachsen, der Rüde und das Weibchen gehen beide auf die Jagd, um für Nahrung zu sorgen. Mit zwei Monaten tollen die Welpen vor dem Bau herum und folgen ihren Eltern in die nähere Umgebung. Infolge der Beschaffenheit der Höhle wird das kleine Kind vielleicht nicht nach draußen kriechen können. Die Adoptiveltern werden es vielleicht ins Freie schubsen; falls dies nicht gelingt, werden sie ihm weiterhin Nahrung in den Bau bringen. Weil die erwachsenen Tiere ihre Höhle nicht aufgeben und weil sie den kleinen Menschen wie einen Welpen angenommen haben, werden sie das Kleine auch nicht im Stich lassen.

Die Monate vergehen, aus den Welpen sind Wölflinge geworden. Die Paarungszeit naht wieder heran, und die Wölfin wirft möglicherweise in der gleichen Höhle, neben dem kleinen Kind. Das Baby wird gewachsen und inzwischen in der Lage sein, die Höhle zu verlassen und vor dem Bau herumzukriechen, letzteres freilich viel mehr nach Art der Wölfe als der von kleinen Kindern. Zum Teil kann es für sich selber sorgen. Es wird mittlerweile imstande sein, Insekten und kleine Nagetiere zu fangen, es wird aber sehr lange, vermutlich für immer auf ihre Adoptiveltern angewiesen sein.

Diese Betrachtungsweise wird vielleicht einige Gemüter stören, die ein glorioses Bild vom Menschen als Krone der Schöpfung haben. Diese Leute wissen nicht oder wollen nicht wahrhaben, daß die menschliche Natur, auf die wir so stolz sind, in seiner Gesamtheit beileibe nicht nur aus angeborenem Verhalten resultiert. Wenn der Mensch sich selbst überlassen ist, wird aus ihm sehr schnell ein ziemlich armseliger Primat.

Doch erzählen wir nun, aufs wesentliche zusammengefaßt, die Geschichte von zwei kleinen Mädchen, die von Wölfen aufgezogen worden sind. Eine außergewöhnliche Geschichte, die der Reverend J. A. L. Singh so gut erzählt, daß kein Wissenschaftler ihn hätte übertreffen können. J. A. L. Singh hat nämlich ein Tagebuch geführt, in dem er über Jahre hinweg das Verhalten dieser beiden Kinder beobachtet und notiert hat, die später in der ganzen Welt berühmt geworden sind.

Es handelt sich um die Wolfskinder von Midnapur, einer Stadt in Indien, ungefähr hundertdreißig Kilometer westlich von Kalkutta.

Bei einer Rundreise im Jahre 1920 kam Reverend J. A. L. Singh, Missionar und Leiter des Waisenhauses in Midnapur, in ein Dorf, dessen Bewohner zu ihm sagten: »Wir haben Angst, im Wald gehen nachts Geister um.« Die Erkundigungen ergaben, daß es sich um ein geheimnisvolles Wesen handelte, einen Zauberer mit menschlichem Antlitz, der aber auf allen vieren ging. Man begab sich an den Ort, an dem das merkwürdige Wesen gesehen worden war. Der Reverend sah aus einer Höhle drei alte Wölfe kriechen, gefolgt von zwei Welpen und zwei vierfüßigen Wesen, die wie Menschen aussahen. Die Dorfbewohner, die den Reverend begleiteten, weigerten sich, sich der Höhle zu nähern. So mußte der Reverend später noch einmal hingehen, diesmal in Begleitung der Bewohner eines Dorfes, die noch nichts von den Geistern im Wald gehört hatten. Sie umzingelten die Höhle. Zwei Wölfe flüchteten, der dritte, eine Wölfin, wurde erschossen. Im Innern der Höhle fand man nebeneinander die beiden Welpen und zwei nackte Mädchen.

Das eine Mädchen schien sieben oder acht Jahre alt zu sein, das andere ungefähr zwei. Man brachte die beiden Kinder ins Krankenhaus von Midnapur und taufte sie auf den Namen Kamala beziehungsweise Amala. Letzteres starb nach einem Jahr, Kamala lebte bis 1929. Während der neun Jahre, die sie im Waisenhaus verbrachte, hat sie Singh Tag für Tag betreut und darüber genau Tagebuch geführt.

Als Kamala entdeckt wurde, erinnerte ihr Verhalten an das der Wölfe. Sie ging auf allen vieren, wobei sie sich auf Hände und Knie stützte, wenn sie langsam ging, und auf Hände und Fußsohlen, wenn sie sich schnell vorwärts bewegen wollte. In dieser Haltung rannte sie genauso schnell wie ein Mensch. Sie hatte Angst vor hellem Licht, fühlte sich dagegen wohl im Dunkeln, wo sie sich mühelos zurechtfand. Außerdem war sie auch nur nachts unterwegs, tagsüber schlief sie zurückgezogen in einer Ecke.

Sie sabberte dauernd vor sich hin, die Kleider, die man ihr anziehen wollte, zerriß sie. Sie leckte Flüssiges auf, verweigerte pflanzliche Nahrung, stürzte sich aber auf Fleisch und nagte die Knochen ab. Sie nahm nur die

Nahrung, die man ihr auf dem Boden hinlegte, verweigerte aber jedes Essen, das man ihr mit der Hand geben wollte. Sie sprach nicht, heulte aber nachts wie die Wölfe.

Als Amala gestorben war, aß und trank Kamala zwei Tage lang nichts. Sechs Tage nach dem Tod ihrer kleinen Kameradin beschnüffelte sie noch immer die Stellen, an denen sich Amala aufgehalten hatte. Trotz der Bemühungen Reverend Singhs war die Vermenschlichung Kamalas ein langwieriger Prozeß. Erst zwei Jahre nach ihrer Aufnahme ins Waisenhaus konnte sie aufrecht stehen, dabei mußte sie aber noch gestützt werden.

Nach weiteren vier Jahren konnte sie selbständig gehen; schnell laufen aber konnte sie nie. Wenn sie rennen wollte, begab sie sich immer auf alle viere.

Nach vier Jahren der Erziehung verstand sie einige Fragen, beherrschte aber nur sechs Wörter. Erst in den letzten drei Jahren ihres Lebens gewannen menschliche Verhaltensweisen bei ihr die Oberhand.

In der Zeit vor ihrem Tod, sie wurde etwa siebzehn Jahre alt, entsprach ihr Verhalten immer noch dem eines vierjährigen Kindes.

Manche Leser werden mit gutem Recht darüber überrascht sein, daß Wölfe in der Lage gewesen sind, Kinder aufzuziehen, wo diese Möglichkeit ernsthaft nur bei Affen in Betracht gezogen werden kann.

Affen sind uns von der Abstammung her ohne Zweifel näher. Das Gehirn eines Anthropoiden, wie etwa dasjenige eines Gorillas, besitzt eine Kapazität zwischen vierhundert und vierhundertfünfzig Kubikzentimeter (eine Kapazität, die der unseres Vorfahren, des Australopithecus, sehr nahe kommt). Das Gehirn eines

Wolfes, das um einiges weiter entwickelt ist als beim Hund, bringt es auf hundertsiebzig Kubikzentimeter. Und doch sollen Wölfe etwas vermocht haben, das Affen nicht konnten?

Woran mag dies wohl liegen? Wie der Zoologe Bernard Heuvelmans gezeigt hat, ergeben sich die günstigsten Bedingungen für die Aufnahme eines Mitglieds einer Art in eine andere Art nicht aus dem Grad der entwicklungsgeschichtlichen Verwandtschaft beider Arten, vielmehr sind es Übereinstimmungen in Verhalten und Lebensraum, kurz: ökologische Nischen. In dieser Hinsicht jedoch ist der Wolf bei weitem das dem Menschen verwandteste Tier.

Diese Feststellung ist völlig richtig, und ich möchte nur hinzufügen, daß das streng nach Rangordnungen geregelte Leben der Wölfe im Rudel sehr nahe verwandt ist mit der gesellschaftlichen Organisation des Menschen. Ich weiß, wie sehr sich die Wölfe ihrer Nachkommenschaft annehmen, wie eng und dauerhaft bei ihnen Familienbindungen sind. Hierin liegen so viele Gemeinsamkeiten, die die Wölfe gegebenenfalls in die Lage versetzen, auch einmal ein Menschenkind aufzuziehen.

Das Tagebuch von Reverend Singh enthält außerdem eine Reihe von äußerst interessanten Photos. Natürlich sind sie nicht von der technischen Qualität, die wir heute gewohnt sind. Die Aufnahmen sind trotzdem scharf genug, so daß die physischen Veränderungen deutlich zu erkennen sind, die sich bei Kamala infolge des langen Aufenthalts unter Wölfen ergeben haben.

1921, zur selben Zeit, als Reverend Singh die beiden Wolfskinder gefunden hat, war in der Presse auch von einem Affenkind die Rede. Eine Vielzahl von Leuten hat dieser Geschichte ein Höchstmaß an Glaubwürdigkeit bescheinigt.

Sie hat sich in Südafrika, nordöstlich von Grahamstown ereignet. Dem Farmer George Smith zufolge, der das Kind aufgefunden hat, soll das Kind von einem Pavian geraubt worden sein, als es noch sehr klein gewesen ist. Die größten Exemplare des Gelben Babuins oder *Papio cynocephalus* (hundsköpfige Pavianart) können bis zu vierzig Kilo wiegen. Das geraubte Kind soll zwölf Jahre unter diesen Affen gelebt haben. Es soll von zwei berittenen Polizisten eingefangen worden sein, die ein Rudel Paviane vertrieben hatten, das über ein bestelltes Feld hergefallen war. Das Kind, später auf den Namen Lukas getauft, konnte seinen schnell fliehenden Kameraden nicht folgen und wurde so gefangen.

Im Alter von dreizehn oder vierzehn Jahren wurde es dem Farmer George Smith anvertraut, und aus Lukas ist ein guter Landarbeiter geworden.

Die Nachforschungen, die Dr. Drury angestellt hat, haben diese Angelegenheit zum Teil aufgeklärt. Am Ende hat sich herausgestellt, daß der Farmer Smith gehofft hatte, von einer Filmgesellschaft fünfunddreißigtausend Pfund für den Exoten zu bekommen. Die Verhandlungen gerieten aber in eine Sackgasse. In Wirklichkeit war Lukas ein geistig normaler Mischling gewesen, bis er eines Tages bei einem Unfall einen Schädelbruch mit bleibenden Folgen erlitten hatte.

Noch andere Fälle von Affenkindern haben in der Presse Schlagzeilen gemacht, aber bei Nachforschungen ergab sich jedesmal, daß sie genauso gefälscht waren wie die Geschichte von Lukas, dem Paviankind.

Vor nicht allzu langer Zeit, 1972, hat in der Presse

eine von einem Forscher erfundene Geschichte ein großes Echo ausgelöst. Dieser Forscher und Naturkundler will in der Wüste des Rio de Oro, nahe an der Grenze zu Mauretanien, Kontakt mit einem ungefähr zwanzig Jahre alten Kind gehabt haben. Der Mann hat sogar ein Buch darüber geschrieben, mit dem Titel *L'Enfant sauvage du grand désert* [*Das wilde Kind aus der großen Wüste*]. Ein wunderschönes Buch, voller fantastischer Erfindungen! Darin heißt es, daß dieses Kind in der Lage war, mit einer Geschwindigkeit von fünfzig Kilometern pro Stunde zu rennen. Das ist völlig unmöglich. Es sei denn, man geht davon aus, daß der Verzehr von Datteln Flügel verleiht. Der Verfasser des Buches, Jean-Claude Armelle, der behauptete, zwischen 1960 und 1963 in der Nähe der Adoptiveltern dieses Kindes gelebt zu haben, hat zum Beweis nicht einmal ein Foto von diesem Kind vorzuweisen, das angeblich mit Gazellenmilch aufgezogen worden sein soll. Die Fantasie des Autors ist eine Sache, die Wirklichkeit aber eine ganz andere.

Vom verwilderten Kind des Aveyron hieß es ebenfalls, daß es von wilden Tieren aufgezogen worden sein soll. Es ist zwar richtig, daß es von seinen Eltern im Wald ausgesetzt worden ist, aber es ist nicht von einem Tier aufgenommen worden.

Doch zurück zu den Wölfen. Weitere Fälle, wonach Kinder von diesen Caniden aufgezogen wurden, sind bekannt, vor allem aus dem Nordwesten Indiens. Colonel William H. Sleeman hat zum Beispiel 1852 einen Bericht über sechs Wolfskinder im Königreich Orde (im Nordwesten Indiens) geschrieben. Zwei davon hat er persönlich beobachtet, und von vier anderen haben ihm Leute berichtet, für deren Zuverlässigkeit er die Hand ins Feuer gelegt hätte.

Daß es in dieser und in anderen Regionen Indiens so viele Wölfe gab, liegt daran, daß die Hindus glaubten, die Familie desjenigen, der einen Wolf getötet oder auch nur verletzt hatte, sei dem Untergang geweiht. Das gleiche gilt ebenfalls für ein Dorf, in dessen Nähe ein Wolf getötet oder verletzt worden ist.

Zahlreiche Zeugnisse beweisen die Existenz von Wolfskindern, aber das Tagebuch des Reverend Singh ist das genaueste und vollständigste Dokument. Und an der Echtheit der Photos, die den Bericht illustrieren, kann es keinerlei Zweifel geben.

Während also Wolfskinder nicht in den Bereich der Legende gehören, so sieht es bei den Geschichten über Wolfsmänner ganz anders aus. Wie sah man, oder besser, wie stellte man sich ihn vor, den Mann an der Spitze eines Wolfsrudels? Natürlich war dies eine Persönlichkeit jenseits aller vertrauten Kategorien, ein mysteriöser Mann, der sich nur selten in die Gesellschaft der Leute vom Dorf begab. Er lebte abseits, oft in einer halb zerfallenen Hütte tief in den Wäldern.

Weil dieser Mann ein eigenwilliges Leben führte, das nicht den Gewohnheiten des Durchschnittsbürgers entsprach, weil er auf Distanz ging und an dem Dorfgeschwätz seiner Zeitgenossen keinen Anteil nahm, deshalb waren die Bauern auf ihren abgelegenen Höfen nur allzu gerne bereit, ihm außergewöhnliche Fähigkeiten nachzusagen.

Für die Bauern war es selbstverständlich, daß dieser Wilde die Geheimnisse des Waldes kannte; er wußte um die Heilkraft bestimmter Pflanzen und umgekehrt auch um ihre gefährliche, ja tödliche Wirkung, falls sie nur richtig angewandt wurden.

Eines Abends kommt ein Bauer, der tiefer als sonst

ins Glas geschaut hat, nach Hause und schließt eilends die Tür hinter sich zu. Den Mitgliedern seiner Familie, denen die alten schreckenerregenden Geschichten vertraut sind, erzählt er, daß er von heulenden Wölfen verfolgt worden ist. Aber mitten unter der Meute hat er einen Mann gesehen, in dem er den im Wald lebenden Wilden erkannt haben will. Dieser Mann zieht die Gesellschaft der Wölfe vor, außerdem ist er ein Zauberer, daran gebe es nichts zu rütteln! Der Mann sei zweifellos ein Wolfsbändiger.

George Sand schreibt in ihren *Legendes rustiques* [*Ländliche Legenden*]:

»Die Wolfsbändiger sind nicht etwa die Anführer von Zauberern, die sich in Wölfe verwandelten, um kleine Kinder aufzufressen; im Gegenteil, es sind Menschen, die über ein geheimes Wissen verfügen, alte Holzfäller oder kluge Wildhüter, die die Gabe besitzen, richtige Wölfe in ihren Bann zu ziehen, sie zu zähmen und über sie zu befehlen.«

Und die Religion sprach auch ein Wörtchen mit, denn der Wilde ging nicht in die Messe. Außerdem, wer ein Rudel Wölfe anführt, diese blutrünstigen Bestien, der konnte kein anständiger Christenmensch sein! Vom Wolfsbändiger bis zum berühmten Werwolf ist es nur ein kleiner Schritt.

Was man unter »Lykanthropie« versteht, erläutert Jean-Paul Clébert in seinem *Bestiaire fabuleux* [*Das Buch der Fabeltiere]:*

»Mit Lykanthropie wird die Metamorphose eines Menschen zu einem fleischfressenden Tier, insbesondere in einen Wolf, bezeichnet. Der Mann oder die Frau wird durch eine solche Verwandlung zu einem Werwolf. Die Existenz von Werwölfen ist seit der Antike belegt und hat im Abendland, besonders im Mittelalter, die Gemüter beschäftigt.

Erst im 18. Jahrhundert hat man begonnen, die Existenz von Werwölfen anzuzweifeln. Diesen in die Irre geleiteten Wesen, bei denen sich die Metamorphose vor allem nachts vollzog und die im Morgengrauen ihr natürliches menschliches Aussehen wiederfanden, wurde nachgesagt, sie fielen über Menschen her, um sie aufzufressen. Wenn sie bei dem Kampf verletzt wurden, trug ihr menschlicher Körper am anderen Tag die Spuren der Verletzung, und man konnte sie so überführen. Man konnte sie nur unter Zuhilfenahme magischer Kräfte vertreiben, zum Beispiel indem man silberne Kugeln benutzte, die in einer dem heiligen Hubert geweihten Kapelle gesegnet worden waren.

Aber schon seit der Römerzeit waren einige weniger abergläubische Köpfe der Ansicht, daß diese Metamorphose auf einen Gehirnschaden zurückzuführen sei, in dessen Folge der arme Mann die fixe Idee entwickelte, sich in einen Wolf verwandelt zu haben, und deshalb glaubte, auf allen vieren laufen, den Mond anheulen und sich auf seine Mitbürger stürzen zu müssen.

Im 16. und im 17. Jahrhundert wurde die Lykanthropie intensiv erforscht, man nannte sie damals auch Wolfswahn. Der Glaube an die Lykanthropie reicht weit zurück. Plinius selbst glaubte nicht mehr daran (daß es Menschen gibt, die sich in Wölfe verwandeln und dann wieder Menschengestalt annehmen, kann mit Sicherheit ausgeschlossen werden), aber er gibt die Auffassungen seiner Zeitgenossen wieder:

›Evanthus, der griechische Schriftsteller, berichtet davon, daß es in Arkadien den Stamm eines gewissen Anthäus gibt, in dem folgende Sitte Brauch ist: Durch das Los wird einer seiner Nachkommen bestimmt, den die anderen zu einem See führen, ihn dort ausziehen und seine Kleider an einer Eiche aufhängen. Nackt schwimmt er über den See und flüchtet in die Wüste, wo er in einen Wolf verwandelt wird und neun Jahre lang zusammen mit den anderen Wölfen lebt. Wenn er in dieser Zeit kein Menschenfleisch zu sich genommen hat, schwimmt er wieder über den See zurück und nimmt wieder die frühere Menschengestalt an, nur daß er neun Jahre älter aussieht‹.«

Im Mittelalter hat man die Werwölfe sehr ernst genommen. D. Bernard zitiert den Fall des Richters Boguet aus der Franche-Conté, der zwischen 1598 und 1600 eine traurige Berühmtheit erlangt hatte: In diesen zwei Jahren soll er der Überlieferung zufolge nicht weniger als sechshundert Werwölfe zum Tode verurteilt haben.

Dieser Staatsbeamte glaubte dabei nicht einmal an die Verwandlung des Menschen in ein Tier. Vielmehr war er der Ansicht, der Teufel persönlich habe sich seine Opfer gesucht, diese eingesalbt und mit einem Wolfsfell überzogen, das so fest am Körper klebt, daß die Menschen das Verhalten der Wölfe annahmen und dann im Auftrag des Teufels ganze Landstriche verwüsteten, indem sie Kinder auffraßen und Lämmer rissen.

Jede Missetat konnte zur Lykanthropie führen, und die sündhafte Mißachtung der Religion war eine der Hauptursachen. Zehn Jahre nicht mehr zur Beichte gegangen zu sein, die Hände nicht ins Weihwasser zu tauchen oder am Karfreitag Fleisch zu essen, das waren ausreichende Gründe, um in einen Werwolf verwandelt zu werden.

In der Vendée konnten die Pfarrer jemand in einen

Werwolf verwandeln, der ein Verbrechen begangen hatte und sich nicht freiwillig stellen wollte. Wer könnte jemals die genaue Anzahl der armen Teufel feststellen, die gefoltert und hingerichtet worden sind, weil man sie für Werwölfe gehalten hat? Die Legende behauptet, die Werwölfe hätten das Fell unter der Haut getragen. Und nicht wenigen bemitleidenswerten Leuten hat man bei lebendigem Leibe die Haut abgezogen, um zu sehen, ob das stimmte.

Die Justizbehörden von Dôle im Jura haben eine Verordnung erlassen, die den Dorfbewohnern das Recht auf Selbstjustiz gab, das Recht, »sich mit Piken und Hellebarden zu versammeln, um den Werwolf zu jagen und zu verfolgen; an allen Orten, wo sie ihn auffinden können, einzufangen, ihn zu töten und zu schlachten, ohne jedes Verbot und Bestrafung.«

Wenn die Werwölfe überwiegend Männer waren, so konnten doch auch Frauen von dieser Krankheit befallen werden.

Opfer des grausamen Erlasses von Dôle wurde 1605 eine gewisse Perrenette Gandillon, die von den Bewohnern eines kleinen Dorfes in der Nähe von Moirans mit Stockschlägen zu Tode geprügelt worden ist. Sie hatte das Pech, sich an einem Tag aus dem Dorf entfernt zu haben, an dem ein Kind von einem Wolf gefressen worden war, »dessen Vorderpfoten wie Hände aussahen«.

Ähnlich erging es der Wolfsfrau von Apchon. Der Abbé Antoine Trin erzählt die Geschichte folgendermaßen:

»Ein Edelmann im Cantal sah aus dem Fenster seines Schlosses, wie einer seiner Freunde vorüberkam und lud ihn zu einem Besuch nach der Rückkehr von der Jagd ein. Wenig später wurde der Freund bei der Jagd von einem großen Wolf angefallen. Er verpaßte dem Wolf mit der Büchse einen Schuß, verletzte ihn aber nicht. Da stürzte sich der Wolf auf ihn, der Mann zog sein Messer und brachte es fertig, dem Wolf eine Pfote abzuschneiden, der dann heulend die Flucht ergriff.

Als der Jäger bei der Rückkehr am Schloß des Edelmanns vorüberkam, stattete er den vereinbarten Besuch ab und erzählte seine Geschichte. Als er jedoch die Pfote des Wolfs zeigen wollte, da zog er aus seiner Jagdtasche die mit einem Goldring geschmückte Hand einer Frau. Der Edelmann erkannte darin die Hand seiner Frau und ging in die Küche, nach seiner Frau zu sehen; diese wärmte sich auf und hatte ihren Arm in einen großen Schurz gewickelt, unter dem das verstümmelte Glied zum Vorschein kam. Der Edelmann ließ seine Frau verhaften; und sie gestand, daß sie es gewesen war, die in der Gestalt eines Wolfs den Jäger angefallen hatte. Sie wurde Ende des gleichen Jahres in Riom als Hexe verbrannt. Der Name des Edelmanns war Nicholas de Barieux, und der Jäger hieß Griffoul.«

Wenn es nach Abbé A. Trin geht, dann läßt sich die Herkunft des Werwolfs ganz simpel erklären: In Gegenden mit armer Bevölkerung dienten Wolfsfelle als Kleidung.

Flaubert verweist auf die Soldaten in den Abruzzen, die mit Wolfsfellen bekleidet waren, und auf die Gallier, die diese Felle auf ihrer hellen Brust trugen. Was ursprünglich ein Kleidungsstück war, wurde zu einem Utensil der Zauberei und so zum Ursprung der Lykanthropie.

Es läßt sich also feststellen, daß die Wölfe dermaßen verabscheut und gefürchtet wurden, daß man versuchte, sie auszurotten; ja daß sich dieser Haß sogar auf manche Menschen erstreckte, die sich von den übrigen unterschieden, insbesondere weil sie nicht gläubig waren. Und ein Ungläubiger konnte nur vom Teufel besessen sein. Die armen Wölfe sind ebenso zu bedauern wie die armen Werwölfe!

Aber wußten Sie, daß dieser Aberglaube noch im vorigen Jahrhundert verbreitet war, obwohl schon vor mehreren Jahrhunderten manche Leute nicht mehr an die Lykanthropie glaubten?

Robert Delort schreibt in *Der Elefant, die Biene und der heilige Wolf:*

»Man kann sich die mit Entsetzen gemischte Neugier leicht vorstellen, die diese ›Wolfsführer‹ erweckten, wenn sie, umgeben von ihren furchterregenden, folgsamen Tieren, durch die Dörfer oder zu einsamen Bauernhöfen kamen, um Geld oder Nahrung bei den Leuten zu erbetteln, ›die sie bedrohten und erschreckten‹, wie ein Bericht eines französischen Präfekten noch 1878 hervorhebt. Wie hätte man diese Leute nicht für Hexer halten sollen, die die Wölfe mit ihrer Musik oder mit in der Heide gelegtem Feuer anlockten, die ihre Sprache verstanden und zu ihnen sprechen, sie nach Belieben gegen einen Pferch ausschicken oder sie auf dem Weg dazu aufhalten konnten? Es ist anzunehmen, daß Menschen, die junge Wölfe gerettet hatten, ihnen danach die Freiheit schenkten und daß diese ihre Wohltäter nicht vergaßen, sie wiedererkannten, verschonten, sich sogar anhänglich zeigten, wenn sie ihnen zufällig begegneten. Viele Berichte und Episoden aus dem 19. und 20. Jahrhundert könnten so eine Erklärung finden.«

Die Sache verhält sich aber ganz anders. Zweifellos ist R. Delort ein exzellenter Historiker, aber seine Annahme ist an den Haaren herbeigezogen. Denn er macht sich nicht klar, daß Wölfe keine Hunde sind, und selbst wenn sie von einem ganz frühen Zeitpunkt an vom Menschen aufgezogen worden sind, bleiben sie sehr unabhängig und werden nicht abhängig.

Außerdem blieben die Welpen selbst in dem (äußerst unwahrscheinlichen) Fall, daß diese Anführer der Wolfsrudel die Welpen schon mit der Flasche aufgezogen hätten, bevor diese die Augen geöffnet hätten (mit zehn Tagen), also noch vor der Prägung (ein wichtiger Aspekt, auf den ich noch ausführlich zurückkommen werde), – selbst in so einem Fall würden die Welpen nicht dem Menschen gehorchen, auch nicht später als halbstarke oder gar als erwachsene Tiere.

Einem Wolf kann man nicht befehlen: Sitz! Bei Fuß! oder womöglich, wenn's einem gerade einfällt; faß! Die Erklärung für den Glauben an Werwölfe ist woanders zu suchen. Dieser Glaube ist schlicht und einfach Ausdruck der Phantasie und die Folge von Wunschvorstellungen. Sie stellen sich besonders bei solchen Leuten ein, die nicht gleich in Angst und Schrecken versinken, wenn von Wölfen die Rede ist.

Der Wolf und der Hund

Der Wolf und der Hund, alle Welt kennt diese Fabel des großen La Fontaine. Der Dichter kannte bereits den Unterschied zwischen dem unterwürfigen Hund und dem freien Wolf.

In morphologischer Hinsicht sind der Wolf und der Hund miteinander verwandt, aber bedeutet dies auch, daß der Hund in direkter Linie vom Wolf abstammt? Ich persönlich glaube dies nicht. Eine salomonische Entscheidung wäre, vielleicht stammt er vom Wolf ab, vielleicht aber auch nicht; auf diese Weise kann man sich nicht irren.

Gibt es Hunde, die den Wolf als Vorfahren haben, und Hunde mit einer anderen Abstammung? Wenn man ins 18. Jahrhundert zurückgeht und Buffon konsultiert, so erfährt man nicht besonders viel. Der berühmte Naturforscher verweist auf das unterschiedliche Verhalten von Hund und Wolf und stellt dann fest:

»Der Wolf und der Hund sind niemals für das gleiche Tier gehalten worden. Nur die Systematiker der Naturgeschichte, die die Natur nur oberflächlich kennen und sie nicht in ihrer ganzen Vielfalt studieren, vertraten diese Ansicht. Sie zwängen sie ein und biegen sie nach ihrer Methode zurecht, die stets fehlerhaft ist und oft von den Fakten widerlegt wird. Der Hund und die Wölfin können sich nicht paaren und folglich keine Jungen haben; es gibt keine Mischrassen zwischen ihnen; sie sind völlig gegensätzlicher Natur und von ganz unterschiedlichem Charakter.«

Um es milde zu sagen: Buffon irrte sich, im Gegensatz zu seiner Annahme können sich Hund und Wölfin oder Wolf und Hündin nicht nur paaren, sondern ihre Kreuzungsprodukte sind äußerst fruchtbar. Diese Einkreuzungen lassen sich außerdem realisieren.

Es sind eine Menge Geschichten, allesamt mit reichlich Phantasie garniert, über Kreuzungen zwischen Hund und Wölfin beziehungsweise umgekehrt im Umlauf. Ich habe oft gehört, daß die Bauern in Schlesien, aber auch in Kanada, ihre Hündinnen an einem Baum im Wald festbinden, damit sie von Wolfsrüden gedeckt werden können...

Ich messe solchen Geschichten keine allzu große Bedeutung bei. Die Wölfe haben Wölfinnen zur Verfügung, die im übrigen so eifersüchtig sind, daß sie derartigen Rivalinnen die Kehle durchbeißen würden. Eine Hündin an einem Baum anzubinden, das hieße, sie einer großen Gefahr auszusetzen; denn ein Wolf, der dort vorbeikommt, könnte sie durchaus töten und zum Teil auffressen. Die Hündin mußte läufig sein, und zwar zur selben Zeit, in der sich auch der Wolf in der Ranz befindet.

Ich kann aus Erfahrung sagen, daß Wölfe und Hunde nicht gerade die besten Freunde sind, es sei denn, sie sind zusammen aufgezogen worden. In dem Fall liegen die Dinge natürlich anders. Aber wildlebende Wölfe, die auf eine angebundene Hündin träfen, würden zuallererst den Drang verspüren, sie zu reißen, zumal in unseren Breiten die Paarungszeit der Wölfe zwischen

Ende Februar und März liegt und auch die Liebe Wölfe nicht daran hindert, in der Ranzzeit an die Nahrung zu denken.

Schließlich ist es ja auch denkbar, daß eine Wölfin die arme, angebundene Hündin entdeckt, die keine Möglichkeit zur Flucht hat. Für die Wölfin wäre dies ein gefundenes Fressen. Daß der Mensch so großzügig ist und ihr ein derartiges Fressen spendiert, wird die Wölfin kaum glauben können, aber sie wird es nicht verschmähen.

Ich muß betonen, daß ich gegen derartige Einkreuzungen bin, die zwar einer Hunderasse frisches Blut zuführen und sie regenerieren können, aber in jeder Hinsicht nur Nachteile mit sich bringen. Professor Hediger hat zu diesem Thema gesagt, daß solche Kreuzungen nicht die erhofften Resultate bringen. Die Kreuzung mit einem Wolf ergibt keine intelligentere Hunderasse, sondern stets Tiere, die scheuer und unterwürfiger sind.

Meinem Vater ist einmal eine Hündin angeboten worden, das Produkt einer Kreuzung zwischen einem Wolf aus Kanada und einem Deutschen Schäferhund. Sie war auch wirklich scheu und folgsam, ihre Reaktionen waren aber oft unvorhersehbar.

Tatsächlich werden beim Hund schnelle und aggressive Reaktionen künstlich durch den Einfluß des Menschen hervorgerufen, sie sind keine natürlichen Qualitäten des Hundes. Bei den wildlebenden Tieren ist es die Klugheit und nicht die Aggressivität, die für den Erhalt der Art sorgt, also eher der Drang zur Flucht als zum Angriff. Außerdem kommt die – oft sehr fatale – Neigung zur Verwilderung bei Wolfsbastarden häufiger vor als bei Rassehunden. Diese Einkreuzungen von

Hund und Wolf bringen keinerlei Vorteile, sondern tragen im Gegenteil zu gefährlichen Rückbildungen bei.

An dieser Stelle scheinen mir einige Bemerkungen über den sogenannten Italienischen Wolf vonnöten, der für etliche Schlagzeilen gesorgt hat. Diese neue Rasse ist von Professor Messi gezüchtet worden, durch die einmalige Kreuzung einer italienischen Wölfin mit einem Deutschen Schäferhund. Übrigens gibt es eine »Vereinigung der französischen Freunde des italienischen Wolfs«. Für die Mitglieder dieser Vereinigung wie natürlich auch die Schöpfer dieser »neuen« Rasse gilt als ausgemacht, daß die Nachkommen aus dieser Kreuzung sehr empfänglich für Befehle und deshalb leicht zu dressieren sind. Dieser italienische Wolf, behaupten dessen Bewunderer, lernt sehr schnell und vergißt nie mehr etwas!

Im Jahre 1966 hat Messi einen als Rettungshund ausgebildeten Deutschen Schäferhund mit einer wilden Wölfin aus dem oberen Latium gekreuzt. Diese Wolfsart, deren einzige wildlebenden Exemplare in Italien vorkommen, ist ein ziemlicher Sonderfall: Es handelt sich um die Unterart *Canis lupus italicus*, also um den guten Wolf des heiligen Franz von Assisi, von dem wir schon gehört haben.

Was nun wirklich außergewöhnlich ist, ist die Tatsache, daß bei der Kreuzung intermediäre Erbmerkmale entstehen, die sich auf die Nachkommenschaft übertragen, was aber in einer Million Fällen nur ein einziges Mal vorkommt. Herr Messi, Experte in Sachen Genetik, brauchte also nur mit viel Geduld und hartnäckiger Ausdauer diese neue Rasse zusammenstellen, und schon war sie da. So wurde in einem einzigartigen und praktisch unwiederholbaren Prozeß die einzige Rasse des »Wolfshundes« geschaffen, die auf der ganzen Welt existiert.

Dieser italienische Wolf ähnelt sehr dem wildlebenden Wolf, vor allem in seinem äußeren Aussehen. Die Rüden können über fünfundsechzig Zentimeter Schulterhöhe erreichen, die Weibchen sechzig Zentimeter; ein erwachsenes männliches Tier bringt es auf ein Gewicht von vierzig bis fünfzig Kilo. Dieses Tier kann als Wach-, Verteidigungs-, Such-, Rettungs- oder auch Blindenführhund eingesetzt werden. Behauptet jedenfalls Herr Brunon, der Vorsitzende der französischen Freunde des italienischen Wolfs.

In der Nummer von *La Vie canine* vom Oktober 1980 tritt A. Trinquier als Verteidiger dieser Rasse auf, indem er betont, daß die Entwicklung dieser Rasse weit fortgeschritten sei (Selektion über zehn Generationen), da die physischen und psychischen Merkmale regelmäßig weitergegeben würden.

Der erste Mischling aus der Paarung zwischen dem Deutschen Schäferhund und der italienischen Wölfin hat den Namen Zorro erhalten. Seither hat der berühmte Zorro Deutsche Schäferhundweibchen gedeckt, die speziell als Rettungs- und Spürhunde ausgebildet waren, und so nach und nach für sechs Generationen von italienischen Wölfen ohne jegliche Mißbildungen gesorgt. Aus diesen Paarungen Zorros mit den Schäferhundweibchen sind die Mitglieder der ersten Generation der italienischen Wölfe hervorgegangen.

Es gab also nur eine einzige Kreuzung zwischen einem Hund und einer Wölfin, aus der Zorro hervorgegangen ist; dann hat die enorme Selektionsarbeit begonnen.

Dies ist im wesentlichen die Darstellung der Befürworter dieser »neuen Rasse«. Dies ist aber bei weitem nicht die einhellige Meinung der Fachleute, im Gegenteil. Ich zitiere hier lediglich die wichtigsten Argumente von Dr. Pierre Pfeffer, Forscher am CNRS [Centre National pour la recherche scientifique, nationales Forschungszentrum in Frankreich]. Er schreibt:

»Eine neue Rasse? Was mich betrifft, so sage ich ohne jedes Zögern kategorisch nein und verwahre mich in aller Form gegen diese Mystifikation, die ohne Zweifel nur finanzielle Zwecke verfolgt. Außerdem besteht das ganze nur aus pseudowissenschaftlichem Geschwätz nach der Art jenes Gefasels, das Molière in seinen Komödien entlarvt hat. Es liegt auf der Hand, daß Mario Messi, von Haus aus Finanzberater, ein geschickter Marketingstratege ist. Es gilt, dieses Gewebe aus Unwahrscheinlichkeiten und Widersprüchen Punkt für Punkt zu widerlegen und dem Rummel, der um diese Geschichte, die auch in Frankreich ein lebhaftes Echo finden könnte, die Basis zu entziehen.«

Und Dr. Pfeffer fährt fort: »Zunächst einmal, was hat es denn mit der angeblichen Neuheit dieser Rasse auf sich? Selbst wenn wir zugeben – und wir haben keine anderen Beweise als die Behauptungen des Herrn Messi –, daß die Rasse auf einen Deutschen Schäferhund und eine Wölfin zurückgeht, so ist dies überhaupt nichts Sensationelles und schon gar nichts Einmaliges. Der Autor des Artikels vermerkt im übrigen, daß ›diese Kreuzung im Verlauf der Geschichte schon mehrmals versucht worden ist‹, und fügt gleich hinzu, daß ›die Resultate immer ungewiß und wenig befriedigend gewesen sind‹.«

Tatsache ist, daß die Kreuzung Hund × Wolf häufig unternommen worden ist, sowohl von Züchtern als auch in Zoos. Die Regeneration durch die Vermischung mit Wolfsblut ist ja auch im vorigen Jahrhundert betrieben worden, von den deutschen Züchtern für ihren berühmten Schäferhund (daher auch seine Bezeichnung Wolfshund), aber auch von den Eskimos in der Neuen Welt bei der Züchtung ihrer Huskies, der Schlittenhunde. Das Experiment des Herrn Messi ist also keineswegs originell und außerdem, was viel schlimmer ist, bedeutet es einen Rückschritt.

Unser heutiger Haushund, ob er nun von einem Wolf abstammt oder von einem Wildhund (ich neige zur letzteren Hypothese), ist nämlich das Ergebnis einer über mehrere Jahrtausende währenden Selektion mit dem Ergebnis des uns heute bekannten, in jeder Hinsicht außerordentlichen Tieres.

Die Kreuzung mit einer wildlebenden Rasse kann den Großteil dieser langen Selektionsarbeit nur zunichte machen, insbesondere was die so unverwechselbaren psychischen Eigenschaften des Hundes betrifft. Zugegeben, die Kreuzung kann durch die lange Domestikation geschwächten Tieren wieder gewisse körperliche Fähigkeiten zurückgeben. Die Schwierigkeit liegt darin, die positiven und die negativen Eigenschaften der Elterntiere richtig zu verteilen und zu bewahren.

Die Vererbungsgesetze, die sogenannten Mendelschen Regeln, sind in dieser Hinsicht eindeutig und nicht zu widerlegen: Die Nachkommen der erste Generation (auch F_1-Generation genannt) sind alle Bastarde mit physischen und psychischen Merkmalen, die sie von den beiden Eltern (Parentalgeneration) geerbt haben. Einige dieser Merkmale sind dominant, diese erscheinen bei den Bastarden. Weiter gibt es rezessive

Merkmale, das heißt, sie sind verborgen und treten erst wieder in den nächsten Generationen auf.

Bei den Nachkommen der zweiten Generation (F_2-Generation), erläutert Dr. Pfeffer, bleiben die hybriden Merkmale nur in 50 Prozent aller Fälle bei den Bastarden, die untereinander gekreuzt werden, erhalten. Die anderen 50 Prozent verteilen sich zur Hälfte (also jeweils 25 Prozent) auf jeden Typ der beiden ersten Eltern von unterschiedlicher Rasse. Mit anderen Worten: Der hybride Typus kann nur erhalten werden um den Preis einer ständigen Selektion und um den Preis des Abfalls von 50 Prozent der Kreuzungsprodukte.

Dr. Pierre Pfeffers Erläuterung der Mendelschen Regeln und des Spaltungsgesetzes läßt den Züchter und die »Bewunderer« dieser angeblich neuen Rasse nicht gerade in einem günstigen Licht erscheinen. Ich schließe mich aber Pfeffers Kritik vollkommen an.

Übrigens kommen bei dieser Affäre des italienischen Wolfs die Anhänger dieser Züchtung gar nicht auf ihre Kosten. Denn der kynologische Landesverband Italiens, der unserem nationalen Verband für das Hundewesen entspricht, hat angesichts der Werbekampagnen für den Wolfshund dieser Rasse die Anerkennung verweigert. Die potentiellen Käufer dieser Zuchtprodukte des Herrn Messi sind also vorgewarnt: Sie bekommen nur einen Pseudo-Abstammungsnachweis, der von privater Hand ausgestellt ist und keinerlei offiziellen Wert hat.

Schon wegen der kaum stichhaltigen Argumente der Anhänger dieser Rasse und wegen der unwiderlegbaren Gegenbeweise Dr. Pfeffers war es notwendig, diese Affäre des angeblichen italienischen Wolfs aufzuklären.

Wie kann man nun die Domestikation des Hundes erklären? Diejenigen, die glauben, daß der Hund vom Wolf abstammt, und darunter sind manchmal auch ausgewiesene Hundekenner, schreiben etwas sehr Bewegendes über die erste Begegnung zwischen dem Menschen und dem wilden Tier. Eine Begegnung, die nach allgemeiner Ansicht etwa zehntausend Jahre zurückliegt:

Der Mann hält mit einer riesigen Keule in der zitternden Hand vor dem Eingang seiner Höhle Wache. Seine Familie ruht sich im Innern aus, von dem Wächter durch den Schein eines kleinen Feuers getrennt. Müde und erschöpft sind alle in einen traumlosen Schlaf gefallen, im Vertrauen auf die Aufmerksamkeit des Wächters. Der Tag ist ziemlich anstrengend für die Jäger gewesen. Es war ihnen gelungen, eine Rentierherde zu umzingeln, und sie hatten das Glück gehabt, etwa zwanzig von den Tieren zu erlegen. Ein Wolfsrudel hatte versucht, sich an dem Gemetzel zu beteiligen, aber die schweren Keulen hatten gesprochen, so daß drei dieser Raubtiere ihr Leben gelassen hatten. Sie verbluteten zusammen mit den Rentieren, während zwei andere, ziemlich schwer verletzte Wölfe sich ins Gebüsch verkrochen hatten.

Der Wache stehende Mann läßt die ereignisreiche Jagd vor seinem inneren Auge noch einmal Revue passieren, und sein Gesicht durchzuckt ein Freudenblitz bei dem Gedanken daran, daß Fleisch im Überfluß vorhanden ist und so das gefürchtete Schreckgespenst des Hungers für viele Tage vertrieben wird. Plötzlich spitzt der Mann die Ohren, schnuppert in der Luft herum (damals hatten die Menschen einen gut entwickelten Geruchssinn).

Ein Geräusch, ein Wehklagen, vielleicht der Wind? Nein, ein Seufzen, das von einem dicken Pelz kommt, ganz in der Nähe des Höhleneingangs. Vorsichtig, mit der Keule fest in der Hand, nähert sich der Mann. Da erkennt er einen Umriß, der kriechend näherkommt. Im ersten Reflex will der Mann zuschlagen, aber wer weiß aus welchem Geistesblitz oder welcher Vorahnung er in seiner Bewegung inne hält wie Abraham, als er drauf und dran war, seinen Sohn Isaak zu erwürgen. Das Tier war jetzt ganz nahe gekommen und leckte ihm die Füße.

Der Mann beugte sich herab und legte seine Hand zärtlich auf den Kopf des Tieres; es war einer der Wölfe, die im Verlauf des Tages verletzt worden waren. Der Mensch hatte soeben einen Pakt der Freundschaft geschlossen, mit dem Wolf, dem ersten Hund! So in etwa hören sich die rührenden Geschichten an, die man mir zum Lesen gegeben hat.

Bei meinen Lesern möchte ich mich entschuldigen, daß sich meine Geschichte weniger poetisch anhört. Nur ein geringes Maß an gesundem Menschenverstand hätte schon verhindert, daß manche Autoren derlei Märchen erzählen. Denn wenn man davon ausgeht, daß vor ungefähr zehntausend Jahren Wölfe gezähmt worden sind, dann ist die Annahme viel einfacher und wesentlich logischer, daß die Menschen der Vorgeschichte bei der Zähmung von Wölfen mit dem Einfangen von Welpen begonnen haben.

Die Welpen haben in ihrem jungen Alter die Angst noch nicht kennengelernt, die dieses aufrecht gehende Tier bei erwachsenen Wölfen erregt. Die Welpen sind daher leicht zu zähmen, jedenfalls unendlich leichter als ein erwachsener Wolf, der in der freien Natur gelebt hat und gefangen worden ist. Immer wird er so ängstlich bleiben, daß es unter keinen Umständen gelingen kann, ihn so weit zu bringen, daß er den Kontakt mit dem Menschen akzeptiert.

Wenn es also in dieser fernen Epoche Welpen gegeben hat, die eingefangen wurden, damit sie zu folgsamen Gehilfen des Menschen gemacht werden konnten, – waren diese jungen Welpen dann die Vorfahren unserer Hunde?

Bevor wir diese Frage beantworten können, ist es notwendig, wenigstens knapp zu erläutern, welche Beziehungen sich zwischen Wölfen und Hunden ergeben können, wenn sie zusammenkommen.

Zunächst glaube ich nicht, daß der vielzitierte Haß zwischen Hund und Wolf bei diesen Beziehungen eine bedeutende Rolle spielt. Mich überzeugt die These von diesem angeblich seit alters her eingefleischten Haß nicht. Ich habe oft Hunde und Wölfe zusammengebracht, und jedesmal hat es keinerlei Probleme gegeben. Die Wolfswelpen haben immer ein neugieriges Interesse an erwachsenen Hunden gezeigt.

Wenn ich meinen Hund, einen Leonberger, in ein Wolfsgehege lasse, dann laufen die Welpen auf ihn zu und stellen sich auf die Hinterpfoten, um ihm in die Backen und die Lefzen zu beißen. Das entspricht ihrer Art, um Futter zu betteln. Sie bemühen sich aber umsonst.

Freilich, wenn sie auf die gleiche Art und Weise einen Wolf anbetteln würden, könnte dieser einer solchen Aufforderung nicht widerstehen. Er würde den kleinen Welpen Fleisch vorwürgen. Mein Hund dagegen würde, selbst wenn er den Magen voll hätte, niemals auch nur das geringste Stück Fleisch wieder auswürgen.

Die Haltung von Jungwölfen und sogar die von Wölfen im Alter von ein bis zwei Jahren gegenüber dem Hund wird dem der Welpen ziemlich gleichen. Mit einem Unterschied: Falls der Hund, der als dominantes Wesen betrachtet wird, sich von der Bettelei belästigt fühlt, knurrt und die Zähne fletscht, dann werden die jungen Wölfe sofort Demutsverhalten zeigen, das heißt, sie legen sich dem Hund zu Füßen, wobei sie aber weiter versuchen werden, ihn mit der Zunge zu lecken. Was die erwachsenen Wölfe außerhalb der Ranzzeit betrifft (während der ich meinen Hund niemals in ihr Gehege lassen würde, weil er ziemlich unangenehme Minuten vor sich hätte), so haben sie nur das Spielen im Sinn.

Mein Leonberger, der fünf Jahre alt ist und auf den namen Roc hört, versteht sich besonders gut mit fünf jungen Wölfen aus Kanada, die achtzehn Monate alt sind. Sobald sie in die Nähe kommen und den Hund sehen, stürzen sie sich auf ihn, schlecken ihn ab, beknabbern seine Pfoten und springen ihm auf den Rücken: Es ist eine richtige Lawine, die sich da jedesmal über Roc ergießt. Man kann nicht oft genug sagen, zu welchem Maß an zärtlicher Zuwendung Wölfe fähig sind. Dabei übertreibe ich überhaupt nicht, jedes Jahr können dies Tausende von Besuchern der Wolfsparks, zugegebenermaßen meist zu deren eigener Überraschung, bezeugen. Eine Überraschung freilich, die wiederum mich nicht erstaunt, denn die Leute sehen in den Wölfen fast immer äußerst gefährliche Tiere.

Loïs Crisler, die mit ihrem Mann in Alaska gelebt und Wölfe in völliger Freiheit aufgezogen hat, erzählt auch von der Beziehung ihrer Hündin Tootch mit ihren Wölfen. In ihrem Buch *Arctic Wild* [*Wir heulten mit den*

Wölfen] gibt sie folgende Beschreibung: »In erster Linie mußten wir die fünf großen Wölfe vor der Hündin beschützen. Sie brannten vor Sehnsucht nach ihr, aber sie biß sie in die Schnauze. Dann schenkten sie ihre ganze Zuneigung uns, die sie sich der Hündin nicht zu zeigen trauten. Sie waren unglaublich anhänglich.

Die Hündin und die Wölfe lebten in psychologischer Hinsicht in völlig verschiedenen Welten. Die Wölfe sind außerordentlich aufmerksam, sie verfügen über, wie wir es nennen, die Großherzigkeit der wilden Tiere. Wir wurden uns klar darüber, daß ihr Großmut noch viel tiefer ging: Sie hatten einen Sinn für soziale Verantwortung. Wir sollten noch oft den Beweis dafür erhalten.

Wir hatten bereits Wölfe und Wölfinnen gesehen, die die Verantwortung für Welpen übernahmen, die gar nicht ihre eigenen waren. Sie fütterten sie und beschützten sie vor uns. Die Wölfe würden dies auch bei den kleinen Hunden tun, sie würden ihnen Nahrung vorwürgen. Unser Wolf Coonie, den wir später aufzogen, schnappte sich einen Hundewelpen, aber nicht um ihn zu töten, sondern um ihn zu versorgen.

Wölfe sind verrückt nach kleinen Hunden. Außerdem sorgen sie sich für ein Tier, das in Schwierigkeiten steckt. Bei einem Spaziergang bekam einmal ein Hund die Stacheln eines Stachelschweins ins Gesicht. Auf dem ganzen Rückweg wich eine Wölfin, Alatna, nicht von der Seite des Hundes und seufzte, wenn der Hund versuchte, sich von den Stacheln zu befreien. Die anderen Hunde in unserer Begleitung beachteten ihren Artgenossen überhaupt nicht. Als wir einmal einen neuen Hund bekamen, heulte er die ganze Nacht, weil er angekettet war; ein Wolf blieb die ganze Nacht neben ihm und heulte mit dem Hund; die anderen Hunde schliefen!

Als Alatna das erste Mal einen Kampf unter den Hunden miterlebte, war sie völlig verstört. Sie stürzte sich nicht ins Getümmel, wie es ein Hund getan hätte, sondern versuchte, dem Streit ein Ende zu machen. Sie wußte nicht, wie sie das anstellen sollte. Schließlich und endlich – und das ist schier unglaublich – zog sie den Angreifer von der Meute weg, und zwar am Schwanz!«

Natürlich gibt es auch Ausnahmen. Der Mensch hat eine solche Vielzahl an Hunderassen geschaffen, die sich völlig in Größe, Gewicht und Aussehen unterscheiden, so daß der Laie mit gutem Recht glauben könnte, daß es sich nicht nur um verschiedene Rassen, sondern sogar unterschiedliche Arten handelt.

So gibt es zum Beispiel viel weniger Unterschiede zwischen einem Wolf und einem Fuchs als zwischen einer Deutschen Dogge und einem Basset oder zwischen einem Boxer und einem Zwergpudel. Aus diesem Grunde kann ein Wolf etwa einen Dackel sehr wohl als Beute betrachten, ihn töten und fressen, da der Dackel viel eher einem Hasen ähnelt als einem Bernhardiner.

Wenn wildlebende, ausgehungerte Wölfe auf einen Hund treffen würden, dann würden sie diesen, selbst wenn es ein großes Tier wäre, vermutlich reißen wie irgendeine andere Beute auch. Während ein Wolf Hundefleisch nicht verschmäht, so mag umgekehrt ein Hund kein Wolfsfleisch.

Zu der Zeit, als in Frankreich die Wölfe in großer Zahl vorkamen und deshalb Hetzjagden auf sie veranstaltet wurden, hat man auch versucht, den Hunden das Fleisch der erlegten Wölfe zu fressen zu geben, in der

Hoffnung, die Hunde würden dadurch schärfer und feuriger. Zugleich war man aber der Ansicht, daß Wolfsfleisch schwer verdaulich sei und daß die Hunde Gefahr liefen, Magenbluten zu bekommen, wenn sie das Fleisch roh fressen würden. Deshalb wurde es in Wasser gekocht oder, wie ein großer Brotlaib, im Ofen gebacken; so sollte es noch leichter verdaulich sein.

Bei der Curée, das ist das Ende der Parforcejagd, an dem die Hunde zur Belohnung Teile der Beute (meist die Innereien) zum Fressen erhalten, bekamen die Hunde Wolfsfleisch, und zwar nach folgender empfohlener Zubereitungsart: Das Fleisch wurde zunächst in vier Teile geschnitten, nachdem Schulter- und Keulenstücke entfernt worden waren, dann im Ofen gebraten und anschließend mit Hirschlosung, Milch und Fett vermischt. Nach den Angaben der damaligen Jäger sollen von zwanzig Hunden vierzehn das Wolfsfleisch verschmäht haben.

Einmal bin ich Zeuge eines merkwürdigen Schauspiels gewesen. In einem meiner Gehege lebte eine Wolfsfamilie, bestehend aus der Mutter, dem Vater und vier Wölflingen von sieben Monaten.

Zwei Deutsche Schäferhunde rannten um das Gehege und bellten dabei pausenlos. Die zwei erwachsenen Wölfe hielten dies für ein Spiel und rannten parallel zu den Hunden mit, die Wölflinge dagegen waren völlig verängstigt. Sie drängten sich an das Gitter, genau an der Stelle, wo ich stand. Es war eindeutig, sie wollten sich in meinen Schutz begeben.

Die Szene wiederholte sich an die zehn Mal, und dauernd kamen die Wölflinge ans Gitter und drängten sich an mich, so sehr hatte sie das Verhalten der Hunde erschreckt. Es war das erste Mal, daß diese jungen

Wölfe derart aufgeregte Hunde gesehen hatten, sie fühlten sich von ihnen gejagt. Immer wenn die Hunde auf ihrer Höhe waren, versuchten die Wölflinge, sie zu beißen, schnappten aber ins Leere.

Diese Haltung der Wölflinge hat mich sehr beeindruckt. Ich bemühte mich immer, das Vertrauen der Wölfe zu gewinnen, und an dem Tag hatte ich den Beweis erhalten, daß mir dies gelungen war, weil sie Schutz in meiner Nähe suchten. In früheren Zeiten ist es vorgekommen, daß Hütehunde von Wölfen gerissen wurden. Um die Hunde zu beschützen, legte man ihnen Halsbänder an, die mit spitzen Eisenzacken beschlagen waren. Es gab verschiedene Modelle dieser Halsbänder, die man heute nur noch in Museen oder bei privaten Sammlern findet.

Im zaristischen Rußland wurden Wolfshetzen veranstaltet, an denen Hunde teilnahmen, langbeinige Windhunde, sogenannte Barsois (der Name Barsoi bedeutet »der Schnelle«). Zwei oder drei dieser Hunde waren in der Lage, einen Wölfling zu stellen und zu töten; wenn es sich aber um einen erwachsenen Wolf handelte, war die Sache komplizierter.

Die Barsois konnten den flüchtenden Wolf allenfalls aufhalten, was den berittenen Jägern aber die Möglichkeit gab, die Stelle zu erreichen und das Raubtier abzuschießen. Falls die Jäger zu weit zurückfielen, konnte der Wolf drei Windhunden entkommen; und manchmal kam es auch vor, daß ein bis zwei Hunde bei der Hetze ernsthafte Blessuren davontrugen. Dabei haben die Barsois ein mächtiges Gebiß, und ihr dickes Fell bietet ihnen allenfalls einen gewissen Schutz.

Werfen wir nun nach diesem kleinen, aber notwendigen Exkurs über die Beziehungen zwischen Wölfen und

Hunden einen Blick auf die Abstammung des Hundes. Zunächst die Meinung von einigen Spezialisten auf diesem Gebiet.

Jacques Graven berichtet, daß 1949 eine Forschungsexpedition der University of Pennsylvania in einer Grotte im Iran die Überreste des ältesten bekannten Hundes entdeckt hat. Die Altersbestimmung nach der sogenannten C-14-Methode ergab, daß das Tier vor 11 480 Jahren gelebt hat. In einer Grotte am Berg Karmel in Palästina hat man einen anderen, jüngeren Hund entdeckt, der aber immerhin auch 10 800 Jahre alt war. Die Datierung erfolgte ebenfalls nach der C-14-Methode.

Dieses Verfahren beruht darauf, daß unter dem Einfluß der kosmischen Strahlung aus dem Stickstoff in der Luft radioaktiver Kohlenstoff (^{14}C) gebildet und dann zu Kohlendioxid ($^{14}CO_2$) oxydiert wird. Das Isotop des Kohlenstoffes, das radioaktive ^{14}C, nehmen alle lebenden Tiere mit der Nahrung auf. Nach dem Tod des Tieres wird es nicht mehr in den Organismus eingelagert, die radioaktiven Isotope beginnen zu zerfallen.

Da man den Abfall des Isotopenverhältnisses (Halbwertzeit) kennt, kann man einen Knochen datieren, indem man die derzeitige Menge an ^{14}C mit der beim Tod des Tieres vorhandenen Menge vergleicht. Allerdings ist nach 50 000 Jahren nur noch so wenig ^{14}C im Organismus, daß eine exakte Datierung kaum mehr möglich ist.

Deshalb kamen auch andere Datierungsverfahren zur Anwendung, insbesondere bei Funden, die einige hunderttausend oder gar Millionen Jahre alt waren. Hierher gehören zum Beispiel die Kalium-Argon-Methode, die geomagnetische Methode oder auch die sogenannte

»Eiweißuhr«. Aber mit der C-14-Methode läßt sich eine Zeitspanne bis zu 50 000 Jahren zuverlässig erfassen, was für das uns hier interessierende Problem völlig ausreicht.

Das in der Grotte auf dem Karmel gefundene Skelett wäre demnach ein ziemlich großer Hund, der dem Wolf des Vorderen Orients nahe verwandt ist. Das Tier trägt deutliche Spuren einer Domestikation.

Vor gut zwanzig Jahren hat Konrad Lorenz, der Begründer der Verhaltensforschung, zusammen mit Niko Tinbergen und Karl von Frisch, Nobelpreisträger für Medizin, zwei Hypothesen über die Abstammung des Hundes aufgestellt. Laut Konrad Lorenz stammt der erste, halb domestizierte Hund vom Gold- oder Wolfsschakal ab *(Canis aureus)*, ebenso die großen Rassen wie etwa die Deutsche Dogge.

Der sogenannte Wolfshund, der Deutsche Schäferhund, hat abstammungsgeschichtlich demnach kein oder nur sehr wenig Wolfsblut in seinen Adern. Dagegen sind andere Rassen wesentlich enger mit dem Wolf verwandt: der Eskimo-Hund oder Husky, der Alaskan Malamute, der Grönlandhund, der Lapphund, der Lappländer Rentierhund, der Nordrussische Samojeden Laika und von den chinesischen Hunderassen der Chow-Chow. Und doch haben diese Hunde in der Körperform und der Fellfarbe oft nur eine entfernte Ähnlichkeit mit dem Wolf. Aber die hochstehenden Backen, die schräggestellten Augen und die Stupsnase haben alle diese Hunde mit dem Wolf gemeinsam.

Aber im Kern seiner Argumentation ging Konrad Lorenz noch viel weiter, er bezog sich auf die physiologischen Eigenschaften dieser Tiere. Ein Hund, in dessen Adern Wolfsblut fließt, ist niemals unterwürfig, man wird ihn nie abrichten können. Ein solcher Hund bleibt bis zu seinem Tod der Freund seines Herrn, nie aber ist er dessen Sklave. Er ist mit seinem ganzen Wesen auf der Seite seines Herrn, wenn er aber keinen findet oder sich in der freien Natur verirrt, dann bleibt oder wird er unabhängig, ganz nach Art der Katzen, die zwar beim Menschen leben, aber herumstreunen und keine enge Beziehung zu ihm entwickeln. Dies ist bei der großen Mehrzahl der Schlittenhunde der Fall.

Der vom Schakal abstammende Hund ist unterwürfig, was ihn zu einem folgsamen und umgänglichen Kameraden prädestiniert, der immer bereitwillig die Befehle seines Herrn ausführen wird.

Ich muß noch die Theorie Zeuners erwähnen, der davon ausgeht, daß alle uns bekannten Hunde ausnahmslos vom Wolf abstammen. Wie noch einige andere Spezialisten verweist er darauf, daß eine vergleichende Untersuchung der Verwandtschaft unter den zoologischen Arten ergibt, daß den Zahnmerkmalen entscheidende Bedeutung zukommt. Außerdem erhärten auch Analogien im Knochenbau die These von der entscheidenden Rolle der Gebiß- und Zahnmerkmale.

Für Pierre Pfeffer, stellvertretender Direktor des Naturgeschichtlichen Museums in Paris, stammt der Deutsche Schäferhund vom nordeuropäischen Wolf ab, der in der Folge wiederholter Prägung im Verlauf von mehreren Generationen nach und nach seine charakteristischen Merkmale und die Körperform des Wolfs verloren haben soll.

Die Herkunft des Hundes ist beim Schakal zu suchen. Experimente haben gezeigt und schließlich bewiesen, daß eine Kreuzung zwischen Hund und Schakal keinerlei Schwierigkeiten bereitet, auch paaren sich Schakal und Wolf gegenseitig. Ein Spezialist hat sogar ein Exemplar bekommen können, das zu gleichen Anteilen Merkmale des Hundes, des Wolfs und des Schakals enthielt.

Denken wir auch an den Dingo, diesen australischen Wildhund *(Canis lupus familiaris)*, der einigen Naturforschern zufolge ein ursprünglich domestizierter, dann wieder verwilderter Haushund sein soll. Er hat gemeinsame Merkmale, die auf eine Verwandtschaft mit den Indischen Wildhunden verweisen. Nach neuesten Erkenntnissen soll er vom Indischen Wolf *(Canis lupus pallipes)* abstammen.

Für andere Forscher und insbesondere dank der Entdeckung von Frederic MacCoy, der neben den Überresten von Riesenbeutlern *(Diprotodontia,* Gruppe der *Metatheria)* aus dem Tertiär auch solche von Dingos gefunden hat, soll dieser Canide wilden Ursprungs sein, da in der damaligen Zeit die Gegenwart des Menschen gefährlich gewesen war. Wie dem auch sei, der Dingo kommt jedenfalls nicht für die Kategorie der Arten in Betracht, von denen unser Haushund abstammt.

Die Frage bleibt: Hat also der Wolf als Vorfahre des Hundes zu gelten? Ja, wenn man dem Deutschen V. Görttler glauben möchte, der sich auf die Forschungen von Wolf Herre stützt. Für Görttler bestehen keinerlei Zweifel.

»Der Wolf ist der alleinige Vorfahre unserer Haushunde. Die auf einigen ähnlichen Verhaltensweisen basierende Annahme, daß der Schakal für die Abstammung in Frage kommt, ist überholt.« Das ist eine klare und deutliche Aussage, und dennoch vermutlich nicht das letzte Wort, auch wenn man berücksichtigt, daß

Konrad Lorenz seinen Standpunkt nach dieser schroffen Richtigstellung Görttlers revidiert hat.

Und wenn der Hund eine eigene Art darstellen sollte? Das ist meine Ansicht. Ich muß zugeben, daß ich lange und mit aus meiner Sicht auch guten Gründen der Meinung war, daß unser Haushund vom Schakal abstammt. Für mich stellte es sich so dar: Die vor mehr als 10 000 Jahren um das Mittelmeer angesiedelten Menschen hatten unendlich mehr Möglichkeiten, junge Schakale aufzuziehen als Wolfswelpen. Außerdem ist ein Schakal erheblich leichter zu zähmen als ein Wolf. Und schließlich waren die Länder Nordeuropas damals nicht besiedelt, in der Folge der großen Kälte, die in diesen Gebieten während der letzten Eiszeit, der Würmeiszeit, herrschte.

Ich bin kein ausgewiesener Genealoge, weit entfernt, aber es fällt mir schwer zu glauben, daß der Hund in einem Zeitraum von 10 000 Jahren alle Eigenschaften erwerben konnte, die ihn zum treuen Diener des Menschen gemacht haben und im gleichen Zeitraum alle Eigenschaften des Wolfs, namentlich im Bereich des Verhaltens, ablegen konnte.

Blicken wir weit zurück bis in den Zeitraum, in dem die Caniden entstanden sind. Das war vor dreißig Millionen Jahren im Oligozän, als der Cynodictis gelebt hat, der gemeinsame Vorfahre aller Hundeartigen, der Bären und der Waschbären. Auf dem amerikanischen Kontinent erschienen der *Daphaenus* und der *Cynodesmus.* Vor zehn bis fünfzehn Millionen Jahren lebte der *Tomarctus,* der Nachfahre des *Cynodesmus* und Vorläufer aller Caniden.

Vor fünfhunderttausend Jahren trat der Wolf in Europa, in Nordamerika und in China erstmals auf;

ebenso der Kojote in Nordamerika und der Schakal in Europa.

Erst vor fünfzehntausend bis zehntausend Jahren, im oberen Neolithikum, trat der Haushund auf. Dies ist datierbar nach den Felsmalereien in Spanien aus der Zeit des Magdalénien (jungpaläolithische Kulturstufe) und nach den Skeletten, die in Afontova-Gora, zwischen Tomsk und dem Baikalsee in der GUS, gefunden worden sind.

Erst zwischen 10 000 und 6 000 Jahren vor Christus ist der *Canis familiaris palustris* bekannt geworden, der Torfhund. Dieser Torfhund erinnert an einen Schlittenhund; als solcher ist er auch benutzt worden, den Schnitzereien zufolge, die man auf Elchgeweihen gefunden hat. Nach Maurice Cottaz und seinem Buch *Le Grand Livre du chien* [*Das große Hundebuch*] soll dieser große, aggressive Hund zweitausend Jahre vor der ersten großen ägyptischen Kultur sich in allen vier Himmelsrichtungen über den Globus verbreitet haben: Richtung Osten nach Zentraleuropa und Asien, nach Südosten in den Mittleren Orient, nach Westen (England) und Süden, insbesondere Spanien, wo man noch heute einen kräftigen Hund findet, der dem Torfhund ähnlich sieht.

Auf Felsmalereien aus dieser Epoche in Deutschland findet man nur eine Rasse, nämlich den Spitz mit den aufgerichteten Ohren und mit einem Schwanz, der bei diesen Hunden auf dem Rücken zum Kreis eingerollt ist.

Noch eine weitere Unterart könnte als die Urform des Hundes gelten: Es handelt sich um den Indischen Wolf *(Canis lupus pallipes),* von dem wir schon in dem Kapitel über die Wolfskinder gehört haben. Dieser Indische

Aus der Haltung, dem Gesichtsausdruck und der Schwanzhaltung kann man Rückschlüsse auf die momentane Stimmung eines Wolfes ziehen.

Der überproportional große, runde Kopf läßt Wolfswelpen beinahe wie junge Füchse aussehen.

Wölfe lieben das gemeinschaftliche Zusammenleben. Die Zusammensetzung eines Rudels ist von verschiedenen Faktoren abhängig; wichtig ist vor allem, daß es groß genug sein muß, um erfolgreich jagen zu können.

Oben: Das Fell des europäischen Wolfes ist meist fahlrötlich. Nur am Bauch und Rücken sind die Tiere grau bis schwarz gefärbt.

Unten: Die meiste Arbeit beim Zerreißen und Zerkauen der Beute wird von den Reiß- und Backenzähnen verrichtet.

Nach den neuesten Erkenntnissen der Wissenschaft stammen Dingos nicht von verwilderten Haushunden, sondern vom indischen Wolf ab.

Große Beutetiere wie Elche oder Wapitis kann ein Wolfsrudel allein gar nicht auffressen, selbst wenn es aus mehr als 15 Mitgliedern besteht.

Oben: Erwachsene Wölfe lassen sich erst allmählich auf eine nähere Beziehung zu Menschen ein – und es dauert lange, bis beide, Mensch und Tier, sich gegenseitig akzeptieren.

Unten: In einem Wolfsrudel pflanzt sich nur das Alpha-Paar fort. Alle anderen geschlechtsreifen Tiere sind von der Anwesenheit der ranghöheren Tiere so eingeschüchtert, daß sie es gar nicht wagen, sich zu paaren.

Das Heulen der Wölfe dient vor allem der Kommunikation – z. B. als Signal, wann die Jagd beginnt.

Wolf ist vergleichsweise kleiner und erreicht etwa die durchschnittliche Größe der Hunde. Auch heult er nicht, sondern bellt wie ein Hund.

Jacques Gravin zufolge könnte die Domestikation des Hundes in verschiedenen Teilen der Erde zugleich erfolgt sein. Danach wären es also verschiedene Rassen beziehungsweise Unterarten des Wolfes, aus denen unser Freund hervorgegangen ist. Um seine Entstehung ranken sich viel mehr Geheimnisse als es den Anschein hat.

Der japanische Wolf, der syrische Wolf, der spanische Wolf und der kleine Wolf Mexikos könnten noch für sich reklamieren, die Vorfahren des Haushundes zu sein.

Die Hypothese von mehreren Vorfahren des Hundes entspricht auch den Beobachtungen von Konrad Lorenz.

Danach können die Hunde in den Ländern Nordeuropas vom europäischen Wolf abstammen. Andere Hunderassen stammen wohl von verschiedenen Wolfsarten ab, die vielleicht keine so präzise Verhaltensregeln haben und keine so strenge Rangordnung wie unser europäischer Wolf.

Es gibt noch eine weitere Möglichkeit. Die dem Schakal ähnlichen Hunde sind vor sehr langer Zeit domestiziert worden und haben folglich vielleicht eine bestimmte Anzahl von Anlagen verloren, die auf den Schakal zurückgehen. Die Hunde des nördlichen Europa wären demnach jüngeren Ursprungs, oder es liegt an den zahlreichen Einkreuzungen, in deren Folge sie sich einige ursprüngliche Merkmale bewahren konnten.

Eine beträchtliche Reihe von Fragen bleibt ungelöst. Zum Beispiel muß auch die Bedeutung des Klimas einbezogen werden. Bei der letzten Würmeiszeit, der in Nordamerika die Wisconsin-Eiszeit entspricht, herrschte eine derartige Kälte, daß die Gletscher der Alpen bis nach Lyon reichten. Welche Arten lebten damals im Südwesten Frankreichs?

Es kamen zahlreiche Arten vor, von denen viele noch heute auftreten, sei es im Gebirge (Steinbock, Schnee- oder Alpenhase [*Lupus timidus* oder *variabilis*], Schneehuhn) oder in der Arktis (Polarfuchs, Schnee-Eule). Einige sind jedoch ausgestorben, darunter das Mammut und das Wollnashorn. Gegen Ende der letzten Eiszeit des Quartärs, der Würmeiszeit, war das Klima milder und nicht mehr so feucht, so daß die Rentiere ihre Wanderungen antreten mußten, die sie vom Südwesten Frankreichs in das heutige Département Rhône führten.

Die Jäger damals dürften, wenigstens mit einigen Trupps, diesen Wanderungen gefolgt sein und am Ende der warmen Jahreszeit mit den Rentierherden zurückgekehrt sein.

Später, mit der zunehmenden Erwärmung des Klimas, zogen die Rentiere nach Norden, wo sie heute noch leben, von den Lappen wenigstens teilweise domestiziert. Wobei man feststellen muß, daß eigentlich das Rentier den Lappen die Zivilisation gebracht hat (Rentierzeit).

Hatten nun diese Menschen, die Jäger und Sammler vor zehntausend oder fünfzehntausend Jahren, die Wölfe domestiziert? Überreste von Hunden sind in der Fundstätte von Saint-Thibault-de-Couze (Dordogne) entdeckt worden. Außerdem soll unser *Canis familiaris* in Aquitanien seit dem Präboreal aufgetreten sein. Zähne und Knochenstücke – von denen einige deutliche Schnittspuren aufweisen –, die in der Schicht 2 der Fundstätte von Pont-d'Ambon entdeckt wurden, sind auf 9640 Jahre zu datieren, nach François Delpech: *Faunes paléolithique supérieur dans le sud-ouest de la France* [*Die Fauna des oberen Paläolithikums im Südwesten Frankreichs*].

Diese Hunde waren natürlich Zeitgenossen der Wölfe. Die beiden Arten wiesen, und sicher seit langer Zeit, bereits Unterschiede auf, was sie nicht daran hinderte, zusammen zu leben.

Es gibt also genügend Anhaltspunkte für meine Hypothese, daß unser Hund nicht vom Wolf abstammt, sondern von einer oder mehreren Unterarten der Wildhunde.

Wenn man sich über die Ursprünge der Menschheit informieren will, dann findet man die Vorfahren des Menschen auf einem Stammbaum mit vielen Zweigen; auf dem ältesten Zweig sind die Insektenfresser, dann folgen die Koboldmakis, dann die Loris, und nach ihnen die Halbaffen, weiter die kleinen Neuweltaffen, die kleinen Altweltaffen und schließlich die Menschenaffen.

Lange Zeit hat man geglaubt, der Mensch stamme von einer Art der Menschenaffen oder Anthropoiden ab, also den Gibbons, Orang-Utans, Gorillas oder Schimpansen. Dann hat man die genealogische Herkunft wissenschaftlich weiter präzisiert, bis man zu der Ansicht gelangt ist, daß der Mensch, die Krone der Schöpfung, an einem eigenen Seitenzweig des Stammbaums anzusiedeln sei.

Vor über drei Millionen Jahren betrug die Schädelkapazität eines großen Affen wie des Gorillas vierhundertfünfzig bis knapp fünfhundert Kubikzentimeter. Das entspricht der Schädelkapazität eines Gorillas von heute, was darauf schließen läßt, daß er sich nicht weiterentwickelt hat. Die Schädelkapazität des Australopithecus, der Vorstufe des Menschen, bewegt sich in der gleichen Größenordnung; sie beträgt bis zu fünfhundert Kubikzentimeter.

Wenn also Einigkeit herrscht über den grundlegenden Unterschied zwischen den großen Anthropoiden und dem Menschen, dann wird man sich vielleicht eines Tages bei der endgültigen Aufstellung des Stammbaumes des Hundes auch darüber einigen können, daß ein Seitenzweig sich schon vor langer Zeit vom Wolf wegentwickelt hat – und zwar schon lange, bevor unsere Vorfahren daran gedacht hatten, den Wildhund zu domestizieren.

Mit der Hypothese, daß der Hund nicht vom Wolf abstammt, stehe ich nicht allein da, vielmehr befinde ich mich damit sogar in bester Gesellschaft. Auch Pierre Pfeffer geht davon aus, daß sich unser Haushund vom Wildhund herleitet:

»Gewisse eigentümliche, stabile Merkmale, die alle Haushunde gemeinsam haben, rechtfertigen die Annahme einer besonderen Spezies. Die ursprüngliche Wildform verschwand im Verlauf einer regelrechten psychischen Mutation, die den Hund zu einer totalen Symbiose mit den menschlichen Gemeinschaften der Vorzeit gebracht hat.«

Wir werden sehen, daß sich einige Merkmale (Schädelkapazität, Hirngewicht) im Verlauf von wenigen Generationen verändern können (sowohl Zunahme als auch Abnahme ist möglich). Dies gilt jedoch nicht für das Verhalten, das auf einer langen Anpassung an die verschiedenartigsten Situationen über viele Generationen hinweg beruht. Die Komplexität und die subtile Struktur des Sozialverhaltens, das beim Wolf in hohem

Maße ausgeprägt ist, können sich nur im Lauf von Jahrtausenden herausbilden.

Damit kommen wir zum zweiten Teil dieses Buches, in dem wir den Wolf besser kennenlernen werden. Wir werden sehen, wie sein Leben in freier Wildbahn und in den verschiedenen Ländern, in denen er noch vorkommt, aussieht. Auch werden wir einige Unterschiede aufzeigen, die sich in seinem Verhalten ergeben, wenn er in Freigehegen lebt. In dem Fall ist er auf den Menschen angewiesen. Wenn man den Wölfen aber weiträumige Gehege zur Verfügung stellt, ein für sie geeignetes Biotop mit Bäumen, Wiesen und Heideland, so daß die Rudel die meiste Zeit ihres Lebens auf sich selber gestellt sind, dann ist es auch möglich, sie genauer zu beobachten und ihr Verhalten zu studieren. Dann wird man auch einige Verhaltensweisen ihrer wild lebenden Artgenossen besser verstehen können.

Bialow und Tundra

Der Bialowiezer Urwald ist ein ausgedehntes Waldgebiet, das heute zur Hälfte in Polen und in Rußland liegt. Er besteht aus Millionen von riesigen Bäumen, überwiegend Nadelwald, aber auch aus Eichen, die über fünfundvierzig Meter hoch werden können. Dort findet man auch das berühmte Büffelgras, das besonders reich an Kumarin ist. Der Bialowiezer Wald ist ein Nationalpark, in dem Bisons, Hirsche, Rehe, Marder, Luchse und Wölfe leben.

Im Mai 1961 hat dort eine Wölfin vier Welpen geworfen, unter dem Wurzeldach einer umgestürzten Tanne, nur wenige hundert Meter von einer Lichtung entfernt, durch die ein kleiner Fluß floß. Diese Welpen sollten die Freuden und die Gefahren des Lebens in freier Wildbahn nicht kennenlernen. Eines Tages, Ende Juni, entdeckte ein Wildhüter die Wurfhöhle und nahm die Welpen zu sich. Die Wölfin beobachtete den Entführer besorgt und folgte ihm lange Zeit durch den Wald, als er mit ihren Jungen fortging.

Sie griff nicht ein. Die Angst vor dem Menschen saß zu tief, die Wölfin war wie gelähmt, und fast in Trance kehrte sie in den Schatten der umgestürzten und verdorrten Tanne zurück, die den Welpen nicht genügend Tarnschutz vor den Menschen geboten hatte. Die Wölfin nahm den Geruch ihrer Welpen wahr, zugleich aber auch den für sie abscheulichen Geruch des Mannes. Ihr Gefährte, ein großer Wolf von sechs oder sieben Jahren, kehrte zum Lager zurück und begriff sofort, was vorgefallen war, als ob er Zeuge des Geschehens gewesen wäre.

Einige Monate später, nachdem die Welpen eine zeitlang im Zoo von Warschau untergebracht worden waren, erhielt ich zwei dieser Welpen, die inzwischen Jungwölfe geworden waren. Das männliche Tier taufte ich Bialow, in Erinnerung an seine Herkunft; die Wölfin erhielt den Namen Tundra.

Einige Wochen lang mußte ich meine beiden Pflegekinder in einem großen Zwinger halten, denn das Freilandgehege, das ihnen eine Vorstellung vom Leben in der Wildnis geben sollte, war noch nicht fertiggestellt. Dort würden sie später einen kleinen Kiefernwald und Heideflächen mit Ginster für sich haben. Das Gehege lag auf einer Meereshöhe von über elfhundert Metern.

Es dauerte nicht lange, bis die jungen Wölfe ihre Namen kannten. Tundra kam als erste, um sich das Stück Zucker oder den Keks zu holen, den ich ihr durch den Zaun hinhielt. Bialow hatte einen ganz anderen Charakter. Im Lauf der Jahre konnte ich mich dann auch davon überzeugen, daß die weiblichen Tiere fast immer weniger Angst vor den Vertretern der menschlichen Rasse hatten. Bialow warf mit böse Blicke zu, wenn ich mich ihm näherte; aber ich ließ mich von seinem wilden Gebaren nicht einschüchtern, im Gegenteil, es steigerte nur meine Bewunderung.

In Wirklichkeit hatte dieser inzwischen schon kräftige, beeindruckende Rüde eine fürchterliche Angst vor mir. Daher versuchte ich mein Möglichstes, um sein Vertrauen zu gewinnen. Er konnte es nicht ertragen, wenn ich seinen Zwinger reinigte, folglich fiel er aus Rachgier über den Besen her. Innerhalb von ein paar Tagen hatte er mir zwei Besen ruiniert. Das fand ich großartig.

Bialow ließ in einer Hinsicht zu wünschen übrig: Er zeigte sich fast desinteressiert Tundra gegenüber, ja er wurde sogar brutal, wenn ich das Fleisch verteilte. Die für ihn bestimmten Stücke schlang er gierig hinunter, um sich dann sofort auf Tundra zu stürzen, die gerade dabei war, ihr Fleisch zu zerreißen. Es kam sogar vor, daß er einen für ihn bestimmten Fleischbrocken in einer Ecke des Zwingers niederlegte und dann auf die Wölfin losging, um ihr ihren Anteil wegzuschnappen.

Das lief nicht immer ohne Zähnefletschen und Beißereien ab, aber Tundra gab meistens immer ziemlich schnell nach, da der Rüde ihr körperlich sehr überlegen war. Natürlich mußte Tundra keinen Hunger leiden. Wenn sie das Opfer von Bialows Freßgier geworden war, gab ich ihr einige Extrastücke, die sie in aller Ruhe fressen konnte, weil ich in ihrer Nähe verblieb, was ausreichte, um den Wolf auf Abstand zu halten.

Ich sorgte dafür, daß die Fertigstellung des Geheges schneller vonstatten ging, denn ich wollte meinen Wölfen endlich einen großzügig bemessenen Lebensraum geben. Außerdem konnte ich es gar nicht erwarten, bis sie gleichsam wie zu Hause leben konnten, in einem Biotop, das ihren Bedürfnissen vollkommen entsprach.

Es gab noch einen anderen Grund, weshalb ich die Wölfe ins Freigehege umsiedeln wollte. Denn seit einiger Zeit hatten sie es sich zur Gewohnheit gemacht, in den Nächten zu heulen. Am Anfang fand ich dies wunderbar, aber die Bewohner der benachbarten Häuser teilten meine Bewunderung für die Wölfe nicht, noch weniger mochten sie deren Geheul. Ich wollte nicht recht glauben, daß die Nachbarn womöglich Angst hatten, und dennoch spielte, wie sich zeigen sollte, Angst eine gewisse Rolle, und zwar weit mehr als ich vermutet hätte. Jedoch nahmen sie es wortlos hin und fanden es zweifelsohne ganz normal, daß sämtliche Köter der Gegend oft stundenlang herumbellten, und zwar tagsüber genauso wie in der Nacht.

Die Wölfe dagegen waren rücksichtsvoll und heulten während der Nacht nur einige Minuten lang. Jedesmal wenn die Wölfe heulten, stand ich mit Rücksicht auf die Nachtruhe meiner Nachbarn auf und hoffte, das kleine Konzert der Wölfe unterbrechen zu können; doch es kam vor, daß sie sofort wieder zu heulen begannen, sobald ich mich wieder ins Bett gelegt hatte.

Der Ärger über das Geheule würde bald aufhören: nur noch wenige Tage und die Wölfe hätten ihr eigenes Territorium, ungefähr zwei Kilometer von den nächsten Ansiedlungen entfernt.

Ich hatte nicht ahnen können, daß ihre Umsiedlung früher als vorgesehen stattfinden würde. Eines nachts träumte ich, die Wölfe seien in ihrem Gehege und würden mich verfolgen! Die guten Nachbarsleute hatten dauernd auf mich eingeredet, daß mich die Wölfe früher oder später verschlingen würden, so daß ich ihrem Gerede schließlich Glauben schenkte – allerdings nur im Traum. Die Wölfe waren mir also auf den Fersen und ich hatte gerade noch das Gatter erreichen können, bevor sie auf mich lossprangen, da wachte ich auf.

Die Hunde meines Nachbarn, eines Arztes, bellten wie verrückt. Es war ein Deutscher Großspitz und ein Cocker Spaniel. Sie hatten mich aufgeweckt, und ich schimpfte auf die verfluchten Kläffer. Da machte mich meine Frau mit ganz ruhiger Stimme darauf aufmerksam, daß ich mich gar nicht aufzuregen brauche, weil bestimmt eine unserer Katzen im Garten herumschlich und so die Hunde in Rage brachte.

Ich versuchte, wieder einzuschlafen, aber ein Bussard (wir hatten auch einen Bussard im Garten) fing an zu schreien. Der hat gerade noch gefehlt, sagte ich, und vergrub mich in meinen Kissen. Daraufhin ließ mich meine Frau, die sehr gelassen war, wissen, daß der Bussard gegen Morgen fast immer diese Schreie ausstoße, daß ich sie nur nicht höre, weil ich so fest schliefe. Ich gab mir Mühe, wieder einzuschlafen, und es schien mir auch zu gelingen, da ich für gewöhnlich einen guten Schlaf habe.

Da hörte ich, mich schon wieder in Träumen wähnend, die Stimme meiner Nachbarin, der Frau des Arztes und Hundehalters. Sie rief nach mir: »Monsieur Ménatory, da ist ein Wolf im Garten!« Ich traute meinen Ohren nicht, der erste April war doch schon lange vorbei. Andererseits machte die Nachbarin üblicherweise keine Scherze, sie war eine besonnene Frau, die keinesfalls überspannt war.

Ich sprang aus dem Bett, mit nacktem Oberkörper, und rannte zur Tür. Ich öffnete sie, Tundra stand da. Man hätte meinen können, sie habe auf mich gewartet. Ich bin überzeugt, wäre ich beiseite getreten, wie man es macht, um eine feine Dame hereinzubitten, Tundra wäre mir ins Wohnzimmer gefolgt.

Die Neugier schien sie getrieben zu haben. Trotzdem war ich beunruhigt. Wo war Bialow? Wie hatte Tundra ausbrechen können?

Ich ging auf die Wölfin zu, die ohne Eile vor mir die Treppe hinunterging und dann mit tippelnden Schritten hinter das Wohnhaus lief, wo sich ihr Zwinger befand. An der Tür des Zwingers, einer Schiebetür mit Rahmen, hatte das Holz gearbeitet und sich etwas gelockert, so daß es der Wölfin gelungen war, sie weit genug aufzuschieben, um nach draußen zu schlüpfen.

Bialow befand sich noch in dem Zwinger, ganz überrascht, daß er allein war. Was mich betrifft, so saß ich gewissermaßen zwischen zwei Stühlen. Einerseits, wenn ich die Zwingertür wieder verschloß, konnte ich nicht mehr damit rechnen, daß Tundra in ihren Zwinger ging. Andererseits, wenn ich die Dinge so ließ, dann bestand die Gefahr, daß Bialow, der bei meinem Anblick ziemlich nervös geworden war, seinerseits auch den Weg in die Freiheit suchen würde.

Was meine Besorgnis noch erhöhte, war die Tatsache, daß der Garten links des Hauses höchstens zwei Meter höher als die Straße lag. Und auf der anderen Seite der Straße befand sich ein Campingplatz, auf dem gut hundert Zelte aufgeschlagen waren.

Ich stellte mir bereits die überraschten Gesichter der friedlichen Camper vor, wie sie Bialows mächtigen Kopf zu ihrem Zelt hereinschauen sahen. Schnell verdrängte ich diesen Gedanken, ich hatte Wichtigeres zu tun. Ich versuchte Tundra in Richtung des Zwingers zu lenken, aber sie trottete in den Garten und dann gemütlich um das ganze Haus herum, sie hatte offensichtlich keine Lust, in den Zwinger zurückzukehren.

Da meine Frau sehr praktisch veranlagt ist und immer eine Lösung findet, kam sie mit einem schönen Keulenstück. Sie war bereit, es zu opfern – bloß die Wölfin hatte keinen Hunger, jedenfalls hatte sie kein Interesse an der Keule.

Bald kam auch mein Nachbar mit seiner Frau, seinem

Sohn und seiner Schwiegertochter herbei, um das Geschehen zu verfolgen. Als er sah, daß meine Frau, obwohl dem schwachen Geschlecht zugehörig, nicht von der Wölfin angegriffen wurde, kam er uns mit einem Besen zu Hilfe. Auch sein Sohn und die Schwiegertochter schlossen sich ihm an. Aber in der Zwischenzeit hatte Bialow, dem es allein langweilig geworden war, ebenfalls den Zwinger verlassen.

Nun überstürzten sich die Ereignisse. In aller Eile dachte ich mir einen simplen Schlachtplan aus. Zusammen mit meiner Frau stellte ich mich an einer Seite des Hauses auf, der Arzt und seine Kinder in Richtung der anderen. Es war ihre Seite des Hauses, auf die die beiden Wölfe in schöner Eintracht zielstrebig zugingen, und die drei Nachbarn traten auseinander, um den Wölfen den Weg freizugeben.

Tundra blieb einige Meter weiter auf der Terrasse stehen, während Bialow die Treppen hinunterging und zum Garageneingang gelangte. Zum Glück war das Tor des kleinen Vorhofs, der zur Straße führte, verschlossen.

Ich ging zu dem Wolf, der sich vor der Garage hingesetzt und gegen einen der Türflügel gelehnt hatte, der durch irgendeinen glücklichen Zufall einen Spalt breit geöffnet war. Ich war noch etwa zwei Meter von dem Wolf entfernt, da begann er mich mit seinem herrlichen Gebiß anzufletschen. Dieses entschlossene Drohverhalten ließ mich einen kleinen Moment in meiner Bewegung innehalten.

Wir beobachteten uns also einen Augenblick lang, und mir fiel auf, daß der Wolf einen kurzen Blick in das Innere der Garage geworfen hatte, durch den Türspalt, von dem er höchstens einen halben Meter entfernt war.

Aus diesem verstohlenen Blick schloß ich, daß der Wolf die Absicht hatte, in die Garage zu flüchten, falls er sich bedroht fühlen sollte. Also zögerte ich nicht mehr lange, ich schrie los wie ein Sioux-Indianer und rannte auf Bialow zu. Was ich aus ganzem Herzen gehofft hatte, trat ein, der Wolf suchte sein Heil in der Flucht und sprang in die Garage. Sofort verschloß ich die Tür, wobei ich mir sagte: »Vor dem sind wir erst mal sicher.«

Mit Tundra hatten wir überhaupt keine Schwierigkeiten. Sie stand fünf oder sechs Meter abseits unserer kleinen Gruppe, dann drehte sie sich um, warf uns einen Blick zu, und als ob sie der Ansicht sei, der kleine Spaß habe nun lange genug gedauert, tippelte sie in dieser herrlichen Gangart der Wölfe – leicht, elegant und harmonisch – von dannen und begab sich mit majestätischer Würde zurück in ihren Zwinger. Auch da habe ich die Tür eilends abgeschlossen und alle Maßnahmen getroffen, damit Tundra sich nicht noch einmal derlei Eskapaden erlauben konnte.

Natürlich stand es außer Frage, daß Bialow nicht in der Garage bleiben durfte. Wir gingen zunächst daran, meinen Wagen aus der Garage zu fahren. Ich setzte mich hinters Steuer, aber ich traute mich nicht, den Motor anzulassen, weil ich befürchtete, damit den Wolf noch mehr zu erschrecken. Meine Nachbarn zogen daher das vorwärts geparkte Auto von hinten aus der Garage, wobei sie darauf achteten, zwischen sich und dem Tor ja keinen Platz zu lassen.

Als das Auto glücklich aus der Garage war, erklärte mein Nachbar, daß er einen fürchterlichen Hunger habe. Wenn er aber mit dem Frühstück fertig sei, könne ich wieder mit seiner Hilfe rechnen, falls mir diese nötig schiene. Ich wußte nicht so recht, wie ich den großen Wolf einfangen sollte. Ich beschloß, auch erst mal zu frühstücken, dabei ließ es sich besser nachdenken.

Eine Viertelstunde später ging ich zu einem Apotheker, um ihn zu fragen, ob er nicht ein Mittel habe, mit dem »man einen Wolf betäuben« könnte. Der gute Mann starrte mich an, als ob ich eben vom Mond heruntergefallen wäre, und antwortete mir, ein solches Mittel gebe es nicht. Natürlich hatte der Apotheker recht, denn es gibt in der Tat kein orales Betäubungsmittel für Hunde oder Wölfe.

Also begab ich mich zu einem Tierarzt. Eine seiner Töchter sagte mir: »Papa ist nicht zu Hause, Sie wissen doch, heute ist Eröffnung der Jagdsaison, die versäumt er nie.«

Hilf dir selbst, so hilft dir Gott, sagte ich mir, als ich nach Hause zurückkam. Ich zog Jacke und Hemd aus, griff mir einen Besenstiel als Nothelfer für alle Fälle und ging in die Garage.

Bialow hatte sich inzwischen die Zeit vertrieben, sprich: hatte einige Flaschen zertrümmert, ein Regal umgeworfen und die Scheibe eines kleinen Fensters zerschlagen. In einer Ecke der Garage stand eine Kiste; es war genau die Kiste, in der Bialow von Warschau zu mir transportiert worden war. Ich öffnete die Gleittür dieser Kiste in der vagen Hoffnung, der Wolf würde darin Zuflucht suchen, so daß ich anschließend nur die Tür zu verriegeln brauchte.

Aber die Dinge liefen etwas anders ab. Ich bemühte mich, den Wolf in Richtung der Kiste zu drängen, möglichst ohne ihn zu erschrecken. Ungefähr zehn Minuten lang raste er wie ein Verrückter kreuz und quer in der Garage herum, bis er allmählich Anzeichen von Ermüdung erkennen ließ. Seine lange Zunge hing ihm aus dem Maul. Schließlich blieb er, völlig außer Atem, in der Mitte der Garage stehen. Ich bewegte mich auf ihn zu, und sofort zeigte er mir seine fürchterlichen Eckzähne.

Dann, und damit hätte ich nicht im entferntesten gerechnet, sprang er mich an, ohne zuvor in Stellung gegangen zu sein, wie es ein Hund getan hätte. Instinktiv duckte ich mich, wobei ich versuchte, ihm einen Hieb mit dem Besenstiel zu verpassen. Ein paar Zentimeter neben meinem linken Ohr hatten die Zähne des Wolfs zugeschnappt. Außerdem war die Decke der Garage ziemlich niedrig, so daß mein Besenstiel ziemlich hart dagegenstieß und auseinanderbrach.

Da stand ich also mit einem Stück Holz in der Hand, gerade noch achtzig Zentimeter lang, um gegen ein Tier zu kämpfen, das vor Angst aggressiv geworden war. Die Verfolgungsjagd ging wieder los, bis der Wolf erneut innehielt. Diesmal war ich auf der Hut, und trotzdem schnappte das Gebiß des Wolfes nur ganz knapp neben meinem Gesicht zu. Die Szene wiederholte sich noch ein drittes und ein viertes Mal.

Zuletzt glaubte ich, der Wolf hätte ein Stück von meiner Wange mitgerissen; denn tatsächlich spürte ich, wie eine warme Flüssigkeit an meinem Gesicht herunterlief, und ich dachte, es sei Blut. In Wirklichkeit handelte es sich um schaumigen Geifer. Zum Glück fehlte es Bialow etwas an körperlicher Fitness; die im Zwinger verbrachten Wochen waren für seine Kondition nicht sehr förderlich gewesen. Was mich betrifft, so war ich zwar einigermaßen aufgeregt, aber ansonsten fühlte ich mich ganz gut, und außerdem fand ich das Aufeinandertreffen ziemlich spannend.

Nach diesem letzten Versuch, seine Existenz zu verteidigen, die er mit gutem Recht als bedroht betrachten konnte, lehnte sich der Wolf gegen die Wand, kaum einen Meter von der Öffnung der Kiste entfernt. Ich schöpfte neue Hoffnung. Ich ging nach vorne, bis ich etwa einen Meter vor Bialow stand, dessen Maul weit offen stand. Ich ließ mir aber nicht die Zeit, sein Gebiß zu bewundern.

Mit der linken Hand (ich bin ein verhinderter Linkshänder) umklammerte ich entschlossen das, was von dem Besenstiel noch übrig geblieben war, und stieß es dem Wolf zwischen die Zähne, der sofort mit aller Kraft zubiß. Gleichzeitig verpaßte ich ihm mit der rechten Hand einen ziemlich unsanften Schlag auf den Hintern und beförderte ihn so in die Kiste, deren Schiebetür ich unverzüglich mit der frei gewordenen linken Hand verschloß.

Das alles war so schnell gegangen, daß ich überrascht war, als der große Wolf gefangen war. Diese Auseinandersetzung hatte ungefähr zwanzig Minuten gedauert und war zugunsten des Menschen ausgegangen. Daraus folgerte ich, daß die Annahme, die Wölfe seien sehr wild, sehr übertrieben sei. Aber es liegt auf der Hand, daß ich, wenn ich den Märchen und alten Legenden Glauben geschenkt hätte, nicht kühlen Kopf bewahrt hätte. Dann hätte sich das Blatt zugunsten des Raubtieres wenden können.

Das angriffslustige Verhalten des Wolfs sollte nicht überraschen. Er hatte keinerlei Möglichkeit zur Flucht, war zwischen vier Wänden eingeschlossen und hatte eine derartige Angst, daß ihm keine andere Chance blieb, sich zu wehren, als eben mich anzugreifen. Es handelt sich hier aber um eine Ausnahmesituation, die in freier Wildbahn nicht vorkommen kann. Jede gewöhnliche Hauskatze wäre mir in einer ähnlichen Situation ins Gesicht gesprungen. Und kein Mensch würde deshalb behaupten, daß Katzen gefährliche Tiere sind.

Am nächsten Tag wurden zusätzliche Arbeiter eingestellt, und das Freigehege konnte fertiggestellt werden. Bialow hatte das Vergnügen, zwischen Baumgruppen laufen zu können und den Wind in den Zweigen spielen zu hören. Zwei Tage später gesellte sich Tundra zu ihm, die grazile Wölfin mit ihren geschmeidigen Bewegungen. Von jetzt an hatten die Wölfe ein Zuhause. In der Nähe eines Rosenstrauches hatten sie einen von Heckenrosen geschützten Bau, den sie aber praktisch nie benutzten, da sie es bei jeder Witterung vorzogen, unter freiem Himmel zu schlafen.

In diesem Gehege habe ich damit begonnen, Anschluß an das Familienleben der Wölfe zu finden. Erst zwei Jahre später bekamen Tundra und Bialow vier Welpen. In der ganzen Zeit davor hatte ich genügend Gelegenheit, die unterschiedlichsten Charaktere des Paars zu studieren.

Tundra war bei weitem nicht so wild wie Bialow. Sie hatte keinerlei Angst vor mir, und jedesmal wenn ich das Gehege betrat, näherte sie sich, bis sie mich fast berührte. Sie hob den Kopf weit nach oben, um mir in die Augen schauen zu können. Wenn ich mich setzte, lief sie um mich herum, und wenn ich einen Keks aus der Tasche zog, fraß sie ihn mir aus der Hand.

Bialow ging nicht so weit, und sein ganzes Leben über weigerte er sich, in meine Nähe zu kommen. Wenn ich aufrecht stehend im Gehege war, rannte er andauernd herum, wobei er immer exakt den gleichen Weg nahm.

Im Verlauf von einigen Wochen hatte er einen richtigen Pfad ausgetreten, und wenn ich mich unmittelbar neben seine Spuren stellte, wich er nicht von seinem Weg ab und ging in einem Abstand von höchstens einem Meter an mir vorbei. Er hatte eine stereotype Verhaltensweise angenommen. Dieser Wolf erinnerte sich an unsere Auseinandersetzung in der Garage. Er konnte sie nie vergessen, obwohl ich immer bestrebt war, ihn durch Fleischgaben zutraulich zu machen.

Leuten gegenüber, die er zum ersten Mal sah, zeigte er viel weniger Scheu, vielleicht weil er sie – wer kann das wissen – für weniger gefährlich als mich hielt. Auf jeden Fall sah er in mir nicht nur ein dominantes Wesen, sondern sogar ein ranghöheres Tier, das er mehr als alles andere fürchtete. Wenn ich mich im Gehege niedersetzte oder mich hinlegte, dann hatte Bialow weniger Angst. Er lief nicht mehr hin und her, sondern stand da, mich genau beobachtend, als ob er jeden Moment damit rechnete, daß ich ihm wieder übel mitspielen würde.

In Osteuropa, genauso in Kanada und Sibirien, findet die Paarung im allgemeinen ungefähr in den letzten beiden Märzwochen statt. Im Hohen Norden und in Alaska paaren sich die Wölfe jedoch erst Anfang April. In den über elfhundert Meter hoch gelegenen Wolfsgehegen mit ihrem überdies nahezu kontinentalen Klima können die Wölfe fast wie unter den natürlichen Bedingungen der freien Wildbahn leben, so daß es schon um den fünfzehnten März zu einer Paarung kommt, bei der die Befruchtung stattfindet. Bereits ab Mitte Januar beginnt bei den Weibchen die Hitze, und die Rüden werden immer aufgeregter.

Bei den Wölfen verläuft die Paarung wie beim Haushund und bei allen anderen Caniden. Pierre-Paul Grassé, dem »Vater« des berühmten *Traité de zoologie* [*Grundlagen der Zoologie*], verdanken wir die Beschreibung des Ablaufs einer solchen Paarung. Die Sache scheint ganz einfach zu sein. Jedermann hatte schon mal die Gelegenheit, Hunde bei der Paarung zu sehen, bei der der Rüde die Hündin bespringt und dann eine zeitlang, in der Regel eine Viertelstunde bis zwanzig Minuten, in der Hündin hängen bleibt. Weil aber der Deckakt im einzelnen doch zu wenig bekannt ist, möchte ich seinen Verlauf näher beschreiben.

Der Rüde bespringt die Hündin von hinten und umklammert ihr Hinterteil mit seinen Vorderbeinen. Der Penis des Rüden versteift sich allmählich, beginnend bei der auffallend langen Eichel. Eine vollständige Erektion wird erst in der Vagina erreicht. Dort kommt es durch die Ansammlung des Blutes in den Schwellkörpern zu einer Verdickung der Rutenschwellkörper, deren Kavernen als letzte anschwellen (sie werden direkt von der Schlagader des Penis versorgt). Der erigierte Penis bleibt in der Scheide stecken und läßt sich dann, umklammert von der Scheide, nicht mehr herausziehen. Die erste Phase des Koitus ist damit abgeschlossen.

Während der Penis fest in der Scheide des Weibchens steckt, springt der Rüde vom Weibchen herab und dreht sich um, wobei er mit einem Hinterlauf über den eingeführten Penis steigt. Die beiden Tiere stehen also aneinandergekoppelt da, die Köpfe voneinander abgewandt. Diese Position wird dadurch ermöglicht, daß der hintere Abschnitt des Penis umgebogen wird, wenn der Rüde bei seiner Drehung eine andere Position einnimmt. Dabei bleibt der Penis mit den angeschwollenen Schwellkörpern versteift in der Scheide haften.

Die zweite Phase des Koitus, das sogenannte Hängen, kann sehr lange dauern, manchmal sogar länger als eine halbe Stunde. In dieser zweiten Phase erfolgt die Ejakulation. Mit zunehmender Dauer des Koitus verringert sich die bei der Ejakulation ausgestoßene Anzahl der Spermien. Am Schluß ist es nur noch eine weißliche Flüssigkeit, die keine Spermien mehr enthält.

Von einem Rüden mittlerer Größe werden pro Koitus etwa zwanzig Kubikzentimeter Sperma ausgestoßen. Das von dem Hund ejakulierte Sperma gerinnt nicht, da es Fibrinolysin enthält, ein Enzym, daß die Blutgerinnung durch einen Abbau des Fibrins im Blutplasma verhindert. Wenn nach erfolgter Ejakulation auch der allmähliche Blutabfluß im Penis beendet ist, trennt sich das Paar wieder.

Ich habe mehrfach die Gelegenheit gehabt, Wölfe bei der Paarung zu beobachten. Aber ich möchte hier berichten, was Donald Carr, Professor für Experimentalchemie und Autor zahlreicher Publikationen, unter anderem des Buches *La Grande Leçon sexuelle des animaux* [*Das Sexualverhalten der Tiere*], zu diesem Thema schreibt.

Der Leitwolf oder Alpha-Rüde, sagt Carr, beobachtet andauernd die rangniedrigeren Rüden und drängt sie rücksichtslos von den läufigen Weibchen ab. Das Verhalten des Alpha-Weibchens ist in der Hinsicht noch rigoroser. Es greift knurrend jedes rangniedrigere Weibchen an, das Anstalten macht, einen Rüden zur Paarung anzunehmen. Diese anderen Weibchen, die gleichsam unter der Fuchtel des grausamen, tyrannischen Alpha-Weibchens stehen, sind dermaßen verängstigt, daß sie sogar, wenn sie von einem Rüden besprungen worden sind, noch zittern und die Einführung des Penis unmöglich machen.

Trotz dieser Schikanen und Regulative sind jedes Jahr einige Paarungen von Erfolg gekrönt, meistens jedoch zwischen denselben Tieren. Seltsamerweise ist der Alpha-Rüde und Anführer des Rudels meistens nicht der Erzeuger, obwohl das Alpha-Weibchen und andere ranghohe Wölfinnen des Rudels ihn umwerben. Anscheinend ist er zu beschäftigt mit der Aufsicht oder auch zu stolz, ihrem Werben nachzugeben.

Von dem Moment an, in dem sich die Paarung der beiden auserwählten Tiere abspielt, kommt Unruhe ins Rudel. Die übrigen Rüden versammeln sich um das Paar und nutzen den Zeitraum aus, über den die beiden Tiere aneinandergekoppelt sind, greifen die beiden an und beißen sie. Der am Deckakt beteiligte Rüde ist in der Regel derjenige Wolf in der Hierarchie des Rudels, der eines Tages selbst Alpha-Rüde werden wird, falls der gegenwärtige Leitwolf des Rudels getötet werden oder seine Autorität verlieren sollte.

Wenn das Alpha-Weibchen ihrerseits mit dem Rüden verkoppelt ist, dann haben umgekehrt auch die anderen Weibchen für eine zeitlang freie Bahn. Sie nutzen dies aus, um den Rüden ihrer Wahl zu umwerben. Aber die strenge Aufsicht seitens des ranghöchsten Weibchens läßt nicht nach, im Gegenteil. Es ist sogar ein Fall beobachtet worden, bei dem ein Alpha-Weibchen dermaßen in Wut geraten ist, daß es den in ihr hängenden Rüden mit sich geschleppt hat, um zwei Wölfe anzugreifen, die sich paaren wollten. Donald Carr fügt hinzu:

»Obwohl es niemals bewiesen worden ist, daß sich wilde Wölfe eine Partnerin für das ganze Leben suchen, so steht doch fest, daß ein alter Wolf sich niemals sexuell für eine Wölfin interessieren würde, die jünger ist als er.«

Meine Beobachtungen weichen in einigen Punkten von Carrs Beschreibung ab. Mir ist aufgefallen, daß die aufgeregte Unruhe im Rudel mit der Vorranz im Januar beginnt. Auch wenn es dabei tatsächlich zu Paarungsversuchen gekommen ist, so muß ich feststellen, daß diese Versuche nie zu einem erfolgreichen Deckakt geführt haben.

Erst ab Mitte März kommt es bei den Paarungen zu einer erfolgreichen Begattung, und der Wurf erfolgt nach einer Tragzeit von zweiundsechzig bis maximal dreiundsechzig Tagen.

Auch habe ich beobachten können, daß sich der Alpha-Rüde nicht damit begnügt, die rangniedrigen Rüden ziemlich streng im Zaum zu halten, sondern daß er in manchen, zugegebenermaßen seltenen Fällen sogar soweit gegangen ist, andere Rüden auszuschalten und zu töten. Es hat den Anschein, daß er in diesen seltenen Fällen vorbeugend eingreift, um beim Paarungsakt später nicht gestört zu werden.

Ich habe Paarungen im März mitverfolgt; es kommt manchmal aber auch vor, daß das Weibchen den Rüden nicht annehmen will. Einmal versuchte ein Rüde, sich mit seinem Weibchen zu paaren; mindestens ein Dutzend mal hat er sie besprungen, immer nur ein paar Sekunden lang, aber es ist ihm nicht gelungen, den Penis einzuführen. Nach einigen Hüftstößen rutschte er wieder herunter, und das Weibchen trabte davon. Jedesmal hat der Rüde einige Sekunden lang die rhythmischen Bewegungen des Deckakts fortgesetzt, ins Leere, als ob er seine Partnerin immer noch bestiegen hätte. Entweder war er nicht entschlossen genug oder es fehlte ihm an Durchschlagskraft!

In einem Park mit nur einem einzigen Wolfspaar tauchen solche Probleme nicht auf. Die Schwierigkeiten entstehen erst bei einem Rudel, das über ein zu kleines Territorium verfügt. Dann kommt es zu unglaublich scharf ausgetragenen Rangordnungskämpfen.

Ihr Ziel ist es, den Alpha-Rüden zu bestimmen. Hier gibt es keine Wahlurnen und keine Bestechungsgelder, es entscheidet einzig und allein die Kraft, wobei allerdings besondere Umstände oder der Zufall eine Rolle spielen können. So kann auch ein weniger robuster und nicht ganz so kräftiger Rüde aus dem Kampf als Sieger hervorgehen, falls es ihm gelingt, eine bestimmte Konstellation besser auszunutzen als seine Gegner.

Es ist bekannt, daß Wölfe einen bestimmten Verhaltenskodex haben, der im allgemeinen von allen Tieren respektiert wird. So wird ein im Verlauf der Auseinandersetzung unterlegenes Tier sich auf den Rücken werfen und dem Gegner wehrlos die Kehle und den Bauch anbieten. Es handelt sich um eine Demutsgeste. Der stärkere wird sich – infolge einer Beißhemmung – damit begnügen, den Unterlegenen mit gefletschten Zähnen zu bedrohen: Er kann den Schwächeren mehrere Sekunden lang in der Demutshaltung verharren lassen; wenn er der Meinung ist, der andere hat seine Lektion gelernt, wird er sich langsam zurückziehen: unter Drohgebärden, mit fast waagerecht ausgestrecktem Schwanz, selbstsicher, im Vertrauen auf seine Kraft und überzeugt von seinem Recht.

Die Rangordnungskämpfe können sich Tag für Tag wiederholen. Der Wolf, der in seine Schranken verwiesen worden ist, wird sich im allgemeinen heraushalten, wenigstens für einige Zeit.

Keiner der unterlegenen Rüden, egal ob er bei einer heftigen Keilerei besiegt worden ist oder ob er sich dem Stärkeren mit einer Demutsgebärde unterworfen hat, ohne im Kampf besiegt worden zu sein – keiner dieser Rüden wird sich fortpflanzen. Die Spuren dieser Niederlage sind nachhaltig, diese Rüden leiden darunter und verlieren an Selbstbewußtsein. Völlig zu Recht ist in diesem Zusammenhang von einer seelischen Kastration dieser Rüden gesprochen worden. Umgekehrt gilt ähnliches auch für die unterlegenen, rangniedrigeren weiblichen Tiere. Sie haben zeit ihres Lebens eine derartige Angst vor dem Alpha-Weibchen, daß bei ihnen nicht einmal die Hitze einsetzt. So kann man sich ungefähr eine Vorstellung davon machen, welchen Einfluß und welche Macht die Leittiere in einem Rudel haben.

Komplexere Situationen können in einem größeren Freigehege mit mehreren Hektar Fläche entstehen, in dem zwanzig bis dreißig Wölfe leben können. In diesem Fall bilden sich einzelne Rudel, jedes Rudel sorgt dafür, daß sein Territorium respektiert wird. Dies geht nicht ohne einige Scharmützel ab, da die Reviergrenzen nicht immer streng eingehalten und geachtet werden.

Seit zwei Jahren habe ich häufig, fast jeden Tag, Kontakt mit rund dreißig Wölfen, die in einem Park von mehr als vierzigtausend Quadratmetern Fläche leben. Darunter sind Wölfe aus Polen, aus Ungarn und aus Sibirien. Die Wölfe aus Kanada leben in einem eigenen Park in der Nähe.

In dem Park mit den polnischen, sibirischen und ungarischen Wölfen gab es ursprünglich, bevor die Wölfe dort ausgesetzt wurden, zahlreiche Hasen. Heute sind es nicht mehr so viele, es bleiben aber immer noch genug, damit die Wölfe sie jagen und von Zeit zu Zeit einen reißen können, was ihre Nahrung abwechslungsreicher gestaltet.

Manchmal kommt es aber vor, daß ein von den Wölfen aus Ungarn – ungefähr zehn an der Zahl – gejagter Hase sich ins Territorium der polnischen Wölfe flüchtet. Das mit der Verfolgung beschäftigte ungarische Rudel achtet nicht auf die Territoriumsgrenzen und stürmt derart entschlossen vorwärts, daß die polnischen Wölfe beim Anblick des wilden Ansturms einige Meter zurückweichen. Plötzlich aber, als ob sie sich bewußt würden, daß die Eindringlinge zu weit gehen, formieren sie sich und verjagen die Angreifer.

Dieses Spiel konnte eine Viertelstunde weitergehen, weil umgekehrt das polnische Rudel manchmal auch im Territorium der Ungarn einfiel, so daß letztere, nachdem sie schon geflüchtet waren, erneut zum Angriff übergingen. Am Schluß stellte sich die Ordnung jedesmal wieder her, aber die Wölfe verschafften sich so ihre »Trainingsstunden«.

Eine ähnliche Situation entsteht jedesmal, wenn das Fleisch ausgeteilt wird. Alle zwei Tage bekommen die Wölfe Fleisch, fünf Kilo pro Exemplar. Der für die Fütterung verantwortliche Pfleger gibt jedem Wolf zwei oder drei Stücke von jeweils zwei bis drei Kilo, um die Streitereien um das Fressen einzudämmen. So werden an die hundert Fleischportionen an drei oder vier verschiedenen Stellen des Parks verteilt. Trotz dieser Vorsichtsmaßnahmen kommt es häufig vor, daß zwei Wölfe, manchmal sogar drei bis vier, mit einem großen Brocken Fleisch davonrennen und von anderen verfolgt werden, die vor lauter Lust an der Verfolgung die für sie bestimmten Stücke einfach liegenlassen. Auf diese Weise ergibt sich für die Wölfe erneut die Gelegenheit, die Territoriumsgrenzen zu mißachten.

Konflikte gibt es natürlich auch innerhalb eines Rudels, insbesondere während der Ranzzeit. Bis jetzt hat kein Exemplar sein Rudel verlassen wollen, auch wenn der Leitwolf nicht besonders sanft mit seinen Untergebenen umgegangen ist. Dabei muß berücksichtigt werden, daß ein abtrünniger Wolf nicht besonders freundlich aufgenommen werden würde. Auf diese Art und Weise wird die Zugehörigkeit und Treue der Mitglieder dem Rudel gegenüber verstärkt.

Es liegt auf der Hand, daß die Lebensbedingungen von Wölfen in der Wildnis nicht mit denen in einem Freigehege verglichen werden können. Darauf werden wir noch eingehen; zunächst kehren wir aber zu Bialow und Tundra zurück.

Dieses Paar hatte keine Konkurrenz zu befürchten und konnte sozusagen eine harmonische Ehe führen, ohne daß es von rangniedrigeren Tieren oder eifersüchtigen Rivalen belästigt wurde. So hat Tundra in einer leichten Mulde am Fuße eines Baumes ihren ersten Wurf zur Welt gebracht. Eines der Neugeborenen war im Vergleich zu seinen Schwestern und Brüdern etwas schwächlich.

Nachdem die Phase beendet war, während der sie gesäugt wurden und in der die Eltern für sie Fleisch gewürgt hatten, schnappten sich die jungen Wölfe selber ihre Fleischstücke und suchten sich jeder einen Platz, um sie hinunterzuschlingen. Aber der etwas schwächliche Welpe fühlte sich durch seine Brüder und Schwestern so verängstigt, daß er es nicht wagte, sich ein Stück Fleisch zu nehmen. Er befürchtete, sie könnten sich auf ihn stürzen und ihm den Brocken wegnehmen. Das brachte ihn so durcheinander, daß er verhungert wäre, wenn nicht seine Mutter Tundra es ihm gestattet hätte, die Fleischstücke zu nehmen, die sie extra für ihn zerkleinert hatte.

Eine ähnliche Zuwendung hätte sie den anderen Jungen, die bei bester Gesundheit waren, verweigert. Dieser Welpe entwickelte sich langsamer als die übrigen, er beteiligte sich nicht an den Spielen und Rangeleien, mit denen seine Schwestern und Brüder die überflüssigen Energien loswurden. Ohne das Verständnis der Mutter wäre er schnell den Hungertod gestorben.

Mit zehn Monaten wog er um die Hälfte weniger als seine Geschwister, und Tundra gab ihm nichts mehr von ihrem Fressen ab. Sie befand sich wieder in der Hitze und mußte an ihren nächsten Wurf denken, so daß der schwächliche junge Wolf starb, noch bevor er ein Jahr alt wurde. In der Wildnis hätte er wahrscheinlich nicht einmal so lange überlebt.

Nur auf Grund sehr strenger Gesetze bewahren sich die wild lebenden Tiere ihre Überlebenschancen; es handelt sich um natürliche Selektionsprinzipien.

Als Tundra die Welpen ihres zweiten Wurfes säugte, wollte ich einige Aufnahmen von dieser anrührenden Szene machen. Ich begann damit, daß ich meinen Photoapparat mit Teleobjektiv auf einem Stativ aufbaute, ungefähr zwanzig Meter von dem Bau entfernt. Die Wölfin lag da und beobachtete mich. Ich dachte, ich sei weit genug entfernt, um sie nicht zu stören. Sie war aber ganz anderer Ansicht. Kaum hatte ich damit angefangen, den Apparat einzustellen, da stand die Wölfin plötzlich auf und zog einen Kreisbogen, weit genug, um mir den Rückweg abzuschneiden.

Ich ließ meine Photoausrüstung stehen und verließ schnell den Park. Die Wölfin war höchstens noch einen Meter von mir entfernt und fletschte die Zähne. Ich mußte lange warten, bis ich mir meine Ausrüstung wieder zurückholen konnte. Ich hatte es mehrmals versucht, aber jedesmal stand die Wölfin sofort auf. Sie näherte sich dem Stativ, beschnupperte es und kehrte dann, überzeugt daß keine Gefahr bestand, zu ihren schlafenden Jungen zurück.

Schließlich versuchte ich es mit einer Ablenkungstaktik. Ich warf Tundra ein totes Huhn hin, die sofort aufsprang, um es sich zu holen. Ich nutzte die Gunst des Augenblicks und nahm die Kamera wieder. Das Vergnügen, eine Szene aus dem Familienleben der Wölfe zu photographieren, verschob ich auf später.

Wir sehen an diesem Beispiel, wie sehr eine Wölfin ihre Welpen verteidigt, wenn sie an den Menschen gewöhnt ist. Sie hat viel weniger Angst vor ihm und würde auch vor einem Angriff nicht zurückschrecken. Freilich kommt es auch hier auf den Einzelfall und den beteiligten Menschen an.

In der freien Wildbahn könnte ein Fotograf, der einen Wurf Welpen entdeckt hat, in aller Ruhe Aufnahmen machen. Denn die Wölfin würde sich sofort aus dem Staub machen, weil ihre Angst vor dem Menschen stärker ist als die Liebe zu ihren Jungen.

Oft ist die Geschichte des Wilderers vom Anfang des 19. Jahrhunderts erzählt worden, der zahlreiche Würfe mit Wolfswelpen an sich gerissen hat, um dafür die Prämie zu kassieren. Aber dieser Wilderer ist nie von den Wölfinnen angegriffen, ja nicht einmal bedroht worden, denen er die Kleinen weggenommen hat. Er hat berichtet, daß sich die Wölfinnen immer über zehn

Meter entfernt gehalten und ihn dabei beobachtet hatten, wie er die Welpen in einen Sack verstaute. Der Wilderer hatte als einzige Waffe einen Besen bei sich.

Dies ist beileibe kein Einzelfall: In Polen und in Ungarn haben Wildhüter oft einen Wurf Welpen an sich gerissen, ohne daß die Muttertiere einzugreifen wagten. Wenn ich Tundra und vielen anderen Wölfinnen, die im Gehege geworfen hatten, Welpen wegnehmen wollte, so konnte ich das ohne große Schwierigkeiten tun.

Trotzdem zeigten diese Wölfinnen eine gewisse Aggressivität mir gegenüber, und ich mußte damit rechnen, daß sie mich angriffen. Natürlich hatte ich keine Waffe. Diese Wölfinnen ließen sich von einem Besen nicht einschüchtern; daher warf ich einige Steine in ihre Richtung, daraufhin entfernten sie sich. Steine sind viel wirkungsvoller als das Herumfuchteln mit einem Besen.

Hier liegt auch ein wesentlicher Unterschied im Verhalten zwischen wild lebenden Wölfinnen mit Jungen und Wölfinnen, die in einem Freigehege geworfen haben. Auch bei diesem unterschiedlichen Verhalten liegt der Grund darin, daß wilde Wölfe vor dem Menschen ungleich mehr Angst haben als Wölfinnen in einem Freigehege, die sich an den Menschen gewöhnen, weil sich zwischen ihnen und den Pflegern Kontakte ergeben.

Ab und zu kam es vor, daß Tundra und Bialow in ihrem Gehege »auf Jagd gingen«. Wenn sie dann gefressen hatten und satt waren, haben sie sehr oft einige Fleischstücke in Depots verteilt, entweder indem sie sie vergruben oder indem sie sie einfach mit Laub oder Tannennadeln zudeckten. Es blieben auch Brocken übrig, die sie überhaupt nicht zudeckten und die den wachsamen Augen der Elstern und der Krähen nicht entgingen. Diese in den Bäumen lauernden *Corviden* oder Rabenvögel machten sich dann über die Fleischstücke her. Ihre heimtückischen Raubzüge blieben den Wölfen nicht lange verborgen.

Die Jährlinge und alle anderen noch unerfahrenen jungen Wölfe stürzten sich mit offenem Maul auf die Vögel, die aber keinerlei Schwierigkeiten hatten, ihnen zu entkommen. Sie flogen jedesmal rechtzeitig davon und ließen sich zuletzt von den hochspringenden, aber gänzlich ungefährlichen Wölfen nicht mehr einschüchtern.

Die Elstern und die Krähen verloren nach und nach ihr natürliches Mißtrauen. Sie sollten schon bald wieder vorsichtiger werden. Sie hatten bis dahin den für sie und trotz der ihnen häufig nachgesagten Intelligenz offensichtlich nicht erkennbaren kleinen Unterschied übersehen, der zwischen einem jungen Wolf und einem erwachsenen Wolf besteht.

Einmal versteckte sich Tundra hinter dem Stamm einer großen Tanne und wartete. Die Krähen machten sich wieder frech und unvorsichtig über das Fleisch her, ohne daß die jungen Wölfe überhaupt Lust hatten einzugreifen. Vollgefressen lagen sie im Halbschatten der Bäume und schliefen. Vielleicht hatten sie begriffen, daß es sinnlos war, diese schwarzen Vögel zu jagen, die sie doch bloß ärgern wollten.

Jetzt stritten sich fünf oder sechs Krähen um ein großes Stück Fleisch. Sie waren so aufgeregt damit beschäftigt, mit ihren Schnäbeln auf die Fleischbrocken einzuhacken und sich die Beute gegenseitig streitig zu machen, daß sie jede Vorsicht außer acht ließen. Als ihr Gerangel den Höhepunkt erreicht hatte, sprang die Wölfin aus ihrem fünf bis sechs Meter entfernten Versteck und schon hatte sie einen der Vögel zwischen den Zähnen.

Im Verlauf von drei Tagen wiederholte sich dieselbe Szene noch zweimal, während ich mich in einem kleinen Wäldchen ungefähr fünfzig Meter weiter weg befand. Es gab aber noch andere Krähen und einige Elstern, die zur Beute der Wölfe wurden. An einem Tag, als ich im Gehege der Wölfe war, kam mir Tundra entgegen und zeigte mir voller Stolz die Krähe, die sie in ihren Fängen hielt. Mehrmals ging sie im Abstand von ein paar Schritten an mir vorüber, um mir ihre Beute demonstrativ zu zeigen.

Im Sommer wie im Winter ging ich nachts hinaus, um den Wölfen einen Besuch abzustatten. Ich setzte mich unter den Bäumen nieder. Weil sie sich in der Dunkelheit wohl fühlen, hatten sie jetzt weniger Angst und kamen zu mir, während ich mich im diffusen Sternenlicht der klaren Nacht zurechtfinden mußte. Sogar Bialow zeigte weniger Scheu, und die Jungwölfe waren sogar dreist genug, ganz an mich heranzugehen und meine Stiefel und meine Weste zu beschnuppern. Tundra übertraf alle; sie kam her und wühlte mit ihrer Schnauze in meinen Haaren herum. In einer anderen Nacht versuchte sie, meinen Kopf in ihr Maul zu nehmen, als ob sie mich wegtragen wollte. Ich brauchte nur ihren Namen auszusprechen, ganz sanft in der von ihr gewohnten Stimmlage, und schon gab sie ihren Versuch auf.

Eines Tages hatte ich Besuch von einem Naturforscher. Ich rief Tundra; sie kam auch sofort herbei, blieb aber einige Meter vor uns stehen. Ich hatte nichts, um sie anzulocken, keinen Keks und kein einziges Stück Zucker. Also zog ich ein Taschentuch aus der Tasche und hielt es ihr hin. Sie näherte sich und nahm das Tuch in einer schnellen Bewegung. Das Taschentuch war mit Lavendel parfümiert, und Tundra deutete an, daß ihr der Duft gefiel. Sie ließ das Tuch auf den Boden fallen, roch daran, rieb dann mit ihrer Schnauze mehrmals über das Tuch, bevor sie sich auf dem Tuch hin und her wälzte. Dann schnappte sie sich das Tuch, entfernte sich etwas weiter und begann die ganze Prozedur von neuem, als ob sie den Geruch auf ihr Fell übertragen wollte. Eine halbe Stunde später hatte sie das Tuch in Fetzen zerrissen, roch aber immer noch daran.

Dabei muß ich hinzufügen, daß sie sich genauso verhalten hätte, wenn das Taschentuch nicht parfümiert gewesen wäre. Ich habe erlebt, daß nicht nur Tundra, sondern auch die jungen Wölfe exakt das gleiche Verhalten zeigten, als ich ihnen Taschentücher gab, die keinerlei besonderen Duft aufwiesen.

Im nächste Kapitel werden wir die Geschichte einer Wölfin mit dem Namen Taiga kennenlernen.

Die Geschichte Taigas

Taiga ist die Tochter von Tundra und Bialow. Sie ist an einem Abend im Mai geboren worden, in einer leichten Vertiefung am Fuße eines wilden Rosenstrauchs. Die Sonne warf ihre letzten Strahlen auf die Berge, der Gesang der Amseln tönte aus den Tälern, ein unermüdlicher Laubsänger ließ sein andauerndes »zilp zalp« hören, und nur wenige Meter über den Wölfen zwitscherte eine kleine Gruppe von Blaumeisen in den Zweigen einer Kiefer und versuchte mit allerlei akrobatischen Manövern, die Rinde der Zapfen aufzupicken.

In dieser Umgebung erblickten Taiga und ihre fünf Brüder und Schwestern das Licht der Welt. Sie sahen aus wie sechs kleine Wollbündel. Die Population der Wölfe war um sechs Mitglieder reicher geworden. Die Wolfsbabies drückten sich an den Bauch ihrer Mutter, auf der Suche nach Wärme und nach den Zitzen. Ihre Bewegungen waren von einer extremen Langsamkeit, fast wie Larven krochen sie voran.

Äußerlich unterschied sich die kleine Taiga nicht von ihren Brüdern und Schwestern, aber der Zufall wollte es, daß sie ein ganz anderes Leben führen sollte als ihre Geschwister. Als Taiga fünf Tage alt war, nutzte ich die günstige Gelegenheit eines Augenblicks, in dem Tundra unaufmerksam war, und nahm sie ihr weg. Fünf Welpen oder sechs, das machte für Tundra, die ohnehin nicht so weit zählen konnte, keinen großen Unterschied. Sie hat von der Entführung auch nichts bemerkt. Es ist bekannt, daß Wölfe ihre Welpen in der Gesamtheit, als Gruppe von Nachkommen, sehen und wahrnehmen, offenbar aber nicht eine bestimmte Anzahl einzelner Welpen (etwa vier oder fünf) ausmachen können.

So leicht geht eine »Entführung« freilich nicht immer. Es kommt vor, daß die Wachsamkeit des Muttertieres keine Sekunde lang nachläßt. Dann muß man versuchen, die Wölfin abzulenken, zum Beispiel indem man ihr einen Brocken Fleisch hinwirft, aber weit genug von ihr weg. Sie wird dann den Bau verlassen, um sich das Fleisch zu holen. Während sie abgelenkt ist, kann man ihr einen Welpen wegnehmen.

Nicht immer ist es leicht, den Welpen in den Bau zu den anderen Welpen zurückzubringen, aber es genügt, wenn man ihn davor auf den Boden legt. Die Wölfin nähert sich, beschnuppert den Welpen und trägt ihn im Maul zurück zu seinen Geschwistern.

Taiga jedoch sollte nicht zu den Wölfen zurückkehren; das Leben im Rudel hat sie nie kennengelernt. Wie ich erwähnt hatte, war sie erst fünf Tage alt, als ich sie ihrer Familie wegnahm. Ihre Augen waren noch geschlossen, aber sie war schon bestens mit der Welt der Gerüche vertraut und wußte daher, daß sie ihre Mutter und den Bau verlassen hatte. Während ich sie wegtrug, beschnupperte sie lange und ausgiebig meine Hände.

Als ich zu Hause angelangt war, gab ich ihr mit der Flasche gezuckerte Kondensmilch. Sie zeigte aber eine deutliche Vorliebe für Kuhmilch, der ein wenig Lebertran beigemischt war. Taiga gewöhnte sich schnell an das Fläschchen, und jedesmal wenn sie gesäugt wurde, das heißt zehn bis zwölf Mal innerhalb von vierundzwanzig Stunden, streichelte ich ihr sanft den Bauch, um ihr die Gelegenheit zum Urinieren zu geben.

Man muß nämlich wissen, daß die Muttertiere aller jungen Säugetiere den Bauch ihrer Jungen schlecken und daß es dabei nicht um die Sauberkeit geht, sondern um eine lebenswichtige Notwendigkeit. Die Babies von Säugetieren wären ohne diese Hilfe nicht in der Lage zu urinieren. Der Kontakt mit der feuchten Zunge löst den Drang zum Harnlassen aus.

Jäger oder auch Spaziergänger, die ganz junge Tiere aufgefunden haben und sie aufziehen wollten, konnten die Jungen nicht durchbringen, weil sie über dieses kleine, aber lebenswichtige Detail nicht Bescheid wußten. Außerdem hätten sie besser daran getan, das Junge da zu lassen, wo sie es gefunden hatten, denn aller Wahrscheinlichkeit nach hätte das Muttertier ihr Junges wieder gefunden.

Bei Taiga ersetzte ein kleiner vollgesogener Schwamm die Zunge der Mutter. Abends legte ich das junge Wölfchen zum Schlafen in einen Karton, in den ich eine Wärmflasche, eingewickelt in eine kleine Decke, getan hatte. Von der Wärme angezogen krabbelte Taiga sofort zur Wärmflasche, sie drückte sich dagegen und schlief sofort ein.

Im Bemühen, die Rolle der Mutter so gut wie möglich zu spielen und dabei selber noch genügend Schlaf zu bekommen, gab ich Taiga immer ein Fläschchen, kurz bevor ich zu Bett ging, immer so spät wie möglich, das heißt gegen Mitternacht, manchmal auch gegen ein Uhr morgens.

Gegen drei Uhr morgens plagte der Hunger den kleinen Welpen, Taiga stieß Schreie aus, die mich aufweckten. Ich hüpfte aus dem Bett, um ihr eine neue Flasche zu geben. Dann konnte ich, wenn alles gut ging, bis ungefähr 6 Uhr morgens schlafen.

Meine Frau war sehr überrascht; meinen Kindern hatte ich nie die Flasche gegeben, und jetzt spielte ich das perfekte Kindermädchen. Na ja, vielleicht nicht ganz das perfekte; ich hatte mich zwar seit drei Tagen gut um Taiga gekümmert (sie hatte die Augen noch nicht geöffnet), aber meine Frau machte mich darauf aufmerksam, daß ich die Haltung nicht kannte, in der man einem Säugling am besten die Flasche gab. Sie nahm mir die kleine Wölfin und die Flasche aus der Hand, aber zum Erstaunen meiner Frau weigerte sich Taiga zu trinken. »Bestimmt hat sie keinen Hunger mehr«, dachte meine Frau. »Doch, sie hat Hunger«, antwortete ich und lieferte den Beweis, indem ich Taiga die Flasche gab, aus der sie prompt gierige Schlucke nahm.

Wieso hatte sie die Flasche verweigert, als meine Frau sie ihr geben wollte? Ganz einfach, weil sie einen Geruch wahrnahm, mit dem sie nicht vertraut war und vor dem sie Angst hatte. Dagegen war sie schon sehr an meinen Geruch gewöhnt. Daraus kann man schließen, daß ein kleines Tier dank seines Geruchssinns bereits eine gewisse Vorstellung von der Welt hat, die es umgibt, auch wenn es die Augen noch nicht geöffnet hat.

Zwischen dem neunten und zehnten, manchmal auch dem elften Tag, öffnen die Wolfswelpen die Augen. Am zehnten Tag öffneten sich die Augen Taigas. Na ja, ihr Blick war noch nicht sehr lebhaft, vermutlich konnte sie die Dinge in ihrer Umgebung noch nicht deutlich unterscheiden. Das konnte ich feststellen, als ich ihr mehrmals mit der Hand übers Gesicht fuhr. Aus diesem Grund schenke ich den Beschreibungen mancher phantasiebegabter Naturforscher keinen Glauben, wenn sie diesen ergreifenden Augenblick wiedergeben, etwa in der Art: »Das kleine Tier öffnete die Augen und musterte mit einem erstaunten Blick die Welt.«

Erst einige Stunden später konnte Taiga, die meinen Geruch so gut kannte, den Geruch mit dem in Verbindung bringen, was ihre Augen wahrnahmen. Von da an betrachtete sie mich als ihren Vater und ihre Mutter in einer Person. In ihrer Vorstellung war ich ein Artgenosse, wie umgekehrt auch sie für mich eine Artgenossin war. Zwei oder drei Tage später brachte ich sie zu ihrer Mutter Tundra, zu Bialow und zu ihren Geschwistern. Sie hat sie nicht nur ignoriert, sondern auch große Angst vor ihnen gehabt, ganz besonders in dem Moment, als Tundra sie beschnupperte.

Im Alter von drei Wochen mochte Taiga es besonders gerne, sich eng an mich anzuschmiegen; ich steckte sie unter mein Hemd, und manchmal schlief sie an meiner Brust ein. Ihrer Milch setzte ich jetzt Fleischmehl hinzu. Mit einem Monat lief sie überall herum und sobald sie mich sah, kam sie angerannt, so schnell es ihr ihre kurzen Läufe erlaubten, und drängte sich gegen meine Beine. Dann nahm ich sie in meine Arme, sie schleckte mich und seufzte vor Wonne.

Wenn ich sie allein ließ, heulte sie wie ein kleines Kind. Ich mußte mir klar machen, daß ein Wolf und mehr noch ein Welpe, der von seinen Artgenossen allein gelassen wird, ganz fürchterlich unter der Einsamkeit leidet. Das ist absolut verständlich bei einer Lebensart, die so auf Geselligkeit und sozialem Verhalten aufgebaut ist.

Taiga schlief also in einem Karton, aber sehr schnell hatte sie gelernt, wie man an ihm hochkletterte, um auf der anderen Seite herunterzufallen. Dann suchte sie in sämtlichen Zimmern des Hauses nach mir.

Als die kleine Wölfin vierzig Tage alt war, begann ich, ihr gehacktes Fleisch zu geben. Sie entwickelte sich sehr schnell, mit jedem Tag wurde ihr Appetit größer. Ich war erstaunt über die Schnelligkeit, mit der sie die Verbindung zwischen dem raschelnden Einwickelpapier aus der Metzgerei und dem Fleisch herstellte.

Eines Tages versuchte sie, die Treppe hinunterzusteigen, die in den Garten führte. Bis zur zweiten Stufe ging alles gut, dann aber wurde sie von ihrem Schwung mitgerissen und kugelte die übrigen Stufen herunter. Ein bißchen zerzaust, leicht verärgert und verschreckt landete sie im Garten. Sie ging dann auf die Terrasse, und von dem Tag an nahm sie einige Wochen lang keine Treppe mehr. Sie zog es vor, von der Terrasse zu springen, wenn sie zu mir in den Garten kommen wollte. Dabei sprang sie in den Blumentrog mit Margeriten, die nach allen Regeln der Gartenkunst gepflegt worden waren – von meiner Frau, die gerade mit den Kindern Urlaub am Meer machte. Ich war also allein zu Haus mit Taiga, die nach Herzenslust in Haus und Garten herumtollte. Ein ganzer Monat Ferien für die kleine Wölfin.

Als meine Familie aus dem Urlaub zurückkam, galt der erste Blick meiner Frau ihren geliebten Margeriten. »Was ist denn hier passiert?« fragte sie mich. Sozusagen in flagranti ertappt (schon länger dachte ich nicht mehr an die Verwüstungen, die Taiga im Blumenreich meiner Frau angerichtet hatte), erklärte ich, ein Gewitter sei für das mittlere Desaster verantwortlich. (Ich muß betonen, daß die wunderschönen, einst meterhohen

Margeriten nur noch eine verkrautete Masse bildeten. Die Wölfin war mehrmals am Tag hineingesprungen und hatte die Margeriten völlig zertrampelt.) Ziemlich überrascht murmelte meine Frau so etwas wie »Mistwetter in der Gegend«; dann sah sie aber nur einige Meter weiter, Blumen, die überhaupt nichts abbekommen hatten, und fügte hinzu: »Komisch, dort sind alle in Ordnung.«

Ich erinnerte daran, daß Gewitter manchmal sehr lokal sein können, sie schien mir aber nicht recht davon überzeugt. Genau in dem Moment fiel es Taiga ein, in die ramponierten Margeriten zu springen . . . Die Fortsetzung können Sie sich denken!

Auch die Vorhänge und die Sessel wurden durch Taigas überquellende Energie etwas in Mitleidenschaft gezogen, aber ich hielt dies für vollkommen natürlich. Ein Wolf kann das Bedürfnis des Menschen nach Komfort und Bequemlichkeit nicht verstehen.

Meine kleine Wölfin war immer bei bester Laune, immer bereit zu spielen, es sei denn, sie schlang gerade ihre Fleischration hinunter. In diesen Momenten wußte sie sich zu verteidigen. Als Taiga sechs Wochen alt war, war es unseren beiden Hauskatzen gelungen, sie einzuschüchtern, indem sie ihr mit der Pfote eines überzogen. Die Katzen hofften, ihr so ein Stück Fleisch wegschnappen zu können. Aber die Überlegenheit der Katzen hielt nicht lange an.

Taiga hatte ein ziemlich lebendiges Temperament, und schon bald stürzte sie auf die Katzen los, wobei sie nicht einmal versuchte, ihren Krallen auszuweichen. Meine Katzen hatten noch nie ein dermaßen entschlossenes »Hündchen« erlebt. In der Tat war dieser kleine Hund auch nicht in den Gruppenregeln der Wohlanständigkeit und der guten Sitten gefangen.

Taiga war eine gute Freundin für die drei Kinder geworden, sogar meine fünf Jahre alte Tochter nahm sie in die Arme. Taiga war ganz verrückt danach, mit ihnen zu spielen und hatte eine im wahrsten Sinne des Wortes tierische Freude daran, den Kindern in die Backen zu zwicken, wobei sie aber sehr vorsichtig war und darauf achtete, nur ganz leicht zuzudrücken. Denn ihre scharfen Milchzähne konnten bereits sehr weh tun. Sie trank nicht mehr aus der Flasche (hatte schon mehrere zerbissen), mochte aber immer noch die Milch, die ich ihr in den Napf gab.

Trotz der ganzen Zuneigung, die sie für meine Kinder empfand, zögerte sie keine Sekunde, sie mitten im Spiel im Stich zu lassen, um mich zu begrüßen, wenn ich aus dem Büro kam. Sie mochte es ganz besonders, wenn ich ihr meinen Arm hinhielt, den sie dann mit ihren Zähnen festhielt, wobei sie vor Freude heulte. Genauer gesagt waren es leise, verhaltene Seufzer, mit denen alle Wolfswelpen den Eltern ihre Zuneigung zeigen. Diese Zeremonie des freudigen Wiedersehens wiederholte sich im Laufe des Tages mehrere Male, sie dauerte immer nur drei bis vier Minuten, dann rannte Taiga wie der Blitz davon, sprang nach einem Schmetterling, haschte nach allem was da kreucht und fleucht und versuchte so, ihre überschüssige Energie loszuwerden.

Als sie noch nicht ganz drei Monate alt war, mußte ich ihr ein Halsband anlegen; ein rundes, glattes Halsband, das nicht an den Haaren zerrt und doch fest sitzt. Die junge Wölfin hatte noch nie von La Fontaines Fabel »Der Wolf und der Hund« gehört, denn sie akzeptierte das Halsband ohne Widerrede.

Ich fing an, sie mit der Leine im Garten spazieren zu führen, und war überrascht, wie schnell sie es lernte, gleichmäßig neben mir herzulaufen. Natürlich hätte mich das gar nicht überraschen sollen, denn ich bedeutete alles für Taiga und hätte ihr Verhalten nur mit dem ihrer Brüder und Schwestern vergleichen müssen: Auch sie liefen ihrer Mutter nach, einer hinter dem anderen, im Gänsemarsch.

Den Spaziergängen im Garten folgten Spaziergänge in der näheren, ziemlich verlassenen Umgebung. Am Anfang machte ich mir noch ein bißchen Sorgen. Wie würde die Wölfin reagieren, wenn sie auf fremde Menschen stieß? Und wie auf die Autos, die mit hohem Tempo vorüberfuhren? Wäre sie bereit, ganz in der Nähe dieser Monster herumzulaufen? Ich sollte bald eine klare Antwort auf diese Fragen erhalten.

Was die Fremden betrifft, so schenkte sie ihnen nicht die geringste Beachtung. Wenn es sich aber um jemanden handelte, den ich kannte und der auf einen kurzen Plausch stehenblieb, dann beschnupperte sie ihn von den Schuhen bis zum Knie und drängte sich dann schutzsuchend an mich. Manchmal, wenn die Unterhaltung etwas länger dauerte, legte sie sich hin und schlief. Mit den Autos gab es einige Aufregung. Das erste Mal war es ein schwerer Lastwagen, der ganz nah an uns vorbeidonnerte. Taiga drängte sich mit einer solchen Macht an mich, daß sie mich beinahe umgeworfen hätte. Dann kam ein Autofahrer vorbei, der laut hupte. Bei diesem »Schrei«, der keinem Ruf eines vertrauten Tieres entsprang, bekam die Wölfin einen derartigen Schrecken, daß sie zu fliehen versuchte, wobei sie mit aller Macht an der Leine zog.

Dies war alles am ersten Tag, danach aber gewöhnte sie sich schnell an die vorübergehenden Menschen, an die Autos, an all die Geräusche der Straße und an den Lärm, den der Mensch veranstaltet.

Ich nahm sie mit auf den Markt und ging mit ihr in die belebtesten Viertel. An einem Tag jedoch schnappte sie nach dem Einkaufsnetz einer Hausfrau, in dem einige Koteletts waren. Im letzten Moment konnte ich Taiga zurückhalten, ihre Zähne hatten nur zwei bis drei Zentimeter vor dem Netz zugeschnappt. Aber die gute, reichlich verängstigte Frau, brüllte mich an: »Wenn man so einen Hund hat, dann läßt man ihn zu Hause!« Wenn die Frau nur gewußt hätte ...

Eines schönen Tages nahm ich die junge Wölfin in mein Büro in der Stadt mit. Kaum waren wir eingetreten, stürzte sie sich auf den Papierkorb, schaute nicht nach rechts und nicht nach links und schon gar nicht auf meine Sekretärinnen. Als sie alles zerfetzt und festgestellt hatte, daß auch nicht der kleinste Bissen Fleisch in dem Papierkorb war, drehte sie sich um, sprang mit einem Satz auf meinen Schreibtisch und begann mit ihrer Inspektion.

Schließlich glaubte sie – das Büro befand sich im Erdgeschoß– auf die Straße zu den Passanten springen zu können, aber sie stieß ziemlich heftig gegen die Fensterfront. In der Zukunft wußte sie dieser Falle zu entgehen. Sie hatte noch keine Mauer erlebt, die es gestattete, alles dahinter zu sehen und die doch ein undurchdringliches Hindernis darstellte.

Taiga gefiel es nicht besonders an diesem Arbeitsplatz; sie hatte nichts von einem Bürohengst an sich, und ich bin der letzte, der ihr das zum Vorwurf machen würde. Dagegen ging sie sehr gern an der Leine spazieren, so daß sie schon nach wenigen Tagen freudig zur Tür sprang, sobald sie mich die Leine in die Hand nehmen sah. Taiga war jetzt vier Monate alt. Aus ihr war ein junger, muskulöser, aber immer noch verspielter Wolf geworden. Sie verlor ihre Milchzähne. Eines Tages, als sie im Spiel an mir herumknabberte, hatte ich plötzlich einen ihrer Milchzähne in der Hand. An die Stelle der weichen Milchzähne traten robuste, nadelspitze Zähne, die glänzend weiß waren. Dieser Zahnwechsel vollzog sich offensichtlich ohne Schmerzen. Die junge Wölfin rannte jetzt immer schneller, sprang höher und höher, nahezu ansatzlos, wie ihre wildlebenden Artgenossen.

Es erstaunte mich immer noch, mit welcher besonderen Technik sie Treppen bewältigte. Sie lief immer sehr schnell los, nahm auf den ersten Stufen mit aller Kraft Schwung und flog geradezu hoch; ihr Körper formte sich zu einem Bogen, und sie »landete« fünf oder sechs Stufen weiter oben. Dieser Bewegungsablauf war so schön, so harmonisch und voller Anmut, daß ich Taiga mehrmals am Tag die Treppe hochlaufen ließ, um in den Genuß zu kommen, sie dabei bewundern zu können.

Manchmal, wenn wir in der Stadt spazieren gingen, näherten sich Hunde der Wölfin, um ihre Bekanntschaft zu machen. Das erste Mal war es ein großer Hund, der etwas von einem Deutschen Schäferhund hatte. Taiga erwies ihm alle nur erdenklichen Höflichkeiten, als ob sie einen hohen Herrn vor sich hätte, aber der große Hund trabte davon, ohne sich weiter für Taiga zu interessieren. Durch das lange Leben auf der Straße, das Herumschnüffeln in Mülltonnen und Abfällen, war der Hund völlig heruntergekommen und zu einem zerlumpten Straßenköter geworden. Aber die Begegnungen der Wölfin mit anderen Hunden, auf die wir trafen, verliefen harmonisch und eher freundschaftlich. Aus diesem Grund besorgte ich Taiga, als sie gerade fünf Monate alt geworden war, einen Kameraden in Gestalt eines jungen Deutschen Schäferhundes. Er hatte dichtes, langes Fell und war zwei Jahre älter als Taiga.

Die zwei Tiere hätten sich nicht besser verstehen können, sieht man von der Zeit ab, zu der sie ihr Fressen bekamen. Wenn die Wölfin fraß, duldete sie die Anwesenheit des Hundes an ihrer Seite nicht. Er mußte mindestens fünf bis sechs Meter weiter weg stehen; wenn er sich nicht daran hielt, ging sie mit gefletschten Zähnen auf ihn los. Der Hund ließ es aber nicht mehr so weit kommen. Ich glaube nicht, daß er aus reiner Höflichkeit den geziemenden Abstand hielt, sondern schlicht und einfach, weil ihn das mächtige Gebiß der Wölfin beeindruckt hatte.

Bei den Spielen der beiden Tiere, die manchmal ziemlich wild verliefen, war der Hund regelmäßig der Unterlegene, obwohl er älter, etwas größer und schlanker als seine Kameradin und im übrigen ein äußerst kräftiges Tier war. Die Wölfin schien eine größere Durchschlagskraft zu haben, was sie aber nicht daran hinderte, zugleich viel gewandter und beweglicher zu sein. Ich konnte mich davon überzeugen, daß ihr dichtes, von langen rauhen Haaren geschütztes Fell den Hund ziemlich irritierte, weil seine Zähne darin anscheinend nicht den richtigen Halt fanden und kaum zubeißen konnten. Es gab aber nie wirklich ernsthafte Kämpfe zwischen den zwei Kameraden. Oft, wenn sie miteinander kämpften, griff die Wölfin zu einer bemerkenswerten Technik.

Mit einem ihrer Vorderläufe verpaßte sie den Läufen des Hundes einen heftigen Schlag, gleichzeitig rammte sie mit aller Kraft ihre Schulter in den Hund. In zwei von drei Fällen verlor der Hund das Gleichgewicht und stürzte zu Boden.

Wie alle Wölfe spielte Taiga lautlos, während der Hund dabei ständig um sie herum bellte und sich zu fragen schien, warum sie ihrerseits nicht mit Gebell Antwort gab. Von Zeit zu Zeit nahm ich Taiga im Wagen zu dem sieben Kilometer von unserem Wohnhaus entfernten Park mit, in dem ihre Familie lebte. So kurz diese Fahrten waren, so lebhaft ging es dabei im Inneren des Wagens zu.

Die Wölfin verhielt sich in dem Auto nicht so ruhig und passiv wie ein Hund. Mit katzenhafter Geschmeidigkeit sprang sie vom Rücksitz auf die Vordersitze und umgekehrt. Manchmal wollte sie sich um jeden Preis auf meinen Schoß setzen, während ich am Steuer saß, oder sie knabberte an meinen Schuhen herum oder wollte sich sogar auf meine Füße legen. Während der ganzen Fahrt wurde abwechselnd das Gaspedal voll durchgetreten oder brutal auf die Bremsen gedrückt.

Einmal kam ich auf die Idee, sie in den Kofferraum zu sperren, um während der Fahrt nicht gestört zu werden. Ich dachte mir, das würde ihr nichts ausmachen, es war ja bloß für ein paar Minuten. Diese Maßnahme sollte ich noch bereuen. Taiga hatte den Teppich zerfetzt und die Verkleidungen herausgerissen, die Elektrokabel durchgebissen und die Birnen der Rücklichter zerbrochen. Offensichtlich litt sie wirklich an Klaustrophobie.

Tundra, Taigas Mutter, schien erfreut beim Anblick ihrer Tochter, aber ich traute mich nicht, die junge Wölfin ins Gehege zu lassen. Außerdem gab sie auch keinerlei Zeichen, daß sie hinein wollte. Ich glaube, sie hätte sich mit ihren Eltern nicht sonderlich gut vertragen. Insgesamt behielt ich Taiga acht Monate bei mir. Abends schloß ich sie in einen gut dreißig Quadratmeter großen Zwinger ein, in dem sie die Nacht verbrachte.

Aber ich konnte sie nicht auf Dauer unter diesen Bedingungen leben lassen. Nicht daß sie gefährlich geworden wäre, im Gegenteil, ihre Zuneigung mir gegenüber nahm ständig zu je älter sie wurde. Der Grund war ein anderer: Jede Nacht heulte sie einige Zeit, zwar nicht sehr lange, aber doch regelmäßig. Das war wunderschön, jedenfalls klang es so in meinen Ohren; aber meine Nachbarn waren da anderer Meinung. Sie fanden das Geheul, das für jemand mit einem musikalischen Gehör oder auch für einen Naturforscher so harmonisch klingt, abscheulich.

Grey Owl hat gesagt, daß er sich wohlfühlt, wenn er die Musik der Wölfe hört, aber leider ist nicht jedermann Grey Owl. Deshalb mußte ich mich von Taiga trennen. Natürlich besuchte ich sie jeden Tag in dem Gehege, das ich neben dem Territorium errichten ließ, in dem ihre Familie lebte. Und sehr oft habe ich sie freigelassen, um mit ihr lange Spaziergänge durch den Wald zu unternehmen. Wenn ich mal nicht außerhalb beschäftigt war, dann nahm ich die junge Wölfin zu mir nach Hause mit. Aber ein wildes Tier, dessen Sozialisation abgeschlossen ist, kann nicht allzu lange getrennt von dem Wesen leben, das es als sein Leittier betrachtet, sonst ist es sehr unglücklich.

Als dieses Buch 1969 in der ersten Fassung bei den Editions Stock erschien, hatte ich auf den letzten Zeilen des Kapitels über die junge Wölfin geschrieben, daß ich ihr eines Tages einen »Ehemann« geben würde.

Ich hatte hinzugefügt, daß Taiga, ihre Schwestern und Brüder vielleicht einmal noch bessere Lebensbedingungen bekämen und ein freieres Leben führen könnten. Für die junge Wölfin sollte es aber anders kommen.

Anfang der siebziger Jahre mußte ich das Aufziehen von Wölfen aufgeben. So wurden Tundra, Bialow, ihre Nachkommen und auch Taiga in die Gehege des Tierparks von Gévaudan umgesiedelt. Er liegt nördlich der hübschen Kleinstadt Marvejols, dort gibt es große Freigehege für die Wölfe.

So oft wie es ging und trotz der gut vierzig Kilometer, die mich von da an von meinen Wölfen trennten, fuhr ich hin, um sie zu besuchen. Taiga lebte allein in einem Gehege. Über meine Besuche freute sie sich jedesmal riesig. Die Wiedersehensfreude brachte sie mit Luftsprüngen und allen möglichen Zeichen der Zuwendung zum Ausdruck, so daß ich sie immer mit großem Bedauern allein zurückließ. Zum Abschied heulte sie immer sehr lange.

Eines Tages rief mich der Besitzer des Parks an, um mir vorzuschlagen, daß es an der Zeit sei, Taiga, die inzwischen fast vier Jahre alt war, einen Partner zu geben. Es war Ende Januar, und ich fing im großen Nachbargehege, in dem etwa zehn Wölfe lebten, einen erwachsenen Wolf. Sobald Taiga den Neuankömmling sah, machte sie freudige Luftsprünge um den Wolf und knabberte an ihm herum, aber er zeigte sich weit weniger erfreut als die Wölfin. Sie aber ließ nicht locker, sie war ganz aus dem Häuschen, ergriff die Initiative, kurz: Sie liebte ihn ohne jeden Vorbehalt.

Der Wolf ging nie auf ihre Avancen ein, er stieß sie zurück. Ich verstand das nicht. Die Ranzzeit hatte begonnen, und normalerweise hätte der drei Jahre alte Rüde »interessiert« sein müssen. Trotzdem fuhr ich diesmal etwas weniger traurig weg, denn ich hoffte, daß sich bald alles einrenken würde. Zehn Tage vergingen. Da rief mich am Morgen der Besitzer des Parks an, um mir eine traurige Mitteilung zu machen. »Taiga ist tot«, sagte er. Der Wolf hatte sie tot gebissen!

Für Taiga hatte ich mir ein ganz anderes Leben erträumt. Ich betrachtete ihren toten Körper, ich glaubte und hoffte, sie würde wieder aufstehen, an mir hochspringen, der Tod würde ihr nichts anhaben können, sie wäre immer noch so elegant und grazil in ihren Bewegungen.

Da fiel mir der große Wolf auf. Er hielt sich in einigen Metern Entfernung, hielt seine Nase genau auf das Gitter gerichtet und versuchte, die Witterung seines Artgenossen aus dem weiter unten gelegenen Gehege aufzunehmen. Ich ging näher heran und sah eine junge, zwei Jahre alte Wölfin, die ebenfalls die Nase ans Gitter hielt und versuchte, den Wolf ausfindig zu machen, der Taigas Leben ein Ende bereitet hatte.

In dem Moment wurde mir der Fehler klar, den ich begangen hatte. Ich hatte Taiga einen Wolf gegeben, der bereits mit einer anderen jungen Wölfin »verlobt« war. Diese Art Verlobungszeit kommt bei Wölfen sehr häufig vor. Ein junger Rüde und ein junges Weibchen verstehen sich sehr gut, obwohl sie noch nicht die Geschlechtsreife erreicht haben. Sie trennen sich nicht mehr voneinander, fressen zusammen, kurz: sie sind in freundschaftlicher Liebe miteinander verbunden, die später auch zur Paarung führen wird.

Ich habe den Sachverhalt dem Besitzer erläutert und erklärt, daß man diese junge Wölfin fangen und ins

Gehege des Rüden bringen müsse, der Taiga getötet hatte. »Aber der wird sie auch umbringen«, meinte er. »Auf gar keinen Fall«, gab ich zur Antwort.

Ich fing also diese junge Wölfin ein. Die Freude, mit der das Paar das Wiedersehen feierte, hätte man sehen sollen. Die zwei Verliebten rannten wie verrückt herum, hielten plötzlich inne, bissen sich zärtlich gegenseitig in die Wangen, gaben sich schmatzende Küsse und schleckten genüßlich mit der Zunge. Sie hatten das Glück wiedergefunden.

Ein Jahr später hatte das Paar viel zu tun und viel Verantwortung: Die Wölfin hatte vier Welpen geworfen. Welche Folgerungen können wir daraus ziehen?

Obwohl ich mich immer vor Anthropomorphismen in acht nehme, bin ich sicher, daß der Wolf Taiga getötet hat, weil er schon einer anderen Wölfin »versprochen« war. Er hatte gleichsam aus Treue getötet. Einen anderen Grund kann ich mir nicht vorstellen. Und ich frage mich, ob ausgewiesene Naturforscher und Ethologen eine andere Erklärung für das Verhalten dieses Wolfsrüden hätten, die von meiner abweicht. Wohl kaum.

Taiga, meine schöne Wölfin, ist also der Treue dieses Rüden zum Opfer gefallen. Ich muß sagen, daß meine Verantwortung für diese unselige Geschichte in einem etwas milderen Licht erscheint, wenn man berücksichtigt, daß ich nicht allzu oft die Möglichkeit hatte, mich in den Park zu begeben. Hätte ich dagegen die Möglichkeit häufiger Besuche gehabt, dann hätte ich den Fehler nicht begangen, ein Wolfspärchen zu trennen, das zwar noch nicht geschlechtsreif, aber doch schon einander »versprochen« war. Damit will ich sagen, daß ich mich niemals mehr auf ein solches Experiment einlassen werden und ich empfehle jedem, auf derlei Experimente zu verzichten.

Wotan, Gabor, Ilonka und einige andere

Wotan, Gabor und Ilonka sind junge Wölfe aus Kanada. Sie waren zwei Monate alt, als sie mir ein schweizerischer Naturforscher mitbrachte. Das war im Jahre 1963. Alain Bongard, so hieß der Forscher, war ein Freund der Wölfe, er kannte sie gut. Drei Jahre lang und drei harte Winter hindurch hatte er in Kanadas hohem Norden an Zählungen der Wolfspopulation teilgenommen. Alain Bongard sollte sehr jung sterben; er wurde zum Opfer seiner Leidenschaft für das Leben in der Wildnis. Es war ein kurzes, aber reiches und ausgefülltes Leben. Nur war es ihm nicht vergönnt gewesen, Spuren seiner Arbeit zu hinterlassen, seine Beobachtungen öffentlich publik zu machen.

Die drei Welpen aus Kanada zog ich in dem Gehege auf, das neben dem der Wölfe aus Polen lag. Wotan hatte ein schwarzes Fell, sein Bruder Gabor und seine Schwester Ilonka waren sehr hell, fast weiß, von einigen schwarzen Haaren abgesehen, die sich vor allem auf dem Rücken fanden.

Wotan, diesen Namen hatten die Germanen dem Gott Odin gegeben, der nach der nordischen Mythologie die Welt beherrschte. Unser Wotan herrschte nicht über die Welt, aber er dominierte eindeutig seinen Bruder und seine Schwester.

Über einen langen Zeitraum hinweg habe ich detaillierte Aufzeichnungen über die Gewohnheiten dieser Welpen gemacht, die viel dazu beigetragen haben, daß ich ihr Verhalten in den verschiedensten Situationen genauer kennenlernen konnte. Ich hatte in ihrem Gehege eine Blockhütte errichten lassen. Doch obwohl die Welpen noch sehr jung waren, benutzten sie die Hütte nicht. Sie zogen es bereits vor, unter freiem Himmel zu schlafen.

Schon kurz nach seiner Ankunft unterstrich Wotan seinen Führungsanspruch. Wie Alain Bongard mir berichtet hatte, war bis dato Gabor der stärkste und dominierende gewesen. Er war derjenige, der sich am energischsten und schnellsten bei der Ausgabe des Fleisches durchgesetzt hatte. Aber das sollte sich sehr bald ändern.

Bevor die Welpen zu mir kamen, hatten sie in Gefangenschaft in einem Zwinger gelebt. Das Leben in einem Freigehege unter den Bedingungen einer Beinahe-Freiheit, das sie plötzlich genießen konnten, hat sie aber nicht nur überrascht, sondern sogar beunruhigt. Tatsächlich waren sie etwas durcheinander und fast verloren in dem abwechslungsreichen Revier, in dem Jungkiefern und Ginsterbüsche wuchsen. Ich glaube, Wotan stellte sich als erster auf die neue Umgebung ein und betrachtete sie nicht mehr als feindlich. Er gewöhnte sich schneller an das Revier. Vor den anderen legte er ein gewisses Streben nach Unabhängigkeit an den Tag, zeigte sich abenteuerlustig, schnüffelte am Fuß der Bäume und ging um die Ginsterbüsche herum. Er merkte außerdem, daß ihm die Büsche nicht nur Schutz boten vor der heftig brennenden Sonne, sondern daß er sich hinter ihnen vor seinen Geschwistern, die er gerne mit einem plötzlichen Angriff überraschte, auch verstecken konnte.

Neben Fleisch vom Rind oder vom Lamm gab ich den Wölfen oft auch Hühner zum Fressen. Es waren kranke oder verletzte Hühner, die aus einer Farm in der Nachbarschaft stammten. Der Züchter hatte nicht weniger als fünftausend Legehennen und über tausend Hähne, die auf einem mehrere Hektar großen Gelände lebten. Die Hühnerfarm lag ganz in der Nähe der Straße, die ich immer nahm, wenn ich zu den Wolfsgehegen fuhr. Der Züchter gab mir fast täglich einen Sack mit, in den er tote oder schwächliche Hennen gepackt hatte, mit denen er nichts mehr anfangen konnte.

Eines Tages – es war ein Festtag für die Wölfe – waren durch den Knall eines Flugzeugs, das in geringer Höhe die Schallmauer durchbrochen hatte, sechzig Hühner gestorben. Sie waren so erschrocken, daß sie in Panik gerieten und in einem wilden Durcheinander zum Eingang der Hühnerställe rannten, um darin Schutz zu suchen. Diese Panik endete für sechzig Hühner tödlich, sie bekamen keine Luft mehr oder wurden niedergetrampelt. Eine ähnlich verheerende Wirkung auf die Zuchthühner der Farm hatten Feuer- oder Unfallsirenen. Der Besitzer war darüber sehr verärgert, was wieder einmal das alte Sprichwort bestätigt: des einen Freud, des anderen Leid. Die Wölfe waren dabei die Gewinner. Wenn sie Hühner verschlingen konnten, kamen sie in den Genuß einer nahezu natürlichen Nahrung wie in der freien Wildbahn.

Als ich den Wölfen das erste Mal Hühner zum Fressen gab, war Alain Bongard dabei; er war es, der eines dieser schwächlichen Hühner im Gehege der drei Wölfe aus Kanada freiließ. Die Henne, die die Welpen gar nicht bemerkt hatte, hielt ihr Mittagsschläfchen im Schatten des Ginsters, danach fing sie in aller Ruhe an, auf dem Boden herumzupicken, wobei sie ab und zu zufrieden vor sich hin gluckste.

Plötzlich, die Henne war nur wenige Meter von den Welpen entfernt, wachten die Wölfe auf und entdeckten den Hühnervogel. Sie waren dermaßen überrascht (sie hatten noch nie ein Huhn gesehen), daß sie versuchten, in den Ginsterbüschen in Deckung zu gehen, aber ihre Unruhe beim Rückzug verschreckte die Henne so sehr, daß sie gackernd das Weite suchte.

Diese Fluchtbewegung hat in Wotan sofort den Jagdinstinkt ausgelöst. Er hatte das Huhn sehr schnell eingefangen, das sich mit heftigem Flügelschlagen und kreischend zu wehren suchte. Empfindlichen Gemütern sei gesagt, daß die Henne nicht lange leiden mußte. Die kleinen, nadelscharfen Zähne hatten sehr schnell den Hals des Huhns entdeckt und so saubere Arbeit geleistet wie ein professioneller Metzger mit seinem Messer.

Ich vermute, daß die Welpen vielleicht versucht hätten, mit der Henne zu spielen, wenn sie nicht in Panik geraten wäre. Wenigstens eine Zeitlang hätten sie wohl mit ihr gespielt... Aber wer kann schon von einer Henne verlangen, daß sie richtig reagiert! Jedenfalls, zu einem Spiel ist es nicht gekommen; das junge Raubtier riß das Huhn, öffnete ihm den Bauch und begann es zu verschlingen, die Innereien mit besonderem Genuß. Gabor und Ilonka kamen, sich sicherer fühlend, näher heran, um ihren Anteil an dem Festschmaus zu bekommen, aber Wotan hatte die Absicht, seine Beute zu verteidigen. Er fletschte die Zähne, knurrte, und die beiden anderen hielten es für klüger, nicht auf ihrem

Anteil zu bestehen. Sie hielten sich in respektvoller Entfernung und begnügten sich damit, Wotan beim Fressen zuzuschauen. In dem Moment kam Bongard auf die Idee, noch ein weiteres Huhn freizulassen.

Gabor und Ilonka beobachteten das weiße Ding, das da herumflatterte, und bevor sie wußten, was los war, hatte Wotan seine Mahlzeit unterbrochen und sich an die Verfolgung des neuen Vogels gemacht, der da angeflogen kam. Er schnappte sich das Huhn und tötete es mit einer Technik, die sich erst wenige Augenblicke zuvor bewährt hatte. Sein Bruder und seine Schwester, die jetzt begriffen hatten, machten sich über die Reste des ersten Huhnes her und verschlangen sie, während Wotan mit wiederholtem Zubeißen seiner zweiten Beute die Federn ausriß.

Er war zum Leitwolf geworden, und er hatte diese Vorrangstellung auch verdient, weil er die Initiative ergriffen, prompt reagiert und die Beute geschlagen hatte. In der freien Wildbahn wäre er das Tier mit den größten Überlebenschancen gewesen. Vielleicht hätte sich an seiner Position als Führer des Rudels etwas zugunsten Gabors geändert, wenn es später zwischen den beiden Rüden zu einem Kampf um ein Weibchen gekommen wäre. Diese Kämpfe werden mit einer ungeheuren Härte geführt, und das Tier mit der größten Widerstandskraft, das am meisten einstecken kann und dabei zugleich die fürchterlichsten Schläge austeilt – dieser Wolf wird zum Alpha-Rüden.

Wotan ist aber nicht in eine solche Situation gekommen. Er ist sehr groß und kräftig geworden, ein schönes, majestätisches Tier mit einer ausgeprägten Selbstsicherheit.

Eines gar nicht schönen Tages, er war gerade elf

Monate alt geworden, war es ihm gelungen, aus seinem Gehege auszubrechen. Und sofort stellte er seinen Jagdinstinkt, um nicht zu sagen seine Killertalente, unter Beweis. In kürzester Zeit riß er drei Zwergziegen und einen Uhu, dann versuchte er, eine Kuh zu reißen, die zusammen mit einem Dutzend Artgenossen auf einer nahegelegenen Wiese weidete.

Mehrere Minuten lang habe ich die richtiggehende Schlacht verfolgt, die der junge, entschlossene Wolf der großen rotgefleckten Kuh geliefert hat. Zunächst kreiste er um sie herum, als ob er sie einschüchtern und aus der Ruhe bringen wollte. Die Kuh stieß mit ihren Hörnern verzweifelt ins Leere, der Wolf war dank seiner großen Wendigkeit immer außerhalb ihrer Reichweite. Ich hatte den Eindruck, daß die Kuh wohl bald merken würde, daß sie es nicht mit einem Hofhund, sondern mit einem gefährlichen Gegner zu tun hatte. Sie war ziemlich schnell ermüdet, sie stieß nicht mehr so schnell und heftig und in immer längeren Abständen mit ihren Hörnern zu. Während sie verschnaufte, grasten die anderen Rinder friedlich vor sich hin, ohne sich um ihre mißliche Lage zu kümmern.

An dieser Stelle sollte ich vielleicht eine Zwischenbemerkung machen. Oft habe ich Geschichten gelesen und gehört, in denen es hieß, daß Wölfe, die eine Kuh angegriffen hatten, sehr schnell von allen übrigen Kühen der Herde, die ihrer Artgenossin zu Hilfe eilten, in die Flucht getrieben worden seien. Den einzige Vorfall, bei dem ein Wolf eine Kuh angefallen hat und den ich selber miterlebt habe, war dieser Angriff Wotans.

Jedoch haben die Kühe auf die Bedrohung überhaupt nicht so reagiert, wie es manche Leute im Brustton der Überzeugung behaupten, obwohl sie offensichtlich gar nie Zeuge eines solchen Angriffs gewesen sind. Ihnen bliebe höchstens die Ausrede, daß die Kühe, die dem Angriff des Wolfes zuschauten, wenig kriegerisch gesinnt waren und keine Lust hatten einzugreifen!

Wotan jedenfalls setzte seinen Angriff beharrlich fort, manchmal schnappten seine Zähne nur wenige Zentimeter hinter den Achillesfersen der Kuh zu. Es war unmöglich, den Wolf einzufangen; freilich konnte ich nicht zulassen, daß er eine Kuh riß. Ein Jäger, der zufällig in der Nähe war und den Hergang von Anfang an mitverfolgt hatte, konnte mich schließlich überzeugen.

Der Wolf würde das Rind töten, zuerst würde er ihm die Achillessehnen zerreißen und hätte keinerlei Mühe, ihm dann auch die Kehle durchzubeißen, wenn er es erst zu Fall gebracht hätte. Es war mir klar, der Jäger hatte recht. So sind es Rehposten gewesen, die dem kurzen Leben Wotans ein Ende bereiteten.

Mir tat dieser große schwarze Wolf mit dem teuflischen Blick sehr leid. Er konnte nicht wissen, daß in einer von den Menschen zivilisiert genannten Region für Wölfe kein Platz war. Ich sehe ihn noch vor mir, wie er auf dem Boden lag; ein kleines Rinnsal Blut strömte an seinen Lefzen herab. Man hätte glauben können, daß in seinem Gesicht ein Lächeln lag, mit dem er einen Heiligen im Paradies der Wölfe begrüßte.

Gabor und Ilonka war ein längeres Leben vergönnt. Sie kamen in den Genuß eines Lebens, das zwar nicht ganz dem ihrer freien Artgenossen in der Wildnis des Hohen Nordens entsprach, aber sie waren in ihrem Freigehege wenigstens vor den Gefahren der Zivilisation geschützt. Zivilisation ist ein großes Wort, das aber nichts anderes bedeutet als die Vernichtung all dessen, was die Menschen stören könnte. Jeder Wolf hat seinen eigenen Charakter, fast bin ich geneigt zu sagen, seine eigene Persönlichkeit. Hierzu möchte ich Loïs Crisler und ihren Mann zitieren, die in Alaska fünf Welpen und zwei erwachsene Wölfe namens Trigger und Lady aufgezogen und den jedem Tier eigenen Charakter beschrieben haben.

»Wie Trigger war auch Arktis ein Wolf vom hochherrschaftlichen, majestätischen Typus, obwohl sie beide scheu waren und eine Schwäche für Luxus hatten. Aber Alatna war das schönste Tier von allen, sie hatte eine Locke in ihrem weichen Stirnhaar. Die anderen Welpen stellten für uns vollkommen neue Persönlichkeiten dar. Miss Killik war ein braves, unkompliziertes Tier, weder eifersüchtig noch allzu fordernd. Tatsächlich hatte sie dadurch sogar etwas Geheimnisvolles an sich, da sie keinen eindeutig definierbaren, besonderen Charakter aufwies.

Mister Barrow war ganz anders als Mister Arktis, er hatte überhaupt nichts von einem vornehmen Herrn an sich. Er war gedrungen, richtig aggressiv, und hatte am Anfang den Ton angegeben. Besonders verrückt war er nach Miss Tundra. Aber wenn alle den gleichen Rang einnahmen, das geschah, wenn wir sie zusammen an der Tränke trinken ließen, dann war Miss Tundra nicht mehr das schwache Opfer und Mister Barrow kein Tyrann mehr. Dann zeigten sie seltsamer- oder vielleicht besser natürlicherweise ein soziales Verhalten.

Die rätselhafteste Persönlichkeit hatte Miss Tundra. Sie war ernst, sanft und zurückhaltend. Sie hatte einen merkwürdigen, leicht spöttischen Gesichtsausdruck, der durch die dunkelgrauen Ränder an ihren Augen und die von feinen dunklen Härchen gesäumte

Schnauze unterstrichen wurde. Es gefiel ihr, wenn man sie auf den Armen trug. Wenn die anderen zurückkamen, sprangen sie auf ihr herum, rollten sie über den Boden, beschnupperten sie und schleckten an ihr herum, als ob sie ihr Fell sauber lecken wollten. Dann aber blühte Miss Tundra plötzlich auf. Innerhalb von fünf Minuten hatte sie sich grundlegend und für immer verändert. Cris sagte: ›Sie hat soeben beschlossen, daß das Leben schön ist.‹ Das war ein erfreulicher Entschluß.«

Man kann hier auch Doug Pimlott aus Ontario zitieren, der ebenfalls einen Wurf Welpen aufgezogen hat und der in einem Buch ein ganzes Kapitel dem »Wolf als Individuum« gewidmet hat. Er schreibt:

»Dagwood und Blondie waren kräftige, helle Weibchen, völlig ungezwungen und ganz verrückt nach Menschen. Lupus war ebenfalls zutraulich, aber sie wußte, daß zwischen den Wölfen und den Menschen grundlegende Unterschiede bestanden. Sie mochte es nicht, wenn man sich zu sehr in ihrer Nähe aufhielt, und sie ließ es einen jedesmal wissen, wenn man die Grenzen des Wohlverhaltens überschritt. Puppet war der Schelm in dem Wurf und immer der Anlaß zu Zwietracht und Streit.«

Ich habe die Charaktere von zahlreichen Wölfen aus Kanada, aber auch aus Polen, Sibirien und Ungarn studiert. Man staunt immer wieder über die Unterschiede, die sich feststellen lassen. Sie sind oft sehr subtil, bestehen in Nuancen, die einem oberflächlichen Beobachter entgehen und erst recht denjenigen, die von dem Vorurteil ausgehen, daß Wölfe sowieso alle gleich aussehen!

Es würde zu weit führen und wäre vielleicht auch

etwas langwierig, wollte ich den Charakter jedes einzelnen Wolfs beschreiben, den ich aufgezogen habe. Ich beschränke mich auf die charakterliche Entwicklung eines einziges Wolfes. Denn die Veränderungen, die sich dabei ergeben, sind schon für sich allein sehr interessant. Ein Wolf kann sich ängstlich und zurückhaltend zeigen, hält immer Abstand zu seinen Artgenossen, selbst innerhalb des eigenen Rudels, läuft mit bis zum Bauch eingezogenem Schwanz herum, was dem höchsten Grad des Demutsverhaltens entspricht, – genau dieser Wolf kann eines Tages plötzlich Vertrauen auf seine eigene Kraft und das Bewußtsein seiner Persönlichkeit entwickeln.

Zum Beispiel ein Wolf aus Rußland, der auf den Namen Popoff hört, das heißt, wenn er Lust dazu hat. Sobald er Mitglieder des Wolfsrudels aus Polen sieht, ist er dauernd auf der Hut (die Wölfe leben zusammen im selben Gehege mit 42 000 Quadratmetern). Sobald ich das Gehege betrete, traut sich Popoff mehr zu; er hat sehr schnell verstanden, daß er in Sicherheit ist, wenn er meine Nähe sucht, da sich die Wölfe aus Polen dann nicht näher als drei oder vier Meter heranwagen. Mehr noch, Popoff ist seiner dann so sicher, daß er auf die Wölfe losgeht, die am nächsten herankommen, um sie zu verjagen.

Popoff erlaubt es mir, daß ich ihm den Kopf streichle und ihn hinter den Ohren kraule, sogar wenn er einen Keks frißt. Wenn er aber mit einem großen Stück Fleisch beschäftigt ist, erlaubt er solche Zutraulichkeiten nicht. Das hängt damit zusammen, daß er mit Fleisch immer eine Beute assoziiert. Fleisch hat für Raubtiere eine derartige Anziehungskraft und löst eine solche Gier aus, daß sie in dem Moment nicht die geringste Geste der Annäherung dulden, die in ihren Augen nur bedeutet, daß man ihnen das Fressen stehlen will.

Popoff ist aber nicht der Prügelknabe des Wolfsrudels aus Polen. Weit gefehlt. Wenn ein Wolf oder auch zwei von dem Rudel isoliert sind, dann jagt sie Popoff ohne jede Rücksicht.

Das Wolfsrudel aus Ungarn ist mit siebzehn Mitgliedern in dem Gehege in der Überzahl. Dazu kommen sechs Wölfe aus Polen, drei aus Rußland, dazu noch das aus sechs Mitgliedern bestehende Rudel aus Sibirien. Daraus kann man freilich nicht schließen, daß Wölfe ein Nationalbewußtsein hätten, wenngleich ihre Rudel nach Ländern gebildet sind und jedes Rudel sein Territorium verteidigt. Man muß berücksichtigen, daß sie zusammen hier ankamen, als sie noch sehr jung waren. Die Wölfe aus Sibirien, Rußland und Polen entstammen jeweils ein und demselben Wurf; die Wölfe aus Ungarn setzten sich aus drei verschiedenen Würfen zusammen. Die einzelnen Rudel bleiben zusammen und legen keinerlei Wert darauf, sich mit den anderen Rudeln abzugeben.

Auch konnte ich feststellen, daß die Wölfe aus Europa und Sibirien einen eher wilden Charakter haben, während die Wölfe aus Kanada und Alaska im allgemeinen zutraulicher sind; sie verlieren die Angst vor dem Menschen schneller. Natürlich gibt es auch Ausnahmen, sie bestätigen nur, was ich im Verlauf von fünfundzwanzig Jahren in der Gemeinschaft mit Wölfen gelernt habe.

Ein anderes Beispiel bestätigt meine Ansicht. Im Frankfurter Zoo lebten 1964 sieben erwachsene Wölfe aus Kanada in einem etwa dreihundert Quadratmeter großen Gehege. Einer der Rüden war sieben Jahre alt, er war der Anführer des Rudels. Die beiden anderen Rüden waren zwei Jahre alt, dazu kamen vier Wölfinnen ... Jedes Jahr kamen Würfe zur Welt, und der alte Wolf duldete die anderen Rüden.

Wölfe aus Europa oder Sibirien hätten sich in einem derartigen, relativ begrenzten Revier nicht so friedlich verhalten. Es wäre zu sehr heftigen Rangordnungskämpfen gekommen, wenigstens während der Ranzzeit, und vermutlich hätte es bei diesen Kämpfen Opfer gegeben.

Was die Unterschiede zwischen Wölfen aus Europa und Kanada betrifft, möchte ich noch eine Geschichte erzählen, die sich im Tierpark von Thoiry zugetragen hat. Zum einen, weil sie bezeichnend ist für die feinen Unterschiede, die es in der Kommunikation (durch das Heulen) zwischen den Wölfen aus Europa und aus Nordamerika gibt, zum anderen auch, weil sie zeigt, wie wenig Kenntnisse gewisse Leute über die Wölfe haben.

Im März 1972 war ich vom Radiosender France-Culture eingeladen worden, an einer Sendung über Wölfe teilzunehmen, zusammen mit Graf Paul de La Panouse, dem Besitzer des Parks von Thoiry. Etwa dreißig Schüler aus verschiedenen Gymnasien in Paris waren mit ihren Lehrern gekommen, um uns vor dem Gehege der Wölfe Fragen zu stellen.

Es waren acht Wölfe, schöne Tiere, aus der Einkreuzung von Wölfen aus Kanada mit europäischen Wölfen hervorgegangen. Auf Wunsch einer Abiturientin brachte ich die Tiere zum Heulen, indem ich selber zu heulen begann. Ich muß unterstreichen, daß mich Paul de La Panouse vorher unterrichtet hatte, daß die Wölfe in seinem Gehege tagsüber nie heulten, daß sie aber manchmal nachts zu hören seien. Trotzdem stieß ich einige Heulrufe aus, die jedoch ohne Erfolg blieben.

Plötzlich wurde ich mir aber bewußt, daß ich das Heulen der europäischen Wölfe nachgeahmt hatte. Erik Zimen zum Beispiel spricht in diesem Zusammenhang vom »europäischen Wolfsdialekt«. Ich wies auf den Unterschied hin, was manche der Zuschauer zum Grinsen brachte, ja einige quittierten meinen Hinweis sogar mit Gelächter. Ich achtete nicht weiter darauf, grinste höchstens selber ein bißchen, und heulte dann in der »Sprache« der Wölfe Nordamerikas. Der Unterschied zwischen den beiden Sprachen läßt sich, wenn man die Lautmalerei als Notbehelf nimmt, etwa so beschreiben: Bei den europäischen Wölfen herrschen Töne vor wie »huuhuuhuuhuu«, während der Gesang der kanadischen Wölfe lautlich etwa klingt wie »ouah ouuahoououa«. Die acht Wölfe gaben mir auch in schöner Eintracht Antwort, bevor ich noch zu heulen aufgehört hatte.

Das Publikum war entzückt, und Paul de La Panouse zog voller Staunen die Schlußfolgerung, daß ich die Sprache der Wölfe beherrschte. Eine Weile später fragte mich einer der Lehrer, ob ich das Gehege betreten und mitten unter die Wölfe gehen könne, die ich gar nicht kannte. In der Tat sah ich diese Wölfe zum ersten Mal. »Natürlich, wieso nicht?« sagte ich. Aber der Graf de La Panouse erwiderte, man könne das Gehege nur bewaffnet betreten. Ich war sprachlos.

Wir betraten schließlich das Gehege, der Graf, zwei kräftige Wächter, die sich mit Gabeln bewaffnet hatten, und ich. Da standen wir also, gegen die Umzäunung gelehnt, vor den Wölfen. Die Wölfe hatten sich etwa zehn Meter weit zurückgezogen.

Da machte ich einige Schritte auf sie zu, sie rührten sich nicht von der Stelle, waren aber beunruhigt, ich spürte, daß sie kurz davor waren zu fliehen. Ich wandte mich zu den Zuschauern, um ihnen zu erklären, daß Wölfe immer Angst hätten vor aufrecht stehenden Menschen und daß ich mich niederbücken müßte, um ihnen die Angst zu nehmen. Ich begab mich also auf alle viere, und schon umringten mich die Wölfe, wobei sie aber ständig auf der Hut blieben. Ich legte mich flach hin, und sie kamen ganz nahe an mich heran, beschnüffelten meine Kleidung und knabberten an meinen Schuhen herum; einer von ihnen leckte mir die Hand. Wir waren Freunde geworden, sie hatten keine Angst mehr vor mir. Denn Tatsache ist, wenn ein Mensch flach auf dem Boden liegt, stellt er überhaupt keine Gefahr mehr für einen Wolf dar.

Es hätte nicht viel gefehlt und man hätte mich als Helden betrachtet, wo doch jeder eine »Leistung« dieser Art erbringen kann. Aber das war noch nicht das Ende der Geschichte. Denn zwei Monate später rief mich eine junge Frau, die für die Öffentlichkeitsarbeit des Tierparks zuständig war, an und erzählte mir lachend, ich hätte in Thoiry einen nachhaltigen Eindruck hinterlassen. Und sie fügte gleich hinzu: »Aber nicht so wie Sie glauben.«

Sie berichtete mir dann, daß die Wächter, die – allerdings mit Gabeln in der Hand – mit mir das Gehege betreten hatten, behauptet hatten, ich hätte meine Haut mit irgendeiner Flüssigkeit eingeschmiert, ohne die mich die Wölfe angefallen hätten! Eine ziemlich aberwitzige Behauptung, dümmer geht es eigentlich gar nicht mehr. Erstens wußte ich vorher gar nicht, daß ich das Gehege von Wölfen betreten würde, die ich noch nicht kannte. Zweitens frage ich mich immer noch, mit welchem Wunderwässerchen ich meine Haut beträufelt haben soll, das die Wölfe von einem Angriff abhält.

Die Wahrheit lautet ganz einfach, daß die guten Wächter schlichtweg von der althergebrachten Angst vor dem Wolf befallen waren und daß sie ein bißchen verärgert waren darüber, daß es einem Fremden so leicht gelungen war, von dem Rudel akzeptiert zu werden. Hätte nur noch gefehlt, daß die Wächter mich für einen Werwolf hielten. Ein Ruf, der mir eigentlich nicht vorauseilt!

Fest steht jedenfalls, daß die unterschiedlichen Charaktereigenschaften von Wölfen sich manchmal in einem gegensätzlichen Verhalten zeigen. So kann eine Wölfin, die ihre Jungen säugt, sich ganz passiv verhalten und es gestatten, daß sich ein Mensch bis auf einen Meter nähert. Eine andere Wölfin kann unter den gleichen Bedingungen und in der gleichen Situation ein ausgeprägtes Drohverhalten zeigen. Ich spreche hier natürlich von Wölfen, die in einem Freigehege leben und die sich – entgegen der Meinung einiger Ignoranten – im allgemeinen wesentlich aggressiver verhalten als wildlebende Wölfe.

Was Wölfe in freier Wildbahn betrifft, so wissen wir, daß eine Wölfin aufsteht und sich in respektvoller Entfernung hält, wenn sich ein Mensch der Höhle nähert. Der Mensch hat die Möglichkeit, ihr die Welpen wegzunehmen, sie wird sich hüten einzugreifen, ihre Angst sitzt tiefer und gewinnt die Oberhand über den Mutterinstinkt. Bei Wölfen, die mit weitgehender Freiheit in Freigehegen, aber letztlich eben doch in Gefangenschaft leben, geht ein solcher Vorgang anders aus, aber ein und dieselbe Wölfin kann jeweils verschieden reagieren. Ich werde zwei Beispiele dafür geben, die dies genauer illustrieren.

An einem Tag in der zweiten Maihälfte erhielt ich die Nachricht, daß in der vergangenen Nacht im Park von Gévaudan eine Wölfin fünf Welpen geworfen hatte. Am Nachmittag desselben Tages begab ich mich in den Park, um einige Photos von den Neugeborenen und ihrer Mutter zu machen. Die Wölfin hatte am Fuß einer Kiefer geworfen, und ich mußte fast den ganzen Park durchqueren, um zu dem Bau zu gelangen. Ich hatte mich bis auf etwa zehn Meter der Wölfin mit ihren Jungen genähert, als sie begann, mich mit gefletschten Zähnen einzuschüchtern.

Sofort hielt ich inne und blieb eine gute Minute lang stehen. Beruhigt machte die Wölfin ihr mächtiges Maul wieder zu. Ich ging einen Schritt vor. Prompt zeigte die Wölfin wieder das gleiche Drohverhalten, ich wendete die gleiche Taktik an und blieb wieder stehen. Im Verlauf von zehn Minuten war ich immer näher gekommen, ohne die Wölfin allzu sehr zu beunruhigen, so daß ich mich jetzt einen Meter vor ihr befand. Sie hatte genau verstanden, daß ich ihr nichts Böses wollte. Ich blieb am selben Fleck stehen und machte unter Vermeidung abrupter Bewegungen in aller Ruhe einige Aufnahmen. Mit kleinen Schritten rückwärts entfernte ich mich, die Wölfin nahm gar keine Notiz mehr von mir.

Am nächsten Tag ging der Wärter, der mich außerhalb des Geheges beobachtet hatte, zu der Wölfin. Er ergriff weniger Vorsichtsmaßnahmen als ich. Während er sich in der Nähe des Baus befand, stand die Wölfin auf, ging in einem Halbkreis herum, dann ganz schnell von hinten auf den Mann zu und brachte ihm einen sehr schmerzhaften Wadenbiß bei. Er mußte drei Wochen im Krankenhaus bleiben, und noch zwei Monate konnte er nur mit Hilfe eines Stocks gehen...

Das zweite Beispiel. Im darauf folgenden Jahr kam ein weiterer Wurf Welpen in einem kleinen Kiefernwald zur Welt. Der Wächter des Parks und einer seiner Freunde gingen ins Gehege, um sich die Neugeborenen anzuschauen. Sie hatten sich mit Besen bewaffnet, und der etwa zwei Meter neben den Welpen liegende Rüde lief sofort auf die beiden Männer zu, die es daraufhin ziemlich eilig hatten.

An dem Tag sollten auch einige Szenen eines Films über die Bestie von Gévaudan gedreht werden. Ich sollte beweisen, daß Wölfe auf keinen Fall als Täter dieser »Verbrechen« in Frage kamen, die zwischen 1764 und 1767 verübt worden waren.

Als ich ankam, waren die Filmleute einigermaßen verschreckt, denn der Wächter und sein Freund hatten ihnen gerade erzählt, wie der Rüde auf sie losgegangen war. Sie hatten ihre Haut nur durch einen, wie es so verbrämend heißt, strategischen Rückzug retten können. Ihr Bericht hatte das Filmteam so beeindruckt, daß sie überhaupt nicht von der Idee begeistert waren, sich in die Nähe derart aggressiver Wölfe zu begeben. Es hätte nicht viel gefehlt und sie hätten selber geglaubt, daß die Bestie von Gévaudan wirklich ein Wolf gewesen ist!

Ich fing an zu lachen, weil ich ja auch allen Grund dazu hatte, und betrat seelenruhig das Gehege, unter den skeptischen Blicken der verängstigten Filmemacher. Ich näherte mich dem Bau, der Rüde lag zwei Meter daneben und fletschte mir die Zähne entgegen. Ich ignorierte ihn völlig. Da kam die Wölfin direkt auf mich zu, und ich warf ihr ein Stück Zucker entgegen. Sie nahm es ins Maul, ließ es aber gleich wieder fallen, weil sie es vielleicht nicht verlockend fand. Um sie zu beruhigen, setzte ich mich auf den Boden, einen Meter von dem Bau entfernt, der sich nun zwischen mir und dem Rüden befand. Letzterer beruhigte sich etwas, das heißt, er fletschte die Zähne nicht mehr, ließ mich aber keine Sekunde aus den Augen.

Die Tatsache, daß ich mich in einer sitzenden Position befand, war beruhigend für ihn. Mit den Fingerspitzen meiner linken Hand hielt ich der Wölfin ein anderes Stück Zucker hin; sie nahm es und zermahlte es unter krachenden Geräuschen, aber ganz langsam, zwischen ihren Zähnen. Da forderte ich die Filmleute auf, doch herzukommen. Sie schienen nun auch einigermaßen beruhigt zu sein und trauten sich ins Gehege.

Trotzdem fragten sich sich, weshalb das Wolfspaar mich nicht angegriffen hatte, wo es doch auf den Wächter und seinen Freund losgegangen war. Ich mußte ihnen erklären, daß ich überhaupt nichts Außergewöhnliches vollbracht hätte, daß ich kein Wolfsbändiger sei, sondern daß ich lediglich die Verhaltensweisen der Wölfe genügend kannte, um offene Konflikte mit ihnen zu vermeiden. Ich betonte, daß jeder andere das auch tun könne, was ich eben vorgeführt hatte.

Im Grunde genommen genügt es, wenn man nicht wegen jeder Kleinigkeit gleich in Panik verfällt und vor allen Dingen wenn man sich nicht bedrohlich verhält gegenüber den Tieren, die in jedem Fall mehr Angst haben als der Mensch. Wenn der Parkwächter und sein Kollege das Gehege ohne einen Besen in der Hand betreten hätten, dann hätten die Wölfe sie nicht verfolgt.

Übrigens habe ich oft das Experiment gemacht, einen Besen zu nehmen und ihn mit einer drohenden Geste vor einer Wölfin mit Welpen zu schwingen – kein Wunder, jedesmal hat sie mich angegriffen, und dies mit vollem Recht. Es braucht nur etwas gesunden Menschenverstand, um einen Konflikt mit einer Wölfin zu vermeiden, die gerade geworfen hat.

Die Wolfsparks von Gévaudan liegen auf einer Höhe von elfhundert Metern. Das Klima ist rauh, und obwohl es im Sommer tagsüber sehr heiß ist, so sind die Nächte doch immer relativ kühl, so daß sich die Wölfe, die eher zwanzig Grad minus als dreißig Grad im Schatten bevorzugen, sehr gut von der Hitze des Tages erholen können. Sie finden Wasser nach Belieben vor, es gibt genügend Bäume, darunter Kiefern und Buchen, die einen kühlen Schatten spenden, weiter Eschen und heideartiges Gelände mit Ginsterbüschen und natürlich auch Wiesen. Außerdem ist das Gelände recht hügelig, kurz: die Wölfe finden ein für ihre Lebensweise besonders günstiges Territorium vor. Schließlich leben im Gévaudan, der heute zum Département Lozère gehört, die meiste Zeit des Jahres über nur sehr wenige Menschen. Im Sommer gibt es natürlich zahlreiche Touristen, und viele unter ihnen statten den Wölfen einen Besuch ab.

Im Sommer gebe ich jeden Tag gut zehn Leuten die Gelegenheit, das Gehege zu betreten, damit sie die Möglichkeit des direkten Kontakts mit diesen Raubtieren haben. Es ist die Begegnung von Mensch und Wolf oder genauer gesagt zwischen Frau und Wolf, denn meistens, wenn ich den Besuchern einen Rundgang durchs Gehege vorschlage, sind die Frauen als erste dazu bereit. Sie scheinen weniger zögerlich als so manche Vertreter des sogenannten starken Geschlechts.

Wie laufen solche Begegnungen ab? Nun, auf die einfachste Weise der Welt. Ich empfehle den Damen und Herren, die die Wölfe gerne photographieren möchten, sich hinzusetzen, damit die Tiere näher herankommen. Denn natürlich sind es die Wölfe, die am meisten Angst haben, und sie sind es, die immer bereit zur Flucht sind. Auf jeden Fall haben sie mindestens so viel Angst wie der ängstlichste unter den Menschen. Auf diese Weise also haben die Touristen die Möglichkeit, Wölfe zu photographieren, ohne ein lästiges Gitter dazwischen und aus einer idealen Entfernung: aus zwei oder drei Metern. Allerdings, wenn jemand eine etwas hastige Bewegung macht oder plötzlich aufsteht, dann entfernen sich die Wölfe sofort und rücken zwei Meter oder noch weiter zurück. Um sie wieder heranzulocken, werfe ich ihnen Knabberzeug für Hunde oder besser noch einige kleine Fleischstücke hin, die für sie am verlockendsten sind.

Freilich gibt es unter den verschiedenen Rudeln einige Mitglieder, die weniger scheu sind. Darunter gibt es zum Beispiel zwei, die sich von mir streicheln lassen. Manchmal kommt es vor, daß sie richtiggehend der Schalk packt, daß sie ihre Neugier nicht mehr im Zaum halten können und anfangen, die Leute zu beschnüffeln. Manchmal versuchen sie, sich eine Fototasche zu schnappen, und ab und zu gelingt es ihnen sogar. Das sorgt dann immer für großes Gelächter, aber man muß schon einen kleinen Dauerlauf einlegen, bis sie ihr Diebesgut wieder fallenlassen. Es kommt auch vor, daß einige von den zutraulichen Wölfen an der Hose eines Touristen schnüffeln und dann ein bißchen daran ziehen.

Im Sommer 1986 zum Beispiel war ein Reporter des

Regionalfernsehens überglücklich, als er an meiner Seite im Gehege der Wölfe aus Kanada stand. Ein Weibchen mit einem sehr hellen Fell und einem außerordentlichen Humor beschnupperte den guten Mann, der sich mit dem Rücken an einen Felsen lehnte und seine Beine auseinanderstreckte. Die Wölfin schnüffelte an der Hose und begann dann ein bißchen daran zu ziehen. Ich drängte sie weg, aber der Reporter sagte zu mir: »Lassen Sie nur.« »Aber die wird Ihnen die Hose zerreißen«, hielt ich entgegen. »Spielt keine Rolle«, meinte er.

Als ob die Wölfin verstanden hätte, daß man ihr die Erlaubnis erteilt hatte, packte sie mit den Zähnen auf Höhe der Hosentaschen an und zog in einem einzigen kurzen Ruck. Und schon war die Hose bis zu den Knöcheln aufgerissen. »Ich hatte Sie gewarnt«, sagte ich. »Macht überhaupt nichts, im Gegenteil«, antwortete der Journalist, »es kommt nicht alle Tage vor, daß einem ein Wolf die Hose zerreißt, deshalb werde ich sie aufheben.« – »Na, wenn Ihnen das gefallen hat, soll's mir auch recht sein.« Aber das andere Hosenbein hat er dann doch nicht hingehalten, obwohl die überhaupt nicht ängstliche Wölfin gute Lust hatte, das Spielchen fortzusetzen.

Man kann Fotosafaris zu den Wölfen organisieren, und die Fotografen sind jedesmal begeistert, wenn ein Freund oder die Ehefrau Fotos von ihnen macht, auf denen sie in der Gesellschaft von Wölfen zu sehen sind. Die Aufnahmen liefern den Beweis, daß man ganz nahe an die Wölfe herangegangen ist. Ich habe nichts gegen diese Art von Beweisen, denn letzten Endes kommt dies der Sache der Wölfe zugute, weil es oft immer noch notwendig ist, die verbreitete Angst vor diesen Tieren abzubauen.

Das schöne Beispiel von einem zehnjährigen Mädchen, das sich im Schulunterricht zu Wort meldet, als die Lehrerin die Wölfe behandelte, zeigt, daß dies gelingen kann. Die Lehrerin stellte die Wölfe als gefährliche Tiere dar, die im Verlauf der Geschichte schon zahlreiche Menschen gefressen hätten. Da meldete sich das Mädchen und erzählte, wie sie in den Ferien Wölfe gesehen hatte. Sie sei zusammen mit ihren Eltern sogar in das Wolfsgehege hineingegangen, und der Vater habe auch Fotos davon. Die ganze Klasse, die Lehrerin inbegriffen, brach in schallendes Gelächter aus.

Zum Glück wollte das Mädchen die scheinbare Blamage nicht auf sich sitzen lassen, sie erzählte ihrer Mutter am Mittag, was morgens in der Schule passiert war. Nachmittags ging die Mutter mit in die Schule und nahm auch die Aufnahmen mit, die sie einige Monate vorher in den Gehegen des Gévaudan gemacht hatte. Sie zeigte die Fotos der Lehrerin, die daraufhin zugeben mußte, daß sie voreingenommen gewesen war.

Die Lehrerin hat ihre Meinung von Grund auf revidiert und ihren gewandelten Standpunkt auch der Klasse mitgeteilt. Diese Schüler wissen nun, daß der »böse« Wolf weder das Rotkäppchen noch die Großmutter gefressen hat.

Wenn ich von den Wölfen des Gévaudan spreche, dann muß ich noch einmal in Erinnerung rufen, daß die Tiere in den Gehegen nicht aus dieser Region stammen. Schon lange gibt es im Gévaudan keine wildlebenden Wölfe mehr. Obwohl es sich um eine ziemlich abgelegene, urtümlich rauhe Berglandschaft handelt, sind die Wölfe dort gejagt und schließlich ausgerottet worden.

Die Tiere, die man in den Gehegen besuchen kann, werden landläufig zwar Wölfe des Gévaudan genannt, sie stammen aber wie erwähnt aus Polen, Ungarn, Sibirien und Kanada. Es handelt sich um sogenannte Steppenwölfe, die aber trotz ihres Namens auch in Wäldern leben oder dort Zuflucht suchen, wenn es notwendig ist. Wenn die Wölfe, wie in einigen Ländern üblich, zum Beispiel von Hubschraubern aus gejagt werden, dann bietet der Wald den besten Schutz für die verfolgten Tiere. Man kann froh darüber sein, daß eine Flugstunde im Hubschrauber ziemlich teuer ist, so daß es billiger kommt, die wenigen Schafe, die von Wölfen gerissen werden, zu opfern, als vom Hubschrauber aus Jagd auf die Wölfe zu machen.

Das Ziel des Wolfsparks von Gévaudan ist es, die Wölfe unter dem Leben in freier Wildbahn so nahe wie möglich kommenden Bedingungen aufzuziehen und diese Tiere zu rehabilitieren. Zur Wiederherstellung des »guten Rufs« der Wölfe sind die Fotosafaris ein recht wirksames Mittel. Jedes Jahr kommen Tausende von Besuchern, die mit ihren Kameras – und das ist bestimmt besser als mit dem Gewehr – Fotos von den Wölfen schießen, aus kürzester Distanz.

Die Besucher können sehen, wie zufrieden und ausgeglichen die Wölfe im Freigehege leben, das gleichsam ihr Zuhause darstellt. Wer die Gelegenheit hatte, sich den Tieren zu nähern, ist künftig davon überzeugt, daß sie entgegen dem ihnen vorauseilenden Ruf keine blutrünstigen Bestien sind. Der Besucher weiß in Zukunft, daß schon eine kleine Geste genügt, um diese Raubtiere zum Rückzug zu bewegen, und daß man ihnen über Jahrhunderte hinweg völlig zu Unrecht alle Missetaten zur Last gelegt hat.

Wenn die Teilnehmer der Fotosafaris das Gehege verlassen, sind sie glücklich und zufrieden, weil sie ein

Erlebnis in dauerhafter Erinnerung behalten werden, das die mehr oder weniger idiotischen Schauermärchen korrigiert hat, die man ihnen von Kindheit an über die Wölfe erzählt hatte. Diese Besucher jedenfalls haben etwas dazugelernt und können sich rühmen, nicht mehr zu der leider immer noch großen Schar der Ignoranten zu gehören.

Ich muß betonen, daß es eine beachtliche Leistung ist, einen Wolf in freier Wildbahn zu fotografieren. Dazu gehört auch eine große Portion Glück, denn ein wildlebender Wolf ist äußerst vorsichtig, scheu und zurückhaltend, da er – mit Recht – die Anwesenheit des Menschen fürchtet, auch wenn letzterer mit den besten Absichten gekommen ist und nichts Böses im Schilde führt.

Wir werden im folgenden die Unterschiede im Verhalten sehen, die es zwischen wildlebenden Wölfen und solchen in Freigehegen gibt, die sozusagen in halber Freiheit leben. In physischer Hinsicht gibt es zwischen beiden gar keinen Unterschied, was natürlich daran liegt, daß das Territorium der Wölfe in einem Freigehege ziemlich genau dem Biotop entspricht, das Wölfe in freier Wildbahn vorfinden.

Es versteht sich von selbst, daß Wölfe, die in einem Tierpark untergebracht sind, wo sie oft nur wenige betonierte Quadratmeter zur Verfügung haben, nur von weitem an Wölfe erinnern, die in einem mehrere tausend Quadratmeter großen Revier in freier Natur leben.

Wenn man von den geringfügigen, oft nur in Nuancen faßbaren Unterschieden absieht, die es zwischen dem Charakter oder, wenn man so will, der »Persönlichkeit« jedes Einzeltieres gibt, dann bestehen wesentliche

Unterschiede vor allem in folgenden Bereichen: Lebensweise, Paarbildung, Organisation der Rudel in umfangreichen Territorien, Jagdmethoden, Fortpflanzung und Fluchtverhalten.

Es gilt zu berücksichtigen, daß es nicht die Beobachtungen von Jägern im letzten Jahrhundert oder im ersten Viertel unseres Jahrhunderts waren, auf Grund deren wir Aufklärung erhalten haben über die Lebensweise und das Verhalten der Wölfe. Damals war die Forschung, die sich auf die Observation von Tieren in der freien Wildbahn konzentrierte, noch nicht einmal in den Kinderschuhen. Vor allem die Arten, die man als Raub- oder Schadwild (wobei diese Begriffe aus der modernen biologischen Sicht nicht mehr zeitgemäß sind) eingestuft hatte, wurden kam erforscht. Man suchte nur nach den wirksamsten Methoden, diese angeblichen Schädlinge zu bekämpfen, was zu einer ernsthaften Erforschung des Verhaltens dieser Tiere nicht gerade beigetragen hat. Daraus erklärt sich auch, warum jahrhundertelang immer wieder die gleichen Märchen und Legenden erzählt worden sind.

Auf dem Gebiet der Zoologie war man im neunzehnten Jahrhundert im Grunde genommen noch auf dem Stand eines Plinius oder Aristoteles. Das Interesse für die Wildtiere und Bestrebungen, sie in ihrer natürlichen Umgebung, also in freier Wildbahn zu beobachten, haben erst vor gut fünfzig Jahren Einzug in die Wissenschaft gehalten. Und dies, obwohl der Begriff der Ethologie schon Mitte des neunzehnten Jahrhunderts in den wissenschaftlichen Sprachgebrauch eingegangen ist, dank dem berühmten Naturforscher Isidore Geoffroy Saint-Hilaire (1805–1861).

Es muß unterstrichen werden, daß ein Zoologe, der

nur im Labor arbeitet, ohne seine Ergebnisse mit den Befunden zu vergleichen, die sich aus der Observation der wildlebenden Tiere ergeben, wohl kaum zu einer fundierten Kenntnis seines Gegenstandes gelangen wird. Umgekehrt hat ein Ethologe, der eine Art in ihrer natürlichen Umwelt erforscht, allen Grund, sich auch für das Verhalten derselben Art unter den Bedingungen der Gefangenschaft oder in einem Freigehege zu interessieren.

Konrad Lorenz hat dies in »Vergleichende Verhaltensforschung. Grundlagen der Ethologie« sehr deutlich zum Ausdruck gebracht:

»Die Kenntnis des Tieres, die für jede ethologische Forschung unabdingbar ist, verlangt ebenfalls einen gewissen ›klinischen Sinn‹, der nur im Laufe langjähriger Erfahrung erworben werden kann.« Konrad Lorenz wirft einer großen Anzahl junger Forscher, die sich Verhaltensforscher nennen, »einen erheblichen Mangel an Kenntnissen der Welt des Tiers und einen erheblichen Mangel an klinischem Sinn« vor.

Ich möchte hinzufügen, daß, wenn Erfahrung wichtiger ist als bloßes Wissen, es doch sehr nützlich ist, wenn zur Erfahrung auch eine beträchtliche Portion Wissen tritt.

Betrachten wir nun, wie sich das Leben der Wölfe in ihrer natürlichen Umwelt abspielt. Im Zuge von mehreren Reisen in Länder, in denen Wölfe vorkommen, ist es mir gelungen, mir präzise Kenntnisse über das Leben des seit ewigen Zeiten verfolgten und verfemten Tiers anzueignen. Das habe ich auch den Nachforschungen der Leute vor Ort zu verdanken, den Ergebnissen von Menschen, die nicht mit vorgefaßten Urteilen an die Sache herangehen, sondern die die Dinge so nehmen, wie sie sind. Zahlreiche Leute, mit denen ich einen Briefwechsel geführt habe, haben mir bei den Nachforschungen geholfen: Wissenschaftler, Wildhüter und Förster aus den verschiedensten Regionen, in denen heute noch Wölfe vorkommen.

Von Wölfen
und
einigen Haustieren

Bevor wir uns in die einsamen Weiten des kanadischen Nordens und nach Lappland begeben, werfen wir zunächst einen Blick auf die Beziehungen zwischen den Wölfen und den Haustieren unserer Breiten.

Der Wolf mag Schafe besonders gern. Weshalb wohl? Könnte er sich nicht zufrieden geben, etwa mit einem Huhn, einer Gans oder einem Truthahn? In Wirklichkeit ist das Geflügel auf den Bauernhöfen wesentlich besser vor Wölfen geschützt als es die Schafe sind. Denn die Schafe sind über große Weiden verstreut, die oft von einem Gehölz oder Wäldern umgeben sind, in denen Wölfe Unterschlupf finden können. Außerdem ist ein Schaf das ideale Beutetier; es wiegt genug, um Nahrung für mehrere Tage bieten zu können, zudem stellt es eine leichte Beute dar, da das blökende Tier nicht gerade für seine Schnelligkeit berühmt ist. Nicht zuletzt ist das Schaf das genaue Gegenteil eines aggressiven Tieres, wenn man von einigen Böcken während der Ranzzeit absieht.

Das Tier selbst also leistet keinerlei Widerstand, wird jedoch von den Schäfern, den Schäferinnen und von Hütehunden bewacht. Diese stellen das einzige Risiko für das Raubtier dar, ein nicht zu unterschätzendes Risiko, das sich allerdings umgehen läßt. Den Beweis dafür liefern die Wölfe in den Apenninen, die jedes Jahr eine große Anzahl von Schafen reißen. Hier einige Zahlen, die unterstreichen, daß die Wölfe und die Schafe eine Art Lebensgemeinschaft bilden, die für den Menschen einen nicht zu vernachlässigenden Wirtschaftsfaktor darstellt.

Im Nationalpark der Abruzzen sind 1974 die Bauern für den Schaden entschädigt worden, den Wölfe verursacht hatten. In der Provinz L'Aquila sind 1092 Stück Vieh (987 Schafe, 70 Ziegen, 20 Kälber und 15 Pferde) gerissen worden, für die insgesamt 112 Bauern entschädigt worden sind. In der Provinz Pescara haben 22 Bauern Entschädigungen erhalten für die 191 Tiere (184 Schafe, 3 Ziegen und 4 Schweine), die von Wölfen gerissen worden sind. In der Provinz Chieti haben 18 Viehzüchter 109 Tiere verloren, nämlich 92 Schafe und 17 Ziegen.

Insgesamt sind 37 736 400 Lire an Schadensersatz bezahlt worden. Möglicherweise sind gegenwärtig die Schäden, die den Bauern zugefügt werden, geringer. Tatsächlich werden die letzten in Italien lebenden Wölfe seit 1966 geschützt. Ihre Zukunft scheint daher weniger düster, wenngleich es manchmal vorkommt, daß jemand mit einem Gewehr herumläuft und der Versuchung nicht widerstehen kann, eines der Raubtiere abzuschießen.

Die Verordnung, die das Abschießen von Wölfen verbietet, ist vom Minister für Forst- und Landwirtschaft, Giovanni Macora, unterzeichnet worden. Diese Verordnung schreibt den absoluten Schutz der Wölfe fest. Überdies hat der Minister einem Antrag entsprochen, der ein Verbot von Giftködern vorsieht, die in der Vergangenheit nicht nur im Kampf gegen die Wölfe eingesetzt wurden, sondern auch für den Tod von zahlreichen anderen Säugetieren und Vögeln verantwortlich waren. In dieser Verordnung wird ausdrücklich darauf verwiesen, daß sie im Einvernehmen mit den Wissenschaftlern erlassen worden ist, die der Ansicht sind, daß sie zur Erhaltung des Gleichgewichts in der Natur beiträgt.

In den Apenninen leben noch hundert bis hundertfünfzig Wölfe, in verstreuten kleineren Rudeln. 1972 hat eine Forschergruppe des World Wildlife Fund for Nature (WWF), darunter Erik Zimen vom Max-Planck-Institut und der italienische Biologe Luigi Boitani, Wölfe eingefangen und sie mit Radiosendern versehen, um ihre Wanderungen verfolgen zu können. Das Forschungsprojekt hat gezeigt, daß die Wölfe sehr von den Müllplätzen in der Umgebung von Dörfern abhängig sind, insbesondere im Winter.

Diese Tatsache hat den WWF veranlaßt, die Wiederansiedlung von Hirschen *(Cervus elaphus)* und Rehen *(Capreolus capreolus)* zu finanzieren, um die natürlichen Nahrungsgrundlagen der Wölfe zu verbessern. Auch vom Nationalpark Bayerischer Wald sind Hirsche zur Verfügung gestellt worden.

Die Wiedereinbürgerung von Cerviden in den Nationalpark der Abruzzen war eine dringende Notwendigkeit. Denn tatsächlich konnte man davon ausgehen, daß die Wölfe dort wesentlich ungünstigere Lebensbedingungen vorfanden als ihre Artgenossen in den einsamen Weiten Kanadas oder Sibiriens. Dazu verdammt, sich aus »der Abfalltonne« zu ernähren, litten sie an starker Unterernährung. Erik Zimen und Luigi Boitano ist es mit großer Geduld und Beharrlichkeit gelungen, einer Wölfin ein Radiohalsband anzulegen und sie so zu markieren. Das Gebiß dieser ungefähr acht Jahre alten Wölfin war in einem sehr schlechten Zustand (anormale Abnutzungserscheinungen, fehlender Eckzahn) und zeugte von enormen Mangelerscheinungen: keine Aufnahme von Calcium, Phosphor und anderer Mineralien. Sie wog gerade fünfundzwanzig Kilo, während es der italienische Wolf, sei es in den Apenninen oder im Nationalpark der Abruzzen, immer auf ein Gewicht zwischen fünfunddreißig und fünfundvierzig Kilo bringt.

Im Süden Spaniens, wo auch noch einige Wölfe leben, hat man festgestellt, daß manche Tiere auf den Müllplätzen und in den Abfallgruben in der Nähe der Dörfer auf Nahrungssuche gehen. Ein Wolfspaar hatte die Angewohnheit, sich nachts sein Fressen zu holen, nämlich in der Nähe einer Hühnerfarm mit Legebatterien; die beiden Wölfe verschlangen die Innereien, die über die Umzäunung einfach in ein tiefer gelegenes Feld geworfen wurden.

Es ist möglich und auch wünschenswert, daß die Wölfe der Abruzzen dank der jetzt zur Verfügung stehenden natürlichen Nahrung (Hirsche und Rehe) die Schafe etwas in Ruhe lassen und sich zu richtigen Jägern entwickeln werden, zu den edlen Raubtieren, die sie von Natur aus sind. Dann steht zu hoffen, daß es auch um ihren Gesundheitszustand bald besser bestellt sein wird.

Einer meiner Freunde, Bernard Goltschalk, ein großer Kenner der Wölfe, hat zu bedenken gegeben, daß er ziemlich besorgt ist, was diese degenerierten Wölfe betrifft. Er ist der Ansicht, daß es bereits zu spät ist für ein angeborenes natürliches physiologisches Gleichgewicht der Jungtiere, da die Mangelerscheinungen zu gravierend seien.

Alles hängt wirklich von der Menge der wiedereingebürgerten Cerviden ab. Wenn der WWF genügend hohe Summen in das Projekt stecken kann, dann darf man auf das Überleben der Wölfe in Italien hoffen.

Der Schweizer Naturforscher und Tierzeichner Robert Hainard erzählt, daß im März 1976 in Slowenien der Schnee eineinhalb Meter hoch lag und die Temperatur mehrere Tage lang vierundzwanzig Grad unter Null betragen hat. In dieser Zeitspanne sind 170 Hirsche gestorben; sieben Prozent sind von Luchsen, dreißig Prozent von Wölfen gerissen worden, die übrigen sind erfroren oder verhungert. Im selben Zeitraum haben 182 Rehe den Tod gefunden; vierundzwanzig Prozent sind von Luchsen gerissen worden, nur acht Prozent von Wölfen.

Robert Hainard berichtet außerdem, daß einer seiner Brieffreunde in Rußland, der Hauslehrer bei den Kindern Tolstois gewesen ist, ihm mitgeteilt habe, daß man abends oft Wölfe sehen könne. Er sei an der Biegung eines Waldes einer Wölfin und zwei Welpen begegnet, die in keiner Weise aggressiv oder besonders verschreckt erschienen, auch habe er einige Wölfe in größerer Entfernung gesehen, als er mit dem Schlitten unterwegs gewesen sei. Weiter erzählt er, daß die Bauern nicht viel Angst vor den Wölfen gehabt hätten, ja sie hätten sich sogar den Spaß gemacht zu heulen, um Antwort von den Wölfen zu bekommen. Allerdings, schreibt Hainards Freund, hätten die Wölfe im Dorf oft Hunde und Hühner gerissen, nur selten aber Schafe. Hainard unterstreicht, daß vor etwa mehr als hundert

Jahren die Schäferinnen oft die Beute an einer Pfote festhielten und den Wolf vertrieben, wenn ein Wolf ein Schaf mitnehmen wollte, indem sie ihm Keulenhiebe oder auch Fußtritte verpaßten.

Wechseln wir den Schauplatz, begeben wir uns auf einen anderen Kontinent, genauer gesagt nach Kanada, um das Leben dieser Raubtiere in der Kälte des Hohen Nordens näher kennenzulernen.

Von Wölfen und Karibus

Um die Wölfe besser beobachten und studieren zu können, muß man den Karibus folgen, diesen für ihre Wanderungen berühmten Tieren, die oft den Wölfen zum Opfer fallen.

Das Karibu *(Rangifer tarandus caribou)* ist eine geographische Rasse unseres nordeuropäischen Rens *(Rangifer tarandus tarandus).* Die Rentiere gehören zur Familie der Cerviden, einer Unterfamilie der Rangiferinae. Sie unterscheiden sich von den anderen Cerviden insbesondere dadurch, daß die weiblichen Tiere wie die männlichen ein Geweih tragen, wenngleich dies bei den Weibchen etwas schwächer entwickelt ist. In Neufundland tragen dreißig Prozent der weiblichen Tiere kein Geweih. Ohne eine detaillierte Beschreibung des Karibus zu geben, muß ich doch auf eine interessante Besonderheit verweisen, die der Anpassung an den Lebensraum Rechnung trägt. Es handelt sich um die sichelförmigen Hufe, die das Laufen auf dem Schnee und in den Sümpfen erleichtert.

Diese Hufe unterliegen einem erstaunlichen Wachstumszyklus. Im Sommer treten die stark entwickelten, weichen Sohlenballen oder Laufschwielen von den abgenutzten, flachgetretenen Hufen hervor, so daß die Karibus mit den Ballen auf dem Boden auftreten. Im

Winter dagegen entwickeln sich die Hufe beträchtlich stärker, während sich die Sohlenballen zurückbilden, hart werden und von Haaren bedeckt werden, die in Büscheln zwischen den Zehen hervorwachsen. In dieser Jahreszeit sind es die schwieligen Ränder der Hufe, mit denen das Tier auftritt, während die wulstigen Ballen den Boden nicht berühren.

Die Wanderungen der Karibus lassen sich in ihrem Ausmaß vergleichen mit denen der Gnus in Tansania und in Südkenia. Schätzungen zufolge bestanden die Populationen der Karibus in der kanadischen Tundra Anfang dieses Jahrhunderts wahrscheinlich aus zweieinhalb Millionen Tieren. 1949 sind die Bestände auf 670 000 Tiere zurückgegangen, 1955 auf 270 000 Tiere und 1964 auf 200 000 Exemplare. 1967 konnte man zufrieden feststellen, daß die Bestände wieder auf 357 000 Tiere angewachsen waren. Eine Zählung der Herden im Gebiet des Porcupine River im Norden des Yukon Territoriums hat 1972 eine Population von 110 000 Tieren ergeben, die gegenwärtig zwischen dieser Region und dem Nordosten Alaskas wandern.

Karibus sind Herdentiere, die in Regionen leben, die man mit Fug und Recht als abweisend und rauh, wenn nicht gar ungastlich bezeichnen könnte. Die Tiere müssen ausgedehnte Kälteperioden mit Temperaturen von vierzig, manchmal fünfzig Grad minus und monatelange Dunkelheit ertragen können. Die Jahreszeit mit den hellen Sommertagen ist sehr kurz, aber dank ihrer außerordentlichen Anpassungsfähigkeit gelingt es den Karibus, den Wölfen, den Polarfüchsen, den Schneehasen sowie zahlreichen kleinen Nagern und Vögeln zu überleben und sich zu vermehren.

Der Herdentrieb der Karibus ist mit dem Nomadenleben verbunden, und die Wanderungen, bei denen sich Tausende und Abertausende dieser Tiere zusammenfinden, verdienen es, näher geschildert zu werden. Sie erlauben es uns nämlich auch, das Verhalten der Wölfe während der Periode dieser weiten Wanderungen besser zu verstehen. Lassen wir Farley Mowat eine dieser Wanderungen beschreiben:

»An einem solchen warmen, sonnenhellen Tag ging ich nördlich vom Höhlenhügel auf der Höhe einer Hügelkette entlang, von der aus man ein weites Tal überblicken konnte, das reich bewachsen war und gern von den Karibus auf ihrem Zug nach Süden benutzt wurde.

Kleine schwarze Flecken hingen am Himmel über dem Tal. Rabenschwärme folgten den Karibuherden. Schneehuhnfamilien schnatterten mich aus dem Buschwerk an. Enten, die schon auf den Aufbruch in ferne Gegenden vorbereitet waren, bevölkerten die Teiche der Tundra.

Unter mir im Tal zog ein Strom Karibus dahin, Herde um Herde, die langsam grasend nach Süden strebten, von einem Wissen getrieben, das älter war als alle menschliche Erkenntnis.«

Nunmehr läßt sich die Bedeutung ermessen, die der Wolf für die Population der Karibus gehabt hat und immer noch hat. Nach den Eskimos und den Indianern ist der Wolf einer der wichtigsten Feinde der Karibus. Bis heute stellen Karibus einen Faktor im Leben der Wölfe dar, wie umgekehrt der Wolf zum biologischen Gleichgewicht unter den Karibuherden beiträgt.

E. Kuyt, Biologe vom Canadian Wildlife Service in Fort Smith *(Northwest Territories)*, verdanken wir eine Untersuchung hierüber, die in den *Cahiers de biologie* veröffentlicht worden ist. Diese Untersuchung, Resultat von acht Jahren unermüdlichen Forschens und minutiöser Beobachtungen, ist von 1960 bis 1968 im Wildschutzgebiet des Thelon River sowie in den Waldgebieten nordöstlich von Yellowknife und Fort Smith durchgeführt worden. Der Naturforscher konnte feststellen, daß sich die Wölfe, insbesondere im Winter, fast nie von den Karibus in der Tundra entfernen. Nahe der Grenze der Waldzone, südlich des Wildschutzgebietes am Thelon River, findet man die Plätze, die von den trächtigen Wölfinnen bevorzugt werden.

Zur selben Zeit, in der die Wölfe ihre Höhlen vorbereiten und beziehen, versammeln sich die Karibus ebenfalls zur Geburt der Jungtiere, etwa zweihundert Meilen weiter weg in der Nähe des Aberdeen Lake. Bei ihrer Herbstwanderung ziehen die Karibuherden, in einzelne Rudel unterteilt, nach Süden und durchqueren dabei auch die Region, in der die Wölfe ihre Baue angelegt haben. Zu dieser Zeit sind die Welpen bereits groß genug, um ihren Eltern folgen zu können.

Wenn die Karibus in den bewaldeten Gebieten angekommen sind, suchen sich auch die Wölfe ihr Winterquartier, meist nur in geringer Entfernung zu ihren bevorzugten Beutetieren.

E. Kuyt und seine Mitarbeiter haben aus elf Wolfshöhlen einunddreißig Welpen von ungefähr sechs Wochen eingefangen und anschließend wieder freigelassen, nachdem sie ihre Ohren markiert und von jedem Tier die Maße genommen hatten. Im Frühjahr und im Sommer haben sie im Gebiet des Thelon River außerdem fünfhundertfünfundneunzig Kotproben aus leeren oder bewohnten Höhlen genommen, um sie im Labor zu untersuchen. Weiter wurden die Überreste der zweihundertachtundneunzig im Winter und der sechs anderen im Sommer abgeschossenen oder tot in der Tundra aufgefundenen Wölfe untersucht.

Die Spezialisten haben die siebzehn Karibus, die im Winter von Wölfen gerissen worden waren, ebenso minutiös untersucht wie die Überreste der hunderteinundfünfzig Karibus, die im Verlauf des Sommers in der Tundra gefunden worden waren. Die überwiegende Mehrzahl dieser hunderteinundfünfzig toten Karibus war ebenfalls von Wölfen gerissen worden.

Von den einunddreißig am Ohr markierten Welpen konnten später neun wieder gefangen werden. Aus den Resten der im Frühjahr oder im Sommer getöteten hunderteinundfünfzig Karibus konnte geschlossen werden, daß es sich bei einundfünfzig Tieren, das sind 33,8 Prozent, um Kälber handelte. Die Untersuchung der markierten Wölfe bestätigte, daß zwischen den Wölfen in der Tundra und den wandernden Karibus ein genaues Zahlenverhältnis bestand.

Die Sterblichkeit bei Welpen, die jünger als sechs Wochen alt sind (und ähnlich wahrscheinlich auch die Zahl der Fehlgeburten), verringert für jedes trächtige Weibchen die Geburtenrate um 3,5 bis 5,8 Prozent. Mit den Untersuchungen der Tiere, die am Ohr markiert worden waren, konnte bestätigt werden, daß sich die Sterblichkeitsrate erhöht, sobald die Welpen den Bau verlassen haben. Sieben Welpen waren jünger als ein Jahr, ein Welpe war fünfeinhalb Jahre alt geworden und konnte jetzt als erwachsenes Tier gelten.

Kuyt und seine Mitarbeiter konnten Beweise erbringen, daß die Sterblichkeit bei Welpen südlich des Clarke River (wo man während der Reproduktionszeit keine Karibus findet) höher ist als bei Welpen, die weiter im Norden aufwachsen. Diese abweichenden Sterblichkeitsraten könnten, wenigstens zum Teil, auf das unterschiedliche Nahrungsangebot zurückgeführt werden, wie die Analyse der Kotproben ergab.

Die Karibus stellen das wichtigste Nahrungsmittel für die Wölfe dar, die ihnen in ihre Winterquartiere folgen. Diese Vorliebe für Karibufleisch gilt auch für die Frühjahrs- und Sommermonate, aber zu dieser Jahreszeit finden die Wölfe überdies ein reichhaltiges und vielfältiges Nahrungsangebot vor.

Der Wolf fängt viele kleine Säugetiere, kleine Vögel, ernährt sich aber auch von Fischen und Eiern, besonders in Gebieten, in denen es zeitweilig keine Karibus gibt. Im Frühling und im Sommer, egal ob die Karibus in der Nähe oder abwesend sind, ernährt sich der Wolf zu einem großen Teil von kleinen Nagetieren (Lemminge und Wasserratten).

E. Kuyt und seine Mitarbeiter konnten keine Beweise dafür erbringen, daß Wölfe ihre Beute von hinten anspringen. Ihre Untersuchungen haben ergeben, daß der bevorzugte Angriffspunkt des Wolfes, hat er das Karibu erst einmal zu Fall gebracht, in aller Regel der Hals ist. Das Fleisch des Halses und der Kehle, die Zunge, die Leber, das Herz, die Nieren und die Lunge des Karibus stellen Leckerbissen für den Wolf dar. Im Winter verschlingt er das Karibu mit Haut und Haaren, im Sommer jedoch bleiben etliche Teile der Beute für andere Säugetiere und Vögel übrig.

Im Laufe der Untersuchungen konnten Kuyt und sein Team eine Populationsdichte von bis zu 6,9 Quadratmeilen pro Wolf ermitteln. Diese maximale Populationsdichte wird nur erreicht, wenn sich Karibuherden in großer Anzahl in ihrem Winterquartier versammeln. Es ist errechnet worden, daß ein in diesem Sektor der Northwest Territories lebender Wolf jährlich dreiundzwanzig Karibus reißt, darunter fünf Kälber, zwei Karibus von einem Jahr und sechzehn weitere, die zwei Jahre oder älter sind.

Es wäre jedoch verfrüht, daraus den Schluß zu ziehen, daß die Wölfe die Karibubestände gefährden. Man muß in Betracht ziehen, daß die Karibus sich von der Rentierflechte und Sträuchern ernähren, die nur sehr langsam wachsen, so daß die Karibus weite Strecken zurücklegen müssen, um an ihre Nahrung zu gelangen. Man kann sich leicht ausmalen, daß ein Mangel an Rentierflechten die Lebensbedingungen der Karibus erschwert, wohingegen der Wolf davon profitiert. Von einem anderen Standpunkt aus betrachtet, kommen die Rentierflechten auch dem Wolf zugute. Manche Leute neigen zu der Ansicht, daß solche Wechselbeziehungen umkehrbar seien...

Die Wölfe tragen sowohl zum Wachstum der Rentierflechte als auch zum Gleichgewicht unter den Karibus bei. Wenn die Populationen der Karibus zu sehr anwachsen, dann fressen sie alles kahl, auch die jungen Pflanzentriebe. Eine Hungersnot bei den Tieren wäre die Folge. Dadurch, daß die Wölfe die Karibus fressen, tragen sie zum natürlichen Gleichgewicht zwischen den Karibubeständen und dem Wachstum der Rentierflechte bei. So sind die Wölfe wie die Jäger, die abzuschießende Tiere nach ihrem körperlichen Zustand bestimmen, sehr häufig in der Lage, die zu reißenden Tiere genau auszuwählen, so daß sie meist kranke, dahinsiechende Tiere oder Tiere mit Mißbildungen töten.

Die Population der Beutetiere erholt sich meistens

sehr schnell von den leichten Reduzierungen, die von den Raubtieren verursacht werden. Das Fehlen von Nahrung jedoch kann eine Population ernsthaft bedrohen und soweit dezimieren, daß sich der Aufbau neuer Populationen sehr langwierig gestaltet, wenn nicht sogar als unmöglich erweist.

Farley Mowat gibt hierzu äußerst interessante Präzisionen, die ihm von dem Eskimo Ootek mitgeteilt worden sind. Danach könne »ein gesundes ausgewachsenes Karibu einem Wolf mühelos davonlaufen, und auch ein dreiwöchiges Rentier sei nur von äußerst flinken Wölfen zu erlegen. Die Karibus kennen diese Sachlage genau und wüßten deshalb, daß sie unter normalen Umständen von Wölfen nichts zu befürchten hätten. Auch die Wölfe wüßten Bescheid, und als intelligente Tiere versuchten sie deshalb selten, ein gesundes Karibu zu verfolgen, da sie wüßten, daß es eine sinnlose Kraftverschwendung wäre.«

Die Wölfe wenden eine bestimmte Technik an, um den Gesundheitszustand und das körperliche Befinden der Karibus systematisch zu überprüfen, in der Absicht, ein schwaches Tier zu finden. Mowat fährt fort:

»Gab es viele Karibus, so ging diese Prüfung so vonstatten, daß die ganze Herde zur Flucht getrieben wurde, bis sich herausstellte, ob ein krankes, verletztes oder sonst minderwertiges Tier dazugehörte. Wurde ein solches Tier gefunden, so versuchten die Wölfe, es zu erlegen. Gab es aber kein schwaches Tier in der Herde, gaben die Wölfe die Jagd sehr bald auf und suchten nach der nächsten Herde.

Waren Karibus schwer zu finden, so wurden verschiedene Techniken angewendet. Mehrere Wölfe trieben dann manchmal eine kleine Karibuherde in gemeinsamer Anstrengung in einen Hinterhalt, in dem andere Wölfe lauerten. Waren die Karibus sehr selten, wurde auch bisweilen eine Art Staffelsystem angewandt. Dabei trieb ein Wolf ein Karibu bis zu einem nächsten Wolf, der in einiger Entfernung wartete und dann seinerseits die Verfolgung aufnahm. Durch solche Techniken wurden die natürlichen Vorzüge der Karibus selbstverständlich vermindert, aber es war immerhin doch meistens das schmächtigste oder zumindest das untüchtigste Tier, das den Wölfen endlich erlag.«

Mowat unterstreicht, »Herden mit Muttertieren und ihren Jungen waren für die Wölfe weit interessanter, denn der Anteil an schwächlichen, mißgebildeten oder schwachen Tieren ist naturgemäß bei den sehr jungen Tieren größer, weil sie noch keiner langen und harten Auslese ausgesetzt waren.

Auch Gruppen von alten weiblichen Tieren waren ein beliebtes Angriffsziel. Manchmal wurde eine solche alte und schwache Kuh inmitten einer gesunden Herde verborgen, doch die Wölfe, die offenbar die Karibus so gut kannten wie sich selbst, entdeckten ein solches Tier unweigerlich in einer Herde, das in meinen Augen durchaus gesund und stark erschien.

Jungtiere wurden oft sehr viel strenger geprüft als erwachsene, und ein Wolf jagte sie manchmal bis dreihundert Meter weit. Hatte das Tier aber auf dieser Strecke keine Anzeichen der Erschöpfung erkennen lassen, wurde die Jagd im allgemeinen aufgegeben.

Kraftersparnis schien ein Grundsatz der Wölfe zu sein, und das war sicher sehr vernünftig, denn solche Prüfungen mußten manchmal stundenlang wiederholt werden, ehe die Wölfe ein Tier fanden, das sich als Beute anbot.

War ein solches Tier endlich gefunden, so nahm die Jagd eine neue Form an. Der verfolgende Wolf setzte dann alle Kraft ein, die er während der Proben geschont hatte, und er setzte dem fliehenden Tier mit einer Kraft und Geschwindigkeit nach, die ihn, wenn er Glück hatte, ganz dicht hinter sein Opfer brachte. Das verfolgte Tier schlug endlich entsetzt einen Zickzackkurs ein, und ich hielt dieses Verfahren für sehr unsinnig, denn dadurch konnte der Wolf den Weg abkürzen und noch näher herankommen.

Im Gegensatz zu einem gängigen Wolfsmythos sah ich niemals einen Wolf, der versuchte, ein Rentier von hinten anzuspringen. Immer drängte er erst unter Aufbietung aller Kräfte neben das Karibu und sprang dann nach seiner Schulter. Für gewöhnlich war der Anprall so stark, daß das gehetzte Wild zu Boden stürzte, und ehe es sich noch aufrappeln konnte, packte der Wolf seinen Nacken und zwang es nieder. Dabei mied er sorgfältig die schlagenden Hufe, denn ein einziger wohlgezielter Treffer dieser Hufe konnte einem Wolf leicht den Brustkorb zerschmettern.«

Mehrmals ist es vorgekommen, daß Mowat auf ein Karibu gestoßen ist, das gerade erst getötet worden war. Er mußte die Wölfe verscheuchen, die sich dann ziemlich ängstlich und mit offensichtlichem Bedauern zurückzogen.

Hierzu möchte ich hinzufügen, daß es ungleich schwieriger ist, einen in einem Freigehege lebenden Wolf von der frischgetöteten Beute zu vertreiben, als einen Wolf, der in freier Wildbahn gerade seine Beute erlegt hat. Daraus wird ersichtlich, falls eine solche Bestätigung noch nötig ist, daß ein freilebender Wolf viel scheuer ist als ein Wolf, der in mehr oder weniger engem Kontakt zum Menschen lebt. Ich kann unterstreichen, daß ein Wolf, der in einem Gehege – und selbst wenn dieses mehrere Hektar umfaßt – gerade ein großes Stück Fleisch verschlingt, nicht vor einem Menschen zurückweichen wird, der ihn bedroht. Wenn er die Möglichkeit dazu hat, wird er seine Beute mitnehmen, wenn es sich aber zum Beispiel um ein ganzes Schaf oder eine Rinderkeule handelt, wird er seine Beute verteidigen und den Menschen angreifen, falls dieser nicht nachgibt. Ich weiß, wovon ich spreche, da ich dieses Experiment oft unternommen habe, auch mit Wölfen, die sich normalerweise überhaupt nicht aggressiv verhalten.

Ein wildlebender Wolf dagegen wird fliehen, noch bevor sich der Mensch der gerissenen Beute sehr genähert hat. Es gibt aber immer noch Leute, die der irrigen Ansicht sind, ein Wolf, der sich an den Menschen gewöhnt hat, sei weniger gefährlich als ein wildlebender.

Mowat weist noch auf einen anderen wichtigen Punkt hin. Mehrere Karibus, die er untersucht hat, nachdem er die Wölfe, die sie gerissen hatten, verscheucht hatte, waren so sehr von inneren und äußeren Parasiten befallen, daß sie in jedem Fall sehr bald verendet wären. Dies ist ein weiterer Beweis dafür, daß die Wölfe in beträchtlichem Maß zur Gesundheit der Karibuherden beitragen.

Es muß unterstrichen werden, daß der Wolf einen regulierenden Faktor darstellt; er tötet nicht aus reiner Mordlust oder zum Vergnügen, wie immer noch viele Leute glauben möchten.

Was die Art und Weise betrifft, wie der Wolf seine Beute anfällt, so haben wir gesehen, daß alle Zeugen, die Angriffe auf Karibus miterlebt haben, einhellig betonen, daß der Wolf den Hals oder die Schulter zum Ziel nimmt und die Beute nicht von hinten anspringt. Das ist zweifellos völlig richtig. Wenn es sich aber um größere Beutetiere handelt, wie zum Beispiel ein Rind, dann versucht der Wolf, dem Opfer eine Sehne durchzubeißen. Ähnlich geht er vor, wenn er einen Elch oder auch einen Moschusochsen angreift.

Elch und Wolf

Der Elch ist der größte Vertreter der Cerviden. Dieser Riese beeindruckt nicht nur durch seine imposante Statur, sondern auch durch sein mächtiges Geweih mit den breiten Schaufeln, das bis zu zwanzig Kilo wiegen kann und meist vierzig Enden aufweist.

Die Systematiker teilen die Elche in sieben Unterarten ein, die im wesentlichen auf der nördlichen Halbkugel der Alten und der Neuen Welt leben. Der Grundtypus des Elchs *(Alces alces alces)* lebt im Norden Europas. Besonders in Schweden kommt er sehr zahlreich vor, daneben im Südosten Finnlands und Norwegens, in Polen und in der UdSSR. In diesen Ländern erreicht er die höchste Populationsdichte.

Die Unterart *Alces pfizenmayeri* kommt fast in allen Gebieten Sibiriens vor. Die Art *Alces cameloides* lebt im Osten der Mongolei und im Südosten Sibiriens. Die größte Unterart *Alces gigas* kommt in Alaska vor, wo es die prächtigsten Exemplare auf ein Gewicht von achthundert Kilo bringen. Die Art *Alces shirasi* ist im Westen der Vereinigten Staaten verbreitet und wird daher auch Yellowstone-Elch genannt. Die sechste Unterart, *Alces andersoni,* kommt in ganz Kanada vor, außer in der Provinz Quebec, in der die Unterart *Alces americana* (Ostamerikanischer Elch) lebt. Der

Kaukasus-Elch *(Alces caucasieus)* ist ausgerottet worden.

Das Leben des Elchs ist untrennbar mit dem Wald verbunden, er ist ein typisches Waldtier. Aber es kann auch vorkommen, daß er die Einförmigkeit der Nadelwälder verläßt und sich in andere Klimazonen, etwa in Gebiete mit Strauchvegetation begibt. Manchmal bevorzugt er auch Mischwälder mit Birken und Zitterpappeln oder sucht die Nähe von Weiden, Mehlbeerbäumen und Wasserpflanzen, wodurch seine Äsung an Vielfalt gewinnt.

In den Seen finden die Elche nicht nur Nahrung, sie bieten ihnen im Sommer auch die Möglichkeit, den riesigen Mückenschwärmen zu entgehen. Im Winter ernährt sich der Elch von Tannennadeln; dazu zieht er in trockenere, von Sträuchern bewachsene Gebiete um. Dieser große Cervide ist ein sehr guter Schwimmer, er kann mehrere Kilometer im Wasser zurücklegen.

Der Wissenschaftler D. W. Simkin hat in Ontario/Kanada von einem Hubschrauber aus mehrere Elche Richtung Meer getrieben. Dann ist er mit seinem Helikopter ganz in der Nähe der Elche gelandet und hat sie mit Hilfe einer Spezialzange am Ohr markiert. Auf diese Art und Weise konnte man ihre Wanderungen, sogar jeden einzelnen Standortwechsel, verfolgen und feststellen, daß sie ein hohes Lebensalter erreichen.

Es ist nicht einfach, ihre Wanderungen zu beobachten. Im allgemeinen brauchen sie keinen allzu großen Lebensraum, etwa fünf bis zehn Quadratkilometer, und die gleichen Tiere verbleiben Jahr für Jahr in ihrem angestammten Revier. In bestimmten Regionen kann es vorkommen, daß die geschlechtsreifen (mit einem Jahr) Junghirsche und die brunftenden Hirsche ein weniger eng begrenztes, sondern weiträumigeres Revier bewohnen. Die Wanderungen von einem Revier zum anderen sind dann ausgedehnter, auch müssen beträchtliche Höhenunterschiede bewältigt werden. Die Wanderungen verlaufen auf traditionellen Wanderstrecken, aber der Zeitpunkt der Wanderungen kann leicht variieren. Er kann von der Schneelage abhängen, vom Nahrungsangebot und von bestimmten Schwankungen während der Brunstzeit.

Insgesamt läßt sich feststellen, daß die Wanderungen es dem Elch erlauben, zu allen Jahreszeiten einen Lebensraum mit optimalen Bedingungen vorzufinden, ein Biotop, das sowohl den physischen Notwendigkeiten als auch dem sozialen Verhalten entspricht.

Findet der Elch einen günstigen Lebensraum vor, so kann die Bevölkerungsdichte erheblich zunehmen. Östlich des Stromes Lena in Sibirien zum Beispiel waren Ende des vorigen Jahrhunderts die Elche praktisch verschwunden. Heute kommen in diesen Territorien wieder Elche vor, deren Population auf 220 000 bis 230 000 Exemplare geschätzt wird. Die Bevölkerungsdichte schwankt zwischen 2,30 und 13,30 Stück auf hundert Quadratkilometer. Aber in den besonders günstigen Gebieten, wie zum Beispiel in durch Brand gerodeten Wäldern oder in Flußtälern mit einer Strauchvegetation, kann die Populationsdichte bis zu 62 Stück auf hundert Quadratkilometern betragen. Dies geht aus einer Untersuchung A. A. Kistchinskis von der Naturschutzbehörde in Moskau hervor.

Besonders interessant ist ein Beispiel, das den Zusammenhang zwischen der unterschiedlichen Populationsdichte bei Elchen und ein erhöhtes Vorkommen ihrer natürlichen Feinde anzeigt. Ihre natürlichen Feinde sind, selbstverständlich vom Menschen abgesehen, die Wölfe. Wenn sich die Vegetation in ihrem Lebensraum zugunsten der Elche verändert, dann kann man eine starke Zunahme der Wolfsbestände verzeichnen. Ende der vierziger Jahre hat man in der Karelischen Republik die Verbreitung des Wolfes begünstigt, indem Nadelhölzer durch Laubwald ersetzt wurden.

Seit 1968 verzeichnen die finnischen Grenzwächter alle Spuren der Wölfe, die die Grenzen zu Schweden, Norwegen und der GUS überschreiten. Auf diese Art und Weise wird es möglich, die Bewegungen der Wolfspopulationen diesseits und jenseits der Grenzen zu verfolgen. In der Karelischen Republik unterliegt die Wolfspopulation strengen Kontrollen. Trotzdem hat die Population Mitte der sechziger Jahre in beträchtlichem Maße zugenommen, weil sich infolge der veränderten Waldanpflanzung die Bestände der Elche erhöht hatten. Und seit 1980 ist weiterhin eine Zunahme der Wolfspopulation registriert worden (5 bis 7 Stück pro Tausend Quadratkilometer).

Über die Räuber-Beute-Beziehungen weiß man inzwischen gut Bescheid. Was die Beziehung zwischen Elch und Wolf betrifft, so hat vor allem L. David Mech mit seinen Forschungen auf der Isle Royale zu einer besseren Kenntnis beigetragen. Diese Insel liegt im Oberen See in den USA, achtzig Kilometer nordwestlich von der Halbinsel Keweenaw und zweiunddreißig Kilometer südwestlich der kanadischen Grenze. Die Insel ist zweiundsiebzig Kilometer lang, ihre Breite variiert zwischen drei und zehn Kilometern, ihre Oberfläche beträgt fünfhundertvierzig Quadratkilometer.

Die Isle Royale ist 1940 zum Nationalpark erklärt worden, aber schon davor waren das Roden, die Jagd, das

Angeln und der Pelztierfang auf ihr verboten gewesen. Von September bis Mai ist die Insel von Schnee bedeckt, aber dank des Einflusses des riesigen Oberen Sees sind die Temperaturen im Winter nicht allzu tief. Im Durchschnitt beträgt die Temperatur im Winter zehn Grad unter Null, die Durchschnittstemperatur im Sommer beträgt fünfzehn Grad. Gras und Wiesen sind im Überfluß vorhanden, und fast ein Drittel der Insel ist bewaldet (Nadelhölzer, Kiefern, Balsamtannen, Lebensbäume), Heidegebiete mit Büschen und Sträuchern vervollständigen die Vegetation.

Diese Insel ist also ein mustergültiges Beispiel für ein Naturreservat zur Erhaltung einer vom Aussterben bedrohten Art. Alle für den Wolf spezifischen ökologischen Bedingungen werden berücksichtigt, auch bestehen beste Voraussetzungen für die Observation der Wölfe. Anderswo sind solche Beobachtungen nur schwer durchzuführen, schon wegen der mißtrauischen Zurückhaltung und Scheu dieser Raubtiere ...

Die Insel war von Hasen, Bibern, kleinen Nagern und Vögeln bewohnt, eines schönen Tages jedoch tauchten Elche auf. Sie waren geschwommen und über das Eis gewandert und fanden auf der Insel ein wahres Paradies vor, mit abwechslungsreicher Nahrung im Überfluß, außerdem wurden sie dort von keinem natürlichen Feind bedroht. Unter diesen günstigen Voraussetzungen vermehrten sie sich sehr schnell. Alles schien aufs beste bestellt zu sein, wie in der schönsten aller Welten, aber irgendwann sind die Grenzen erreicht. Solange sich die Population der Elche auf etwa fünfhundert bis sechshundert Individuen eingependelt hatte, blieb das biologische Gleichgewicht zwischen ihnen und der Vegetation in ihrem Lebensraum erhalten. Doch leider vermehrten sich die Elche immer weiter; bald waren sie tausend Stück und kurze Zeit später noch mehr.

Folglich kam es zum unvermeidlichen Prozeß einer allmählichen Rückstufung des Biotops. Die Überweidung zog bald die Erosion des Bodens nach sich, was sich prompt auf die Elche auswirkte: Sie magerten ab. Parasiten, die den Tieren mit einem perfekten Gesundheitszustand nichts anhaben konnten, befielen jetzt diese armen Tiere, die vor Hunger verendeten oder an Krankheiten starben. Das Waldsterben wurde immer schlimmer, zur großen Besorgnis der Biologen.

Es war ein Glücksfall für diese Wissenschaftler, und genauso für die Elche, daß unerwartete Helfer für die Lösung sorgten: die Wölfe.

An einem wunderschönen Wintertag mit sehr tiefen Temperaturen gelangten Wölfe über eine Eisbrücke auf die Insel. Innerhalb weniger Monate sanierten sie die Population der Elche, indem sie die schwächsten Tiere rissen und töteten. Amerikanische Biologen, namentlich D. L. Allen und L. D. Mech, wollten die neue Situation von Grund auf erforschen. Mit Hilfe hochtechnisierter Mittel beobachteten sie über mehrere Jahre hinweg das Verhalten der Wölfe.

Ich führe hier nur ein Beispiel an, das illustriert, mit welcher Ernsthaftigkeit und Genauigkeit die umfassenden Recherchen betrieben wurden. David Mech hat insgesamt vierhundertfünfunddreißig Stunden lang die drei Zonen der Isle Royale überflogen, in denen er diese Caniden lokalisiert hatte. Außerdem verbrachte er mehr als ein Jahr (fünfundsechzig Wochen) auf der Insel. Auch andere Wissenschaftler haben viel Zeit für das Studium der Wölfe auf der Isle Royale aufgewendet, so daß man davon ausgehen kann, daß sich seit 1958 ohne Unterbrechung Experten auf der Insel befunden haben, um das Verhalten der Wölfe immer besser zu verstehen, indem man stets neue Details aus ihrem Alltagsleben entdeckte.

Mech hat bestätigt, daß der Wolf, ein an ein Territorium gebundenes Tier, sein Revier durch häufiges Urinieren abgrenzt und daß – wie aus Beobachtungen und aus dem Verhalten von Gefangenschaftsrudeln hervorgegangen war –, die mitgliederstärksten Rudel die kleinsten Rudel angriffen und aus ihrem Revier vertrieben.

Die gleichen Beobachtungen konnte ich in dem weiträumigen Wolfsgehege des Gévaudan machen. Das Eindringen eines Wolfsrudels in ein benachbartes Territorium wird sehr schnell von einem stärkeren Rudel unterbunden, das schon bei der geringsten Überschreitung der Territoriumsgrenzen eingreift.

Auf der Isle Royale umfaßte das Territorium des größten Rudels (fünfzehn Wölfe) hundertachtundsechzig Quadratkilometer. Dieses Territorium durchstreiften die Wölfe Tag für Tag, Zone für Zone. Mech schreibt, daß die von ihm beobachteten Wölfe in vierundzwanzig Stunden durchschnittlich fünfzig Kilometer zurücklegten. Die Wölfe nehmen immer die gleiche Strecke, bewegen sich im Gänsemarsch vorwärts, mit einer Durchschnittsgeschwindigkeit von acht Kilometern pro Stunde, wobei sie immer wieder Ruhepausen einlegen.

Einigen Forschern zufolge ist das Riechvermögen des Wolfes hundertmal besser als das des Menschen. Aus einer Untersuchung des Geruchssinns der Wölfe ging hervor, daß sein maximales Riechvermögen dem des Hundes entspricht. Der Wolf ist auf seine hochentwickelten olfaktorischen Fähigkeiten angewiesen, wenn er überleben will.

In zahlreichen Fällen kann ein Wolf ein Tier aus dreihundert Yards unter Wind wittern. Wenn sich die Beute jedoch nicht unter Wind befindet, können die Wölfe keine Witterung aufnehmen und sind nicht in der Lage, die Beute zu lokalisieren, weil sie gegen den Wind stehen. Mech konnte beobachten, wie ein mächtiger Elch zwanzig Minuten lang nicht gewittert worden ist, obwohl er sich nur hundert Yards von einem Rudel aus fünfzehn Wölfen befand.

Es ist immer wieder eindrucksvoll, wenn man beobachten kann, wie ein Wolfsrudel plötzlich seine Beute wittert. Wenn Mech im Winter mit dem Flugzeug die Isle Royale überflog, konnte er oft mitverfolgen, wie ein Rudel die Beute jagte. Wollten die Wölfe die Windrichtung feststellen, schnupperten sie in alle Richtungen, um sich »Wind zu holen« und so die Witterung der Elche aufnehmen zu können. In dem Moment hielten die Wölfe plötzlich inne und hielten die Nase alle in dieselbe Richtung: Sie waren unter Wind. Dann versammelten sie sich Seite an Seite, wedelten zehn oder fünfzehn Sekunden lang mit dem Schwanz und gingen dann direkt auf den Elch zu.

Die Jagden sind nicht immer erfolgreich; denn nicht nur Jäger mit Gewehren kommen manchmal mit leeren Händen nach Hause. Als Beispiel kann folgende Beobachtung Mechs dienen: »Am 24. Februar 1959 rückten gegen 18 Uhr zehn der fünfzehn Wölfe des großen Rudels im Gänsemarsch ans Ufer des Sikiwit Sees vor, ungefähr eineinhalb Kilometer von den übrigen Mitgliedern des Rudels entfernt.Plötzlich hielten sie inne, drei Elche galoppierten in der Ferne.

Weiterhin im Gänsemarsch begannen die Raubtiere, in direkter Linie etwa zweihundertfünfzig Meter weit auf die Elche zuzusteuern. Als sie sich etwa bis auf dreißig Meter den Huftieren genähert hatten, bemerkten zwei der Elche, daß sie verfolgt wurden und beschleunigten ihren Gang. Der dritte verharrte ruhig und war alsbald umzingelt. Dann versuchte er zu fliehen, es gelang ihm aber nicht. Fünf Wölfe griffen ihn an und bissen ihm in die Hinterläufe und in die Flanken. Er rannte weiter und zog die Angreifer hinter sich her. Zweimal stürzte er zu Boden, konnte sich aber wieder aufrappeln. Beim zweiten Sturz jedoch packte ihn einer der Wölfe an den Nüstern. Trotzdem gelang es dem Elch, auf die Beine zu kommen und ein kleines Waldstück zu erreichen.

Da entschied er sich dafür, sich zum Kampf zu stellen. Eine Minute danach hatten ihn auch die fünf anderen Wölfe umkreist, aber jedesmal wenn das Rudel angriff, verteidigte sich der Elch mit den Schlägen seiner gewaltigen Hörner.« Am nächsten Morgen konnte Mech feststellen, daß der Cervide immer noch lebte; er stand immer noch in dem Waldstück, die Wölfe aber waren verschwunden.

Er entdeckte sie später wieder, sie waren erneut dabei zu jagen, sechsundzwanzig Kilometer von der Stelle entfernt, an der Mech sie tags zuvor beobachtet hatte.

Der Naturforscher schreibt, der Wolf verfüge über eine unglaubliche Beißkraft:

»Ich habe Wölfe gesehen, wie sie einen erwachsenen Elch an der Kuppe angriffen, wie sie sich festbissen und ihm bis zu zehn Zentimeter tiefe Wunden beibrachten. Zuletzt verbissen sie sich in seinen Kopf, wobei sie dicke Fetzen seiner ledrigen Haut wegrissen.«

Der Verhaltensforscher Young sagt, ein Wolf könne sich mit den Eckzähnen in die weiche »Muffel«, das ist die über die Unterlippe hängende Oberlippe, eines Elches so verbeißen, daß der Wolf über dem Boden hängt. Ein Wolf kann mit einem einzigen Biß den Schwanz eines großen Pferdes oder eines ausgewachsenen Rindes durchbeißen.

Die meiste Arbeit beim Zerbeißen und Zerkauen der Beute wird von den Reißzähnen oder Backenzähnen verrichtet: dem vierten Prämolar im Oberkiefer und dem ersten Molar im Unterkiefer. Diese am kräftigsten ausgebildeten Zähne wirken wie eine Brechschere und sind sehr wirksam beim Durchbeißen von Sehnen und zähem Fleisch.

Einen Elch greifen die Wölfe an den Flanken und an den Hinterläufen an. Ich habe davon erzählt, wie ein junger Wolf eine Kuh angegriffen und dabei versucht hat, ihr die Sehne eines Hinterbeines durchzubeißen. Wenn es sich um weniger große und kräftige Opfer wie Rentiere, Elchkälber, Hirschkühe oder Rehe handelt, springen sie die Wölfe direkt am Hals oder an der Schulter an.

Wenn die Wölfe ein großes Beutetier gerissen haben, etwa einen Elch von vierhundert bis sechshundert Kilo oder einen Wapiti mit drei- bis vierhundert Kilo, können sie dieses nicht ganz auffressen, selbst wenn das Rudel aus fünfzehn Mitgliedern besteht. Wenn ein solches Beutetier in der warmen Jahreszeit erlegt wird, fressen sich die Wölfe satt und überlassen die Reste den Polarfüchsen, den Vielfraßen sowie Greifvögeln und Rabenvögeln.

Im Winter dagegen verbleiben die Wölfe in der Nähe ihrer Beute. Wenn sie sich sattgefressen haben, legen sie sich in der Nähe nieder, um gegebenenfalls andere Raubtiere zu vertreiben, die versucht sein könnten, ihnen Teile der Beute wegzunehmen. Die Wölfe geben ihre Beute erst auf und ziehen weiter, wenn nichts Eßbares mehr davon übrig ist.

In Minnesota in den Vereinigten Staaten, wo nach Zählungen ungefähr siebenhundert Wölfe leben sollen, hat der Zoologe G. E. Johnson einen Wolf beobachtet, der sich von einem im Wasser treibenden Elch ernährt hat. Im Wasser schwimmend riß der Wolf den Elch in Stücke. Nicht selten flüchtet sich einer dieser riesigen Cerviden in einen See, wenn er von Wölfen verfolgt wird. Ein See bietet tatsächlich einen gewissen Schutz, denn die Wölfe müssen schwimmen und können so keine präzisen Angriffe vortragen. Ein erwachsener Elch hat in einem Gewässer, das über einen Meter tief ist, gute Chancen, mit heiler Haut davonzukommen.

Wenn Wölfe lange Zeit hinter einer Beute herjagen müssen, ruhen sie sich anschließend aus, ganz gleich wie die Jagd ausgegangen ist. A. Murie zufolge, der ein aufregendes Buch über die Wölfe im Gebiet des Mount McKinley in Alaska veröffentlicht hat, sinkt ein Wolf erschöpft an seinem Ruheplatz nieder, wenn er mit schweren Beinen von einer langen Jagd zurückgekommen ist. Er ruht sich bis zur völligen Regeneration aus und verharrt drei bis vier Stunden lang in derselben Stellung, ohne sich zu rühren. Meistens hebt er nicht einmal den Kopf, um einen eventuellen Eindringling zu beobachten.

Im Winter sind auf der Isle Royale in den Tannenwäldern in der Nähe von Seen konzentrierte Ansammlungen von Elchen festzustellen. Hier fühlen sie sich im Vergleich zu den unbewaldeten Zonen sicher, und selbst wenn sie Hunger leiden, verlassen sie die Wälder nicht gerne. Einerseits ist ihre Bindung an den Lebensraum sehr eng, zum anderen setzen sie sich Gefahren aus, wenn sie ihr angestammtes Revier verlassen. Die Frage stellt sich, ob der Schnee für Wölfe einen Vorteil darstellt. Ja und nein lautet die salomonische Antwort, denn dies hängt vom Zustand des Schnees ab, auch von der Dicke der Schneedecke.

Man weiß zum Beispiel, daß ein Wolf einen Vorteil daraus ziehen kann, daß er im Vergleich zu einigen seiner Opfer weniger Druck auf den Boden ausübt. Die Belastung auf den Untergrund beträgt beim Wolf 140 bis 158 Gramm pro Quadratzentimeter, beim Hirsch dagegen 300 bis 400 Gramm und beim Elch sogar 420 bis 460 Gramm pro Quadratzentimeter. Ist die Schneedecke tief und weich, hat der Wolf Schwierigkeiten bei der Fortbewegung. Liegt tiefer Altschnee mit einer verharschten Oberfläche, dann können die Wölfe einen Vorteil daraus ziehen, weil sie der Schnee trägt.

Die Belastung des Untergrunds ist beim Elch also wesentlich höher, aber ihre vergleichsweise größeren Sohlen ermöglichen es ihnen, sich schneller als ihre Feinde fortzubewegen, wenn lockerer, weicher Schnee liegt. Nach R. O. Peterson und D. L. Allen *(Écologie de l'original [Ökologie des Amerikanischen Elchs])* kommt es bei höheren Schneelagen auf der Isle Royale zu einer verstärkten Konzentration von Elchen in den Nadelwäldern an den Seeufern, die zugleich die Hauptdurchgangsstrecken der Wölfe darstellen.

Ein weiterer Nachteil für die Elche ergibt sich aus ihrer vergleichsweise geringeren Mobilität. Diese hat insbesondere bei den Kälbern zur Folge, daß sich die Fälle von Unterernährung häufen, weshalb sie Angriffen der Wölfe leichter zum Opfer fallen können. In strengen Wintern mit tiefem Schnee haben die Wölfe bei der Jagd im allgemeinen mehr Kälber und Jungtiere gerissen. Außerdem scheinen Kälber, die einen rauhen Winter überlebt haben, im Folgejahr anfälliger als sonst und sind eine leichte Beute für die Wölfe.

Andere Beutetiere

Vor einigen Jahren ist im Park von Pleß in Polen ein zweijähriges Bisonweibchen von einem Wolfsrudel angefallen und völlig zerfleischt worden. Dies ist nicht besonders erstaunlich, obwohl Bisons wesentlich aggressiver und beweglicher sind als Kühe. Zur selben Zeit wurde auch aus der Krakauer Region von Schäden berichtet, die Wölfe verursacht haben. Statistische Erhebungen ergaben, daß die Rehbestände erheblich zurückgingen, achtzig Prozent der Rehkälber und neunzig Prozent der Frischlinge wurden gerissen. Als Konsequenz aus diesen Zahlen erhöhte die Regierung die Kopfprämie für jeden abgeschossenen Wolf auf zweihundert Zloty.

Meiner Ansicht nach sind diese Zahlen weit übertrieben. Im riesigen Bialowiezer Urwald, den ich sehr gut kenne, weil ich dort Bisons beobachtet und auch meine Wölfe von dort habe, sind die Rehe zugegebenermaßen die Hauptbeutetiere der Wölfe. Um ihre Population steht es jedoch gar nicht schlecht, wenn man bedenkt, daß sie so zahlreich sind, daß sie ernsthafte Nahrungskonkurrenten für die Bisons darstellen.

In Ontario/Kanada ist der Algonquin Nationalpark auf einer Fläche von 7500 Quadratkilometern geschaffen worden. In diesem Park, der ebenso ausgedehnt ist wie ein großes Département in Frankreich, ist die Populationsdichte bei den Wölfen so hoch wie nirgendwo sonst auf der Welt. Auf 25 Quadratkilometern leben im Durchschnitt ein Wolf und 100 Virginiahirsche. Der Virginiahirsch, auch Weißwedelhirsch genannt *(Odocoileus virginianus)*, kann bis zu zweihundert Kilo schwer sein. Bei Gefahr flüchtet er, und sein langer Schwanz oder »Wedel« ist dabei hoch aufgerichtet wie eine weiße Fahne, wovon sich auch sein Name ableitet. Im Algonquin Park stellt dieser Hirsch das Hauptbeutetier der Wölfe dar.

Die Wolfsrudel bestehen aus fünf bis zehn Individuen. Ein Rudel dieser Größe verbraucht drei Hirsche in der Woche, woraus man Schlüsse ziehen kann, wie streng die Selektion ist.

Im Wood Buffalo National Park in Kanada befindet sich die größte Bisonpopulation der Welt. Es sind ungefähr fünfzehntausend Bisons; sie verfügen über einen der größten Parks überhaupt: seine Fläche beträgt 47 000 Quadratkilometer, was ungefähr fünf Départements in Frankreich entspricht. Der Wood Buffalo Park liegt zum größten Teil im Norden Albertas und mit einem kleineren Teil im südlichen Bereich der Northwest Territories.

Freilich muß betont werden, daß dieses immense Territorium nicht der ideale Lebensraum für die Nachkommenschaft der riesigen Herden ist, die einst zu Millionen Nordamerika bevölkert haben und die vom Menschen beinahe ausgerottet worden wären. Denn tatsächlich ist das Klima in dem Park zu rauh, und obwohl der Bison nicht die warmen oder gemäßigten Breiten bevorzugt, ist er doch anfällig für Tuberkulose, Brucellose und besonders Arthritis.

Im Elk Island National Park, östlich von Edmonton in Alberta, in dem das Klima weniger rauh ist als im Wood Buffalo National Park, leben mehrere hundert Bisons. Trotzdem kommen auch im Elk Island National Park Krankheiten unter den Bisons vor. Der Schriftsteller Frison-Roche ist im Buffalo Park bei den Vorsorgemaßnahmen dabei gewesen, die man für die Bisons trifft. Er berichtet:

»Aufgabe der Wildhüter im Wood Buffalo National Park ist es, auch nur die geringsten Anzeichen einer Krankheit festzustellen. Man kümmert sich intensiv um die Tiere. Über den ganzen Park verstreut sind Pferche angelegt, in die man im Herbst die wildlebenden Herden treibt. Das ist jedes Mal ein außergewöhnliches Schauspiel: Tausende von Bisons galoppieren Seite an Seite, bis sie sich schließlich in die Pferche leiten lassen, in die so enge Durchgänge mit Zaunbarrieren führen, daß nur ein Tier nach dem anderen hindurchgehen kann.

Auf den Zäunen der Durchgänge sitzen Tierärzte, Assistenten und Wildhüter, die pausenlos die passierenden Tiere impfen. In der Luft schweben Hubschrauber und kleine Flugzeuge, die gleichsam die Schäferhunde für die riesige Herde darstellen. Auf der Erde kreisen Reiter und Geländefahrzeuge um die Herde und treiben die panisch flüchtenden Massen vor sich her, die den Pferch nur durchqueren, um sich danach erneut in der Weite der Wälder zu verlieren, diesmal aber geimpft und gegen Krankheitserreger immunisiert.«

Die amerikanischen Bisons gibt es noch in anderen kanadischen Parks und in mehreren Parks der Vereinigten Staaten, insbesondere im Yellowstone Park.

Das in Europa, genauer im Bialowiezer Urwald,

lebende Bison, hier Wisent genannt, unterscheidet sich in morphologischer Hinsicht in einigen Punkten von seinem amerikanischen Vetter. In der Vorderhand ist es weniger kräftig, dafür aber sehr robust in der Hinterhand (darunter versteht man den hinteren Körperbereich).

Nachdem ich die Möglichkeit hatte, die beiden Arten in ihrem jeweiligen Lebensraum zu beobachten, kann ich sagen, daß das europäische Wisent *(Bison bonasus)* mehr zur Aggressivität neigt als der amerikanische Bison *(Bison bison)*. Trotzdem kann man sich auch vor den amerikanischen Büffeln nicht genügend in acht nehmen, da ihre Reaktionen oft unvorhersehbar sind. Zweimal ist es mir im Bialowiezer Wald passiert, daß mich Wisents angegriffen haben (ich gebe zu, daß ich sie etwas provoziert habe), während ich die Bisons in Kanada sanftmütiger und friedlicher fand. Ein Tier, das fast eine Tonne wiegt und über eine erstaunliche Flinkheit verfügt, ist in jedem Fall ein Gegner, dem man aus dem Weg gehen sollte.

Der Wolf ist einer der wenigen natürlichen Feinde des Bisons. In der Regel sind es junge, kränkliche oder sehr alte Tiere, die diesen Räubern zum Opfer fallen. Natürlich werden nicht alle Bisonbabies zur Beute der Wölfe. Man muß wissen, daß ein Bisonjunges schon eine halbe Stunde nach der Geburt an den Zitzen trinkt, und daß drei Stunden genügen, bis es auf den Beinen steht, sich aufbäumen kann und seiner Mutter hinterherläuft. Das Muttertier verteidigt sein Junges mutig gegen die Feinde. Erst wenn das Junge einige Wochen alt ist, läuft es Gefahr, den Wölfen zum Opfer zu fallen, denn es beginnt, weiter von der Mutter wegzulaufen.

Im Wood Buffalo National Park werden hohe Sterblichkeitsraten bei den Jungtieren verzeichnet. Während die Kälber im September zwanzig Prozent der Bestände ausmachen, sind es im Dezember nur noch zwölf Prozent und am Ende des Winters gar nur noch acht Prozent.

Bleiben wir eine Weile in dem riesigen Wood Buffalo Park. Dort hat Dr. Fuller den Mageninhalt von 95 Wölfen untersucht und 63 Kotproben genommen, um herauszufinden, in welchem Ausmaß diese Räuber Bisons gerissen hatten. Er entdeckte, daß in 36 Mägen keine Bisonteile vorhanden waren; in 9 fanden sich Elchreste, und in allen übrigen die verschiedensten kleinen Säugetiere. In 83 Prozent der Losungen (Exkremente) fanden sich Bisonhaare.

Für Dr. Fuller ergab sich die Gelegenheit, elf Bisons zu untersuchen, die gerade von Wölfen gejagt und getötet worden waren. Fünf der Bisons waren sehr alt, drei waren Jungtiere; und von den restlichen drei – alles ausgewachsene Tiere – hatte eines Tuberkulose im fortgeschrittenen Stadium, eines hatte sich vor längerer Zeit das Bein gebrochen, und das dritte litt an einer Infektion, die von einer Schußverletzung herrührte. Zwei von drei jungen Tieren waren mehrmals angegriffen worden und waren bereits ziemlich geschwächt. Daraus kann man den Schluß ziehen, daß ein erwachsener Bison, der bei bester Gesundheit ist, von Wölfen nichts zu befürchten hat.

Ein anderer, sehr großer Cervide, kann ebenfalls zu einer Beute für den Wolf werden. Es handelt sich um den Wapiti *(Cervus elaphus canadensis)*, dessen Gewicht vierhundert Kilo übersteigen kann, was ungefähr dem zweifachen Gewicht des guten alten europäischen Hirsches entspricht. In Kanada wird der Wapiti »Elk« genannt, was dem englischen Ausdruck für Elch entspricht, der wiederum in Kanada Orignal genannt wird. In den Rocky Mountains kommt der Wapiti sehr oft vor, so daß man ihn in den Nationalparks, wie zum Beispiel Jasper, vom Auto aus am Straßenrand weiden sehen kann. Wenn man jedoch den Wagen verläßt, zieht er sich ohne Eile ins Unterholz zurück.

Als Herdentiere bilden die Wapitis kleine Rudel, die aber doch bis auf dreißig Mitglieder anwachsen können. Im Winter, wenn sie nur wenig Nahrung vorfinden, graben diese großen Hirsche die dünne Schneeschicht durch, um an die Gräser zu gelangen. Sie weichen den dicken Schneedecken aus, indem sie sich auf den Flanken der Abhänge oder der Berge aufhalten; an der Stelle, wo der Schnee vom Wind weggeweht wird. Auch der Wapiti hat wie der Elch zahlreiche natürliche Feinde, aber ein erwachsenes, gesundes Tier weiß sich zu verteidigen, im allgemeinen kommt es auch nicht in Gefahr. Alte, kranke oder verletzte Exemplare jedoch müssen ernsthaft damit rechnen, in den Fängen der Wölfe zu enden.

Was den Virginiahirsch betrifft, der am weitesten verbreitet und am bekanntesten ist, besitzt er auf Grund seiner enormen Schnelligkeit einen natürlichen Vorteil. Er kann bis zu fünfundsechzig Stundenkilometer erreichen. Auf eisigem Boden freilich ist dieser Hirsch benachteiligt, so daß Wölfe die Möglichkeit haben, das eine oder andere Tier zu reißen...

Eine andere Unterart, der Maultierhirsch *(Odocoileus hemionus)*, kommt im Westen der Vereinigten Staaten und in Kanada vor. Er bevorzugt Wälder mit Zitterpappeln oder Nadelhölzern, auch Steilgelände (in den Rocky Mountains ist er sehr häufig) und Flußtäler, offenes Gelände meidet er dagegen. Während der Brunst, das heißt ab Anfang Oktober, sind die männlichen Tiere sehr aggressiv. Auch der Maultierhirsch stellt ein Beutetier der Wölfe dar, in erster Linie, wenn er von einer Krankheit befallen oder alt ist.

Eine andere, diesmal in der Arktis verbreitete Art kann als potentielle Beute ebenfalls Wölfen zum Opfer fallen. Ich meine den Moschusochsen, dessen Taxonomie den Wissenschaftlern einige Schwierigkeiten bereitet. Er ist dem Mufflon und dem Dickhornschaf verwandt und ähnelt entfernt einem Bison. Schließlich hat man sich für eine Klassifikation entschieden, indem man ihm den Namen Moschusochse oder lateinisch *Ovibos moschatus* gab, ein Kompositum aus *ovis* (Schaf) und *bos* (Ochse).

Dieses seltsame, außergewöhnliche Tier erreicht eine Schulterhöhe von 1,40 Metern, und große erwachsene Tiere können es auf ein Gewicht von über sechshundert Kilo bringen. Die weiblichen Tiere wiegen nicht einmal halb soviel. Die Moschusochsen leben in Herden. Ihr sehr langes dunkles Fell verdeckt ihre kurzen, aber kräftigen Läufe. Sie haben kleine Ohren – alle diese Eigenheiten sind Ausdruck der Adaptation an extrem niedrige Temperaturen. Ebenso der massige Schädel, die Hörner stellen eine äußerst gefährliche Waffe dar.

Der Naturforscher A. W. F. Banfield sagt, die Moschusochsen folgen einer unveränderlichen täglichen Routine, selbst in der langen Dunkelperiode des arktischen Winters. Sie begeben sich nicht auf jahreszeitlich bedingte Wanderungen, ihre Weideplätze im Sommer liegen höchstens achtzig Kilometer von den Weideplätzen entfernt, auf denen sie im Winter leben.

An den Ufern des Thelon River im Herzen der Tundra liegen die saisonalen Weideplätze nur wenige Kilometer auseinander, und die Herden scheinen nicht um den Besitz einzelner Gebiete des Territoriums zu rivalisieren. Man möchte kaum glauben, daß der Moschusochse, der wegen seines langen Fells, dessen zottige Haare bis zu sechzig Zentimeter lang werden können, ziemlich massiv und schwer wirkt, auch zu großer Schnelligkeit in der Lage ist. Wirklich bewegt er sich meist langsam und schwerfällig, er kann aber auch sehr schnell laufen und klettert ohne Mühe Steilhänge hinauf. Zur Verteidigung wenden diese Tiere immer die gleiche Taktik an. Sie formieren sich zu einem Halbkreis, die Stiere in der vordersten Reihe, dem Angreifer die Stirn bietend; die Muttertiere und die Kälber finden Schutz im Inneren des Kreises.

Der Wolf ist der gefährlichste Feind des Moschusochsen. Der Verteidigungsring dieser Tiere ist so gut wie undurchdringlich, und es kommt selten vor, daß ein Wolf ein Tier aus dem Abwehrring locken kann. Daher greift der Wolf vor allem Einzeltiere oder alte Stiere an. Der Verteidigungsring ist sehr wirksam gegen den Räuber der Arktis, aber die Moschusochsen stellen sich gegen jeden Feind in einem solchen Halbkreis auf. Handelt es sich bei dem Angreifer um einen Menschen, sind die armen Tiere dazu verurteilt, sich ohne Gegenwehr einfach abschießen zu lassen, woraus sich erklärt, daß dieses heute geschützte Tier beinahe ausgerottet worden wäre. Ihre Taktik, die sich über Jahrtausende bewährt hatte, erwies sich als nutzlos gegenüber dem mit Gewehren bewaffneten Menschen.

Ähnlich ergeht es bei uns in Europa dem Igel. Dieser Insektenfresser konnte seinen natürlichen Feinden immer entgehen, indem er sich einrollte. Wenn er heute eine Straße überquert und ein Auto herankommt, rollt er sich ebenfalls ein, wie es ihn der Instinkt gelehrt hat. Aber mit der Zivilisation, die der *Homo sapiens* der Natur aufgezwungen hat, erweisen sich die Verteidigungsmöglichkeiten vieler Tierarten als wirkungslos, meist wirken sie sich sogar fatal für die Tiere aus. Dies war von der Natur ursprünglich sicherlich nicht vorgesehen.

Noch ein anderes Tier wird manchmal zur Beute des Wolfes: das Dickhornschaf *(Ovis canadensis)*, auch unter dem Namen Bighorn bekannt. Es hat einen massigen Körper und mächtige, gewundene Hörner (insofern trägt es seinen Namen zu Recht), die sich zunächst in Kopfnähe nach hinten und dann schneckenartig nach vorne winden, wobei die Enden etwa auf Höhe der Augen verlaufen. Die Hörner weisen starke Schmuckwülste und mehr oder weniger deutlich ausgeprägte Jahresringe auf. Die Widder können bis zu hundertvierzig Kilo wiegen, erreichen also mehr als das doppelte Gewicht unseres europäischen Mufflons.

In Begleitung einiger befreundeter Naturforscher konnte ich mich diesen Dickhornschafen nähern und sie fotografieren, denn sie fliehen nicht vor einem Menschen, da sie in den großen Nationalparks nicht gejagt werden. Sie leben in Rudeln zusammen, ungefähr zehn Individuen, manchmal kann man ein ganzes Hundert Dickhornschafe nur dünn verstreut in den Bergen antreffen.

Es ist interessant, das gesellige Leben dieses großen Muffelwildes zu beobachten. Die Hörner der Widder sind ungefähr gleich groß, und rivalisierende Widder führen mit dem Aufeinanderprallen der Hörner unermüdliche Kämpfe aus. Ein derartiger Kampf kann bis zu vierundzwanzig Stunden andauern. Greist schreibt in seinem Buch *Mountain Sheep* [*Bergschafe*], daß das Gehirn der Dickhornschafe von Stirnhöhlen geschützt wird, die sich zwischen zwei Knochenplatten befinden, die bis zu fünf Zentimeter dick werden können. Schon die Stirnwolle ist derart dicht und verfilzt, daß sie eine Art Schutzkissen bildet.

Der Schädel wiederum ist so mit den Wirbeln verbunden, daß der ganze Hals den Aufprall abdämpft. Beim Aufeinanderprallen der Hörner neigt der Kopf dazu, sich nach unten zu drehen, aber die Gewebeverdickungen, die ihn mit den Wirbeln verbinden, federn den wuchtigen Aufprall ab. Vor dem Kampf stellen sich zwei Widder etwa zehn Meter voneinander entfernt auf, drehen sich im Kreis und tauschen einen Moment lang drohende Blicke aus, bevor sie sich gegenseitig angreifen. Sie stürzen aufeinander los, kurz vor dem Zusammenprall neigen sie den Kopf, drehen ihn gleichzeitig leicht zur Seite, und damit der Aufprall noch härter wird, heben sie sich auf die Hinterbeine, bevor sie dann unter lautem Krachen mit den Köpfen zusammenstoßen. Beim Aufeinanderprallen können die Kontrahenten einen Meter oder mehr zurückgeschleudert werden.

Diese Kämpfe sind nicht nur wegen ihrer Härte beeindruckend, sondern auch wegen des Rituals, das die Tiere dabei einhalten. Die Widder stoßen genau zwischen den Hörnern zusammen. Mit Rücksicht auf die Schnelligkeit des Angriffs muß der Zusammenprall präzise erfolgen, die geringste Abweichung könnte verheerende Verletzungen verursachen.

Das gesellige Leben der Dickhornschafe in den Rockies ist von einer Eigenheit gekennzeichnet, die noch erwähnt werden sollte. Sie betrifft das Verhalten der großen, ausgewachsenen Widder den jüngsten gegenüber. Sie behandeln sie schlichtweg so, als ob sie alle Weibchen wären, das heißt, sie scheuen nicht davor zurück, mit den jungen Widdern Geschlechtsverkehr zu treiben. Auf diese Art wollen sie ihre Überlegenheit, ihre Macht und ihre Vorrangstellung im Rudel unterstreichen.

Und die jungen Widder machen's ihnen später nach. Sobald sie größer sind, treiben sie es nämlich ihrerseits mit den noch jüngeren Widdern. Wie bei den meisten Arten ergibt sich die Hierarchie im Rudel aus der Kraft jedes Tieres, hier freilich wird sie auf eine ziemlich originelle Art gemessen. Dieses Sexualverhalten erlaubt es den jüngeren und schwächeren männlichen Tieren im Rudel zu verbleiben, ohne in Rangkämpfe verwickelt zu werden. Außerdem interessieren sich die ranghöchsten Widder für die Weibchen nur während der kurzen Brunstzeit, während sich die übrigen Widder das ganze Jahr über für die Schafe interessieren.

Auf jeden Fall erscheint uns dieses Verhalten ziemlich eigenartig, ja seltsam.

Im Massiv des Gran Paradiso in Italien habe ich Widder des Alpensteinbocks *(Capra aegagrus ibex ibex)* beobachtet, die andere Widder bestiegen haben. Dabei kam es aber nicht, wie bei den Dickhornschafen in den Rocky Mountains, zu einer Einführung des Penis. Sicherlich aber verfolgen die Widder dasselbe Ziel: ihre Stärke und Überlegenheit zu zeigen, wenigstens vorübergehend.

Der Wolf ist in der Lage, ein ausgewachsenes Dickhornschaf zu töten, es sind aber vor allem die Jungtiere, die von ihm gerissen werden. Das Gelände begünstigt die Wölfe kaum, während die Dickhornschafe in steilen Felsabhängen Zuflucht finden können. Von dort aus können sie mit ihren mächtigen Hörnern leicht einen Wolf in Schach halten.

Schließlich muß unter den Hauptbeutetieren des Wolfs noch die Schneeziege *(Oreamnos americanus)* der Rocky Mountains genannt werden. Das Tier hat ein sehr schönes, langes, cremeweißes Fell, dessen Grannenhaare über siebzehn Zentimeter lang werden können. Ihre Deckwolle ist feiner als die der Kaschmirziege. Ein gut gewachsener Bock wiegt über hundertzwanzig Kilo, die feiner gebauten, kleineren Geißen wiegen zwischen siebzig und achtzig Kilo, in Ausnahmefällen neunzig Kilo.

In ihrer Heimat, den Rockies, finden die Schneeziegen gute Lebensbedingungen vor, insbesondere im Yoho National Park in British Columbia. *Yoho* stammt aus der Sprache der Cree Indianer und bedeutet »Bewunderung«. Nichts ist wahrer als das: Die Landschaft ist von atemberaubender Schönheit, aber die Berge sind extrem steil.

In diesen Steilhängen habe ich in Begleitung von drei mit mir befreundeten Naturforschern versucht, mich einigen Herden dieser wildlebenden Ziegen zu nähern. Wir sind stundenlang herumgeklettert, aber diese äußerst mißtrauischen Tiere hielten sich stets in einem Abstand von drei- bis vierhundert Metern zu uns, – und dies offenbar spielend leicht, ohne jede hektische Flucht. Außerdem, wenn sie gewollt hätten, dann hätten sie uns mühelos abhängen können. Aber sie zogen immer in aller Ruhe weiter, während wir das Gefühl hatten, wie Schnecken hinter ihnen herzukriechen. Es versteht sich von selbst, daß wir an dem Tag nicht die Fotos des Jahrhunderts gemacht haben!

Eine Woche später hatten wir das Glück, Schneeziegen auf Nahrungssuche zu entdecken, ebenfalls auf steilen, aber für uns wesentlich leichter zugänglichen Felshängen. Es war im Jasper National Park; wir konnten uns den Ziegen nähern, während eine der Geißen gerade ein hübsches, neugeborenes Lamm säugte. Diese Tiere waren ungleich weniger ängstlich und scheu als die, denen wir im Yoho Park vergeblich hinterhergestiegen sind.

Bei den Bergziegen basiert die Rangordnung auf dem Matriarchat. Die Geißen und ihre Lämmer bilden im Sommer kleine Rudel. Im Herbst schließen sich die Böcke diesen Rudeln an. Die Geißen dominieren über die eher friedlichen Böcke, außer in der Brunstzeit, in der die Böcke manchmal den Geißen gegenüber gewalttätig werden. Im Winter steigen die Schneeziegen in die Täler hinab, wo eine dünnere Schneeschicht liegt, unter der sie leichter Nahrung finden können.

Die Brunst findet im November statt, und nach einer sechsmonatigen Tragzeit werden Ende Mai/Anfang Juni die Jungen geboren. Das Ziegenlamm wiegt ungefähr vier Kilo bei der Geburt, aber es ist sehr geschickt und kann schon wenige Stunden nach der Geburt laufen und springen.

Wenn es regnet, suchen die Bergziegen Schutz unter hervorspringenden Felsen oder in einer Höhle. Wenn es irgendwie möglich ist, versuchen sie ihr dichtes Fell trocken zu halten, um der Gefahr einer Lungenentzündung zu entgehen.

Die wichtigsten Feinde der Schneeziegen sind der

Kuguar oder Puma und der Steinadler, der in der Lage ist, ein neugeborenes Lamm fortzutragen... Der Braunbär und der Wolf können eine erwachsene Schneeziege töten, dazu bedarf es aber besonderer Umstände. Dies wäre zum Beispiel möglich, wenn sich die Ziegen in einem Tal befinden. In den Bergen jedoch finden sie zahlreiche Zufluchtsmöglichkeiten, die ihnen die Täler nicht bieten.

Vor Jahren hat der Naturforscher Mills beschrieben, wie in einem Gebiet, aus dem heute der Glacier National Park geworden ist, Jäger mit ihren Hunden am Ende eines Eisfeldes einen alten Bergziegenbock verfolgt haben. Der Bock sprang auf einen kleinen, steilen Felsvorsprung, der sich genau über einer jähen Steilwand befand. Er wartete auf eine Gelegenheit zur Flucht und unternahm zwei Fluchtversuche. Die Hunde kreisten ihn ein. Er sprang auf einen los und spießte ihn in einer ungeheuer schnellen Kopfbewegung mit seinen spitzen Hörnern auf. Mit einer zweiten schnellen Drehung schleuderte er den Hund in eine Gletscherspalte.

Auf diese Art und Weise tötete er in schneller Folge drei Hunde, einen nach dem anderen. Ein vierter Hund bekam einen mächtigen Stoß und fiel den Grat hinunter. Danach zogen sich die anderen Hunde zurück. Zuletzt setzte der Bock seinen Weg fort, über den Grat und über Geröllhalden, dabei bewegte er sich so ruhig, daß man den Eindruck hatte, der Angriff hätte ihn gar nicht weiter gestört. Hunde haben sicherlich nicht die Entschlußkraft der Wölfe. In einer solchen Situation jedoch hätten sich Wölfe umsichtiger verhalten. Denn die Wölfe mit ihrer höheren Intelligenz, auch mit ihrer größeren Erfahrung, hätten niemals einen gefährlichen

Gegner angegriffen, der aus der Geländebeschaffenheit einen großen Vorteil ziehen kann.

Vor allem kleinere Tiere werden zur Beute der Wölfe, insbesondere der Biber. Aber ein Wolf weiß ganz genau, daß dieses große Nagetier keine leichte Beute darstellt. Ein ausgewachsener Biber wiegt oft fünfundzwanzig, wenn nicht dreißig Kilo und verfügt über scharfe Zähne. Also überlegt es sich der große Räuber zweimal, bevor er einen Biber angreift. Oft sind es Hasen und kleine Nager, Lemminge, Wasserratten und Mäuse, die verhindern, daß der Wolf von Hunger gequält wird.

Trotz des niedrigen Gewichts der kleinen Nagetiere darf man sie nicht als unbedeutende Beutetiere für die Wölfe betrachten, denn ein Wolf kann eine erhebliche Menge dieser Tiere verschlingen. Farley Mowat hat berichtet, wie eine von ihm beobachtete Wölfin Mäuse gefangen hat:

»Plötzlich sprang sie. Erst hob sie sich auf die Hinterbeine wie ein Pferd, das seinen Reiter abwerfen will, dann fuhr sie mit großer Kraft wieder abwärts, beide Vorderpfoten steif ausgestreckt. Ihr Kopf senkte sich, sie biß zu, schluckte und setzte gleich darauf ihren seltsamen Ballettanz fort. Sechsmal in zehn Minuten wiederholte sie den steifbeinigen Sprung, sechsmal schluckte sie. Ich aber hatte nicht sehen können, was sie dort fraß. Beim siebten Mal verfehlte sie ihr Ziel, fuhr herum und biß wütend in ein Grasbüschel. Als sie diesmal den Kopf hob, sah ich ganz unverkennbar Schwanz und Hinterteil einer Maus zwischen ihren Fängen. Ein Schlucken, und auch dieser Rest war verschwunden.

Obwohl ich den Anblick eines der gefürchtetsten Fleischfresser der Welt, der hier Mäuse jagte, sehr interessant fand, nahm ich ihn nicht sehr ernst. Ich meinte, Angeline triebe nur einen Spaß und verschaffte sich einen kleinen Imbiß. Als sie aber 23 Mäuse verzehrt hatte, fing ich an, mich zu wundern. Mäuse sind zwar klein, doch 23 von ihnen ergeben für einen Wolf eine recht ausgiebige Mahlzeit.

Erst später, als ich zwei und zwei zusammenzählte, konnte ich mich selbst dazu bringen, das Offensichtliche als Tatsache anzuerkennen. Die Wölfe der Wolfshöhlenbucht und somit wahrscheinlich alle Wölfe, die außerhalb des Sommergebiets der Karibus eine Familie ernährten, lebten weitgehend, wenn nicht ausschließlich von Mäusen.«

Wenn sich, wie es in manchen Jahren der periodischen Bevölkerungsexplosion vorkommt, die Lemminge in Lappland, im Norden der GUS und in Kanada massenhaft vermehren, dann werden sie von Wölfen, Füchsen und *Mustelidae* (Marder, Mauswiesel, Hermeline) massenhaft gefressen, auch von Raubvögeln.

Während ein Waldlemming *(Myopus schisticolor)* nicht mehr als 40 Gramm wiegt, bringt es der Berglemming oder Norwegische Lemming *(Lemmus lemmus)* auf 35 bis 100 Gramm. Ein Wolf, der zwei bis drei Dutzend dieser kleinen Nager verschlingt, kann sich anschließend eine Verdauungspause genehmigen.

Im ersten Band *Le Grand Coq de bruyère* [*Der Auerhahn*] seines Monumentalwerks über *Les Coqs de bruyère* [*Das Birkwild*] schreibt Dr. Couturier:

»Der Wolf ist ein potentieller Feind, wie Matvejew (1957) für den Südosten Jugoslawiens sowie H. Brüll und P. Krott (1970) für Mitteleuropa feststellen. Er kann aber auch einen günstigen Einfluß ausüben. D. Popp erinnert daran, daß 1939 während der Okkupation der Ostkarpaten durch die Russen dem Personal der polnischen Forst- und Jagdverwaltung die Jagd verboten war, so daß die Wolfsbestände zunahmen. Parallel dazu kam es zu einem Rückgang der Bestände bei den Füchsen, bei den Dachsen und den Wildschweinen. Dies wiederum hatte zur Folge, daß 1943 die Bestände an *Tetrao urugallus* (Auerhahn) zunahmen.«

Was die Wildschweine betrifft, so kann festgestellt werden, daß nur die Frischlinge Beutetiere der Wölfe sind. Erwachsene Wildschweine haben vom Wolf nichts zu befürchten.

Wölfe unter sich
oder
Das Leben im Rudel

Wenn man von Wölfen redet, so spricht man von einer Bande, einer Meute, einer Gruppe, einer Herde, aber auch von einer Horde. Normalerweise benutzt man den Begriff Horde nur in Zusammenhang mit dem Menschen, etwa wenn von wilden Schlägerhorden, die sich zusammenrotten, die Rede ist. Sicher ist der negative Ausdruck, wollte man ihn auf Wölfe übertragen, nicht sehr schmeichelhaft für den Wolf.

Die Wissenschaftler bevorzugen den Begriff des Rudels. Diese Bezeichnung trifft den Sachverhalt am besten und wird dem Wolf auch gerecht, wenn man bedenkt, daß der Begriff des Rudels mit bestimmten sozialen Funktionen verknüpft ist. Bleiben wir also beim Fachbegriff und reden vom Rudel, wie es die herausragenden Spezialisten weltweit tun.

Zunächst muß mit P. O. Wopkings festgestellt werden, daß ein Einzelgänger unter den Wölfen trotzdem ein geselliges Wesen ist. Ein Wolf kann manchmal sein Revier wechseln und zu diesem Zweck weite Strecken zurücklegen. So ist zum Beispiel ein Welpe, der am Ohr markiert war, vom Nationalpark von Banff (Alberta) bis zum Jasper National Park gelaufen, was einer Entfernung von zweihundertsechzig Kilometern entspricht.

Mit Hilfe des Urins geben die Wölfe Zeichen von ihrer Anwesenheit. Die Geruchsmarkierung mit dem Urin gestattet es einzelnen Wölfen, günstige Aufenthaltsorte oder auch neue Gefährten zu finden. Dies kann nötig werden, wenn sich zum Beispiel das eine oder andere Gebiet des Lebensraumes sowohl im Hinblick auf die Umweltbedingungen als auch die Sozialstrukturen als günstiger herausstellt oder wenn bei einem sich fortpflanzenden Paar ein Partner gestorben ist.

Auch können die Wanderungen einzelner Wölfe innerhalb einer Population dazu beitragen, daß die Zusammensetzung und Vielfalt dieser Population erhalten bleibt oder auch verändert wird, etwa aus Gründen der Anpassung an veränderte Umweltbedingungen. Gerade auch als Einzelgänger bilden diese Wölfe einen integralen Bestandteil solcher Populationen, weil sie als einzelne die Möglichkeit haben, ein Rudel zu verlassen, sich einem anderen Rudel anzuschließen oder ein ganz neues Rudel zu bilden.

Das Urinieren und andere Markierungsweisen gewährleisten so die Verständigung zwischen Einzeltieren und der übrigen Wolfspopulation und ermöglichen es den Einzeltieren, ihre Wanderungen und ihr Verhalten den Bedürfnissen der Population anzupassen. Ein einzelner Wolf ist also nicht wirklich ein Einzelgänger, der aus dem geselligen Verband seiner Artgenossen ausbricht.

Diese Feststellung trifft sich mit den Befunden zahlreicher Untersuchungen, die gezeigt haben, daß – wenigstens bei den Wirbeltieren – die Unterscheidung zwischen dem Einzelgängertum und dem geselligen

Zusammenleben ganz und gar künstlich ist. Dies bestätigt zum Beispiel Rémy Chauvin, der in *Le Modèle animal* [*Modelle des Zusammenlebens bei Tieren*] schreibt:

»Der Umgang mit ihnen [den Wölfen] ist nicht so gefährlich wie gemeinhin angenommen wird. Seit man ihre Bewegungen verfolgen kann, nicht nur nach der Fährte am Boden, sondern auch vom Hubschrauber aus, hat man sehr große Fortschritte in der Kenntnis ihrer Biologie machen können. Sie sind in der Lage, ihr Revier aus mindestens zweihundert Kilometern Entfernung wiederzufinden. Davon konnte man sich in Alaska überzeugen, indem man sie immer weiter vom Standort entfernt freigelassen hat, an dem sie eingefangen worden waren. Das Experiment ist fünfmal durchgeführt worden. Der Erfolg war jedoch nicht hundertprozentig, weil einige Wölfe von Jägern abgeschossen wurden oder in Fallen gelaufen sind.

Aber in allen Fällen befanden sich die Tiere auf der direkten Linie zwischen dem Punkt, an dem sie eingefangen wurden und der Stelle, an der man sie wieder freigelassen hatte. Zwei Wölfen ist es gelungen, ihre Höhle innerhalb kürzester Zeit wieder zu erreichen, als ob sie tatsächlich in einer geraden Linie zurückgelaufen wären. Was das Orientierungsvermögen betrifft, über das sie verfügen, gehen die Kenntnisse bisher nicht über Spekulationen hinaus.«

Einzelne Wölfe sind deutlich in der Minderzahl gegenüber ihren in Rudeln lebenden Artgenossen. Zweifellos ist es auch wesentlich schwieriger, ihre Wanderungen zu verfolgen. In Alaska zum Beispiel wird die Wolfspopulation auf 25 000 Individuen geschätzt. Die Wissenschaftler, die solche Zählungen vornehmen, haben 5000 Wölfe dieser Population gesehen, darunter lebten 91 Prozent in der Gemeinschaft mit anderen Wölfen.

In Minnesota in den Vereinigten Staaten lebten 85 Prozent der beobachteten Wölfe in Rudeln von zwei oder mehr Mitgliedern. Von den 311 in Lappland und den 294 in Finnland gesichteten Wölfen lebten jeweils 86 Prozent in Rudeln.

Hunderte von Observationen dieser Art haben zu diesen Ergebnissen geführt und ergeben, daß der Wolf ein geselliges Tier ist. Die Rudelgröße kann variieren. Wenn man Berichte außer acht läßt, die nur auf gezählten Spuren basieren oder sich nur aufs Hörensagen berufen können, dann bestand das größte jemals beobachtete Rudel aus 36 Mitgliedern. So hat es Robert A. Rausch 1967 bezeugt. In Alaska konnten große Rudel mit 20 bis 21 Wölfen observiert werden, und auf der Isle Royale ist ein Rudel mit 15 bis 22 Mitgliedern beobachtet worden.

David Mech berichtet, daß er eben dieses Rudel (auf der Isle Royale) in den Wochen beobachtet hat, in denen es aus 15 bis 16 Individuen bestand. Es war ein prächtiges Schauspiel, eine so große Zahl von Wölfen über die verschneiten Gipfel dieser naturbelassenen Insel ziehen zu sehen.

Über einen Zeitraum von sechs Jahren hinweg hat R. A. Rausch in Alaska 1367 Rudelformationen beobachtet, die aus zwei oder mehr Wölfen bestanden. Jedes Jahr hat er in den einzelnen Gebieten auch die Durchschnittsgröße von den Rudeln ermittelt, die aus acht oder mehr Wölfen bestanden. Er zieht den Schluß, daß das Rudel den Zusammenschluß der erwachsenen Wölfe mit den jungen Tieren darstellt oder auch ganz einfach nur das Ergebnis einer zufälligen Zusammensetzung einzelner Wölfe ist.

Ein großes Rudel kommt zustande, wenn viele Nachkommen gezeugt werden oder wenn besonders günstige Voraussetzungen zum Zusammenschluß einzelner Individuen vorliegen. Mech hat vier Faktoren bestimmt, von denen die Rudelgröße beeinflußt werden kann.

1. Damit Wölfe ihre Beutetiere aufspüren und erfolgreich jagen können, muß das Rudel aus einer Mindestanzahl an Individuen bestehen.
2. Die Höchstzahl der Mitglieder eines Rudels ist davon bestimmt, wie viele Individuen von einer Beute leben können. (Ein Rudel mit 60 Wölfen zum Beispiel hätte nicht genügend Nahrung an einem Damhirsch mit 150 Pfund.)
3. Wichtig ist die Anzahl der Mitglieder eines Rudels, mit denen jeder einzelne Wolf Bindungen eingehen kann (Faktor der sozialen Bindungen).
4. Das Ausmaß der sozialen Konkurrenz, die jedes einzelne Rudelmitglied zu akzeptieren bereit ist (Faktor der sozialen Konkurrenz).

Die Tatsache, daß Wölfe in Rudeln leben und Beutetiere schlagen müssen, die größer sind als sie selber, läßt darauf schließen, daß der erste Faktor operativer oder strategischer Natur ist. Es besteht kein Zweifel, daß im Verlauf der Entwicklung der Wolfsrudel die Vorfahren der Wölfe auf gemeinschaftliche Jagd gingen, um lange überleben zu können. Daher sorgten sie auch für eine zahlreiche Nachkommenschaft, bei der sich eher gesellige als asoziale Strukturen des Zusammenlebens herausbildeten.

Es hat den Anschein, daß dieser Faktor nur im allgemeinsten Sinne wirksam wird, denn die Rudelgröße variiert doch deutlich, und die großen Rudel können nur überleben, wenn ihre sozialen Strukturen und ihr Jagdverhalten zum Erfolg führen.

Mech legt besonderen Wert auf den vierten Faktor, dessen Bedeutung ihm auf der Isle Royale demonstriert worden ist, als er 68 Stunden lang ein Rudel mit 15 Wölfen bei der Elchjagd beobachtet hat. Nur selten war das ganze Rudel an der blutigen Jagd beteiligt, in der Regel schlugen nur fünf bis sechs Mitglieder Beutetiere. Die überwiegende Mehrzahl der Individuen dagegen nahm am Aufspüren und Verfolgen der Beute teil. Tatsächlich spaltete sich das Rudel immer wieder für eine gewisse Zeit auf, und die kleineren Gruppen waren bei der Jagd sehr erfolgreich.

Über den Zeitraum der Jagd fraßen die einzelnen Rudel in unregelmäßigen Abständen. Es gab ein Rudel mit nur zwei Wölfen und ein Rudel mit drei Mitgliedern, die auf demselben Territorium jeweils einen Elch erlegten.

Dank der Untersuchung Murries kennen wir die zwei entscheidenden Faktoren, von denen die Größe eines Rudels bestimmt wird. Er stellte fest, daß ein Rudel seine maximale Größe erst dann erreicht, wenn die ranghöchsten Tiere mit dem Fressen der Beute fertig sind. Das Rudel wird dann am kleinsten und kann zuletzt sogar nur noch aus einem Individuum bestehen, wenn nur noch die nicht verwertbaren Reste der Beute übrig sind. In Phasen des Hungers, wenn nur wenig Beute gemacht wurde, wollten die einen Mitglieder des Rudels noch weiterjagen, während allein die dominanten Tiere damit beschäftigt waren, das einzige Beutetier zu fressen. Auf diese Weise kann es zu einer natürlichen Aufspaltung des Rudels kommen, das zum Vorteil aller Mitglieder auseinanderbricht, wenn es zu groß zu werden beginnt.

Andere Faktoren können bei kleineren Rudeln eine Rolle spielen, die nicht in der Lage sind, sich von einer einzigen, großen Beute zu ernähren. Der Magen eines Wolfes kann 15 bis 19 Pfund Nahrung aufnehmen. So können sich zum Beispiel 10 Wölfe mit einem hundertfünfzigpfündigen Damhirsch den Magen vollschlagen, und ein Elch von 400 Pfund reicht gar für 40 Wölfe.

Die Größe eines Rudels kann von zwei sozialen Faktoren reguliert werden. Wölfe neigen in hohem Maß dazu, soziale Bindungen einzugehen. Diese Eigenschaft trägt dazu bei, daß die Mitgliederzahl der Rudel tendenziell ständig zunimmt. Dies wird durch die Tatsache bestätigt, daß es sehr große Rudel gibt, die aus mehr Mitgliedern bestehen als es zur Jagd und zum erfolgreichen Schlagen der Beute eigentlich erforderlich wäre.

Andererseits müssen der Wettkampf um die Nahrung, die Paarbildungen, die Rolle des Alpha-Rüden und die gesamte Ranghierarchie im Rudel mit berücksichtigt werden. Kommt Wettbewerbsverhalten ins Spiel oder ist ein Konkurrenzkampf entbrannt, kann die harmonische Organisation des Rudels gestört werden und der Erfolg des Rudels gefährdet sein. Dann müssen einige Mitglieder des Rudels ums Überleben kämpfen.

Offensichtlich ist es diese Wettbewerbssituation, die die Anzahl der Rudelmitglieder so begrenzt, daß jedes einzelne Individuum des Verbandes nach der Jagd genügend Beute erhält. Daß die Rudelgröße von sozialen Faktoren wie der Beutejagd bestimmt wird, zeigt auch die Tatsache, daß die Zusammensetzung der Rudel relativ konstant bleibt.

Die Rudelgröße in den Zonen, in denen Damhirsche die wesentlichen Beutetiere der Wölfe sind (wie in Minnesota), unterscheidet sich kaum von der in Territorien, in denen größere Tiere wie der Elch vorkommen, der das wichtigste Beutetier der Wölfe in Alaska ist. Ein vergleichsweise großes Rudel, etwa ein Rudel mit zehn Mitgliedern, teilt sich bei der Jagd in verschiedene Untergruppen auf. Dabei sind zahlenmäßig mehrere Kombinationen möglich.

R. L. Burkholder hatte in Alaska ein Wolfsrudel ausfindig gemacht, das sich wie folgt aufgespalten hat: Manchmal in der Kombination 9 + 1, manchmal 7 + 3.

Mech zufolge ist dies am besten in den Forschungen nachgewiesen, die P. A. Jordan und seine Mitarbeiter auf der Isle Royale durchgeführt haben. Sie beobachteten ein Rudel, das aus 14 bis 21 Wölfen bestand und sich in folgende Gruppenkombinationen aufgeteilt hatte: 10 + 5, 13 + 3, 7 + 7. Mech hat vergleichbare Untersuchungen angestellt und präzisiert, daß solche Aufspaltungen nur wenige Stunden am Tag vorkamen. Allerdings konnte 1961 festgestellt werden, daß während des fünfundzwanzigtägigen Beobachtungszeitraumes das Rudel dreizehn Tage lang aufgespalten war: Die Untergruppen bestanden aus 5 + 10 und aus 8 + 7 Mitgliedern. Die Untergruppen nahmen die gleichen Wegstrecken auf dem Territorium, die auch das Gesamtrudel normalerweise nahm.

Jordan und sein Team beobachteten 1965, wie ihr Rudel acht Tage lang in Gruppen unterteilt war. In 8 bis 28 Prozent der durchgeführten Observationen waren einige der Wölfe Einzelgänger, die sich vorübergehend von anderen Rudeln getrennt hatten. Einige Exemplare unter ihnen jedoch waren tatsächliche »Einzelgänger« im eigentlichen Sinn.

Warum verbinden sich einige Individuen nicht mit anderen? Die Frage ist bisher nicht geklärt. Ich nehme an, daß ein als echter Einzelgänger zu bezeichnender Wolf sich zwangsläufig in der isolierten Lage befindet, weil er aus einem Rudel ausgestoßen worden ist. Es kommt nämlich unter Wölfen wirklich vor, daß sie sich einen Sündenbock suchen. Dies kommt bei in Freigehegen lebenden Wölfen vor, die schwieriger zu beobachten sind. Es ist mehr als wahrscheinlich, daß auch bei wildlebenden Wölfen manchmal ein Individuum ausgeschlossen wird.

Young ist in dieser Frage der Ansicht, daß es sich beim Einzelgänger, beim einsamen Wolf in der Wildnis, in der Regel um einen alten Rüden handelt, manchmal auch um eine alte Wölfin, die keinen Wert auf Gesellschaft legen. Die alten Tiere, männliche und weibliche Tiere, nehmen selten an der gemeinschaftlichen Jagd des Rudels teil.

In einem Rudel können sich die unterschiedlichsten Konstellationen und Situationen ergeben. Vitus B. Dröscher weist darauf hin, daß in Perioden der Hungersnot die rangmittleren Tiere immer schärfer und heftiger auf die rangniedrigsten Tiere einbeißen, bis sie sie schließlich verjagen. Die so Vertriebenen können, auf sich allein gestellt, noch eine zeitlang überleben, werden in der Zeit aber besonders gefährlich (natürlich nicht für den Menschen). Diese Aggressivität ist jedoch kein Zeichen von Vitalität, sondern vielmehr Ausdruck eines letzten Aufbäumens. Allerdings kann es vorkommen, daß solche verstoßenen Wölfe wieder in ihr Rudel aufgenommen werden, wenn sie sich besonders geschickt verhalten.

Kanadische Wildhüter sind Zeuge folgender Ereignisse gewesen. In einem wildlebenden Rudel wollte sich eine ältere Wölfin nicht einer anderen Wölfin unterordnen, die zwar jünger war, aber mit der Zeit kräftiger geworden war als sie. Das führte zu immer heftigeren Rangordnungskämpfen zwischen den beiden, bis die ältere schließlich davongejagt worden ist. Drei Tage danach stieß die alte Wölfin auf ihr Rudel, das gerade in hohem Tempo eine Spur verfolgte. Die Wölfin hatte ein junges Karibu zwischen den Zähnen, das sie ohne Hilfe ganz allein gerissen hatte. Als ob sie sagen wollte: Hier, das schenke ich euch, wenn ihr mich wieder aufnehmt.

Danach war die Wölfin wie verwandelt. Sie half den jüngeren Muttertieren bei der Aufzucht der Welpen, hielt Wache bei den Ruheplätzen, war besonders eifrig bei der Jagd und bemühte sich, Querelen mit anderen Wölfen aus dem Weg zu gehen. Kurz, sie war wieder zu einem vollwertigen Mitglied des Rudels geworden. Sie hat ihre schwierige Position im Rudel nach und nach dadurch verbessert, daß sie ein besonders ausgeprägtes Sozialverhalten und Einsatz für die Gemeinschaft zeigte.

Manche Wölfe gehen allein auf die Jagd und kommen so besser zurecht. Manchmal kommt es vor, daß ein Individuum sich abseits hält, etwa weil seine Zähne so schlecht geworden sind, daß es nicht mehr an der gemeinsamen Jagd nach Nahrung teilnehmen kann.

Jordan weist noch auf einen anderen Gesichtspunkt hin: »Die als alt oder rangniedrig geltenden Wölfe ziehen mit dem Rudel mit, obwohl sie von letzterem nicht völlig akzeptiert werden. So kam es vor, daß ein Tier sich immer 100 Yards hinter dem Rudel hielt und nie direkten Kontakt suchte. Dennoch kam es beim Fressen nicht zu kurz, es konnte sich von den Resten bedienen, nachdem sich der Leitwolf vollgefressen und bei der

Einbuchtung des zugefrorenen Sees zum Ausruhen hingelegt hatte. So konnte das Einzeltier in aller Ruhe und ungestört seinen Hunger stillen. Manchmal konnte ein solches Tier weit hinter dem Rudel beobachtet werden, sogar ein bis zwei Tagesmärsche zurück; so wurde ein Einzelgänger daraus. Er fand nur abgeknabberte Knochen vor, die er manchmal in Depots vergrub. Gleichsam als Müllbeseitiger zog er 10 oder 15 Meilen hinter dem Rudel her.«

Ich habe mehrfach Wölfe oder Wölfinnen gesehen, die von ihrem Rudel ausgestoßen worden waren. Dabei hat es ein Wolf, der in freier Wildbahn vom Rudel ausgestoßen wird, leichter als ein ausgestoßener Wolf in einem Freigehege. Ein wildlebender Wolf hat die Möglichkeit, sich abseits zu halten und von weitem seinem Rudel zu folgen, um sich von den übriggelassenen Resten zu ernähren. In einem Freigehege ist es für ein verstoßenes Mitglied nicht immer leicht, genügend Nahrung zu finden, obwohl der Hüter reichlich Fressen verteilt. In vielen Fällen wird das allein lebende Tier daran gehindert, sich ein Stück Fleisch zu holen, da der Einzelgänger von mehreren Wölfen weggejagt wird.

Woher kommt ein solcher Haß gegen ein ehemaliges Mitglied des Rudels? Das läßt sich nur schwer erklären. Manchmal ist ein Wolf ausgestoßen worden, weil er eine Auseinandersetzung mit einem ranghöheren Rüden hatte oder weil er sich die Feindschaft eines ranghöheren Weibchens zugezogen hat, das ihn dann zusammen mit anderen Weibchen vertrieben hat. Wenn ein ausgestoßener Wolf abseits des Rudels schläft, kann es vorkommen, daß sich ihm eine Wölfin langsam nähert und ihn dann mit aller Macht in die Schulter oder die Schenkel beißt.

Die Beziehungen zwischen den Wölfen sind oft sehr komplexer Natur und sogar für einen aufmerksamen Beobachter nur schwer zu erfassen. Ich habe monatelang Rudel beobachtet und kann dennoch nicht behaupten, mit Sicherheit den Grund dafür angeben zu können, weshalb es zwischen einzelnen Wölfen zu Feindschaften kommt und weshalb freundschaftliche Beziehungen bestehen.

Vom Flugzeug aus ist es möglich geworden, aufregende Beobachtungen über das Leben der Wölfe im Rudel machen zu können. Im allgemeinen besteht das Rudel aus einem Wolfspaar und seinen Jungen. Es kommt jedoch auch häufig vor, daß sich mehrere geschlechtsreife erwachsene Wölfe in einem Rudel befinden. Mech etwa hat Wolfsrudel beobachtet, die auf der Jagd waren und fremde Wölfe bedroht haben; es ist aber auch ein Fall bekannt, wo zwei Muttertiere ihre Welpen gemeinsam aufgezogen haben. Wenn zwischen Tieren dauerhafte Bindungen entstehen sollen, muß es zwischen den einzelnen Individuen psychologische Affinitäten geben, weiter müssen über einen längeren Zeitraum hinweg enge Kontakte zwischen diesen Individuen bestehen. Mech entwirft drei Typen von freundschaftlichen Beziehungen zwischen Wölfen, die diese Bedingungen erfüllen:

1. Das Werben und die Paarung.
2. Das Anlegen der Höhle für die Welpen durch die Erwachsenen.
3. Das Wachstum und die Entwicklung der Welpen im Zusammenleben mit ihren Eltern.

Zwei Biologen, Woolpy und Ginsburg, haben die Sozialisation bei Wölfen genauer untersucht. Aus ihren Arbeiten geht hervor, wie zwischen Wölfen und Menschen positive Sozialbeziehungen entstehen. Diese Befunde werfen auch ein Licht auf die Entstehung der Beziehungen zwischen den Wölfen selbst.

Bevor sich ein erwachsener Wolf und ein Mensch aneinander gewöhnen können, vergeht eine lange Zeit. Der Wolf läßt sich erst allmählich und nach einer Reihe seltsamer Kontakte auf nähere soziale Beziehungen zum Menschen ein, und es dauert lange, bis sie sich gegenseitig akzeptieren. Gemeinsam ist beiden Beteiligten, daß sie zunächst einmal ihre Angst überwinden müssen. Die Biologen konnten zeigen, daß es sehr leicht ist, mit Welpen freundschaftliche Beziehungen zu entwickeln, die jünger als zwölf Wochen sind. Haben die Welpen dieses Alter überschritten, wird es schon schwieriger. Bei einem erwachsenen Wolf bedarf es eines zehnmonatigen »Trainings«, während man bei Welpen, die weniger als acht Wochen alt sind, schon beim allerersten Kontakt positive Reaktionen erhält.

Die Arbeiten von Woolpy und Ginsburg sind von großem Interesse und in ihrem Wert nicht zu unterschätzen. Dennoch möchte ich eine kleine kritische Anmerkung machen. Zwar sind die Altersangaben, die sie im Hinblick auf die Herstellung positiver Kontakte zu Welpen und Wölfen machen, völlig korrekt, sie können aber nur als genereller Rahmen gelten. Was meiner Meinung nach besonders wichtig ist, das ist der individuelle Charakter jedes einzelnen Wolfes, jedes Welpen und natürlich auch jedes Menschen.

Aus meinen Erfahrungen konnte ich schließen, daß von fünf Welpen ein und desselben Wurfes ein oder zwei Welpen im Alter von acht Wochen sehr schnell den Kontakt zum Menschen akzeptierten. Schon im Verlauf weniger Tage wurden sie zutraulich, ja man konnte die

Beziehung freundschaftlich nennen. Die Geschwister dieser beiden Welpen jedoch werden immer sehr mißtrauisch und vorsichtig bleiben. Es wird ihnen nie möglich sein, ihre Angst zu überwinden, und mit zunehmendem Alter wird sich diese Angst sogar noch verstärken. Die übrigen Welpen jedoch, die Zutrauen gefaßt haben, werden dieses Zutrauen immer an den Tag legen.

Wenn man zwischen Welpen und Mensch Zutraulichkeit schaffen und eine enge Bindung herstellen will, dann muß man die Welpen mit der Flasche aufziehen, und zwar von einem Zeitpunkt an, zu dem sie jünger als zehn bis elf Tage sind. In diesem Fall werden sie auf den Menschen geprägt, und sie kennen keine Angst vor dem Menschen mehr.

Innerhalb eines Rudels leben die Welpen ab ihrem zwanzigsten Lebenstag in ständigem Kontakt zu den erwachsenen Mitgliedern. Auf diese Art und Weise bilden sich die sozialen Bindungen allmählich heraus; sie nehmen immer genauere und umfassendere Formen an, sowohl für die Welpen als auch für die übrigen Mitglieder des Rudels.

Bei der Beobachtung von Rudeln ist mir aufgefallen, daß mehrmals am Tag, ja mehrmals pro Stunde, die Wölfe ihre Ruhestellung aufgaben, plötzlich aufstanden, sich einander näherten, sich gegenseitig die Schnauze leckten, eine Weile herumspielten und sich dann wieder ruhig hinlegten. Anscheinend verspüren sie sehr oft das Bedürfnis, sich gegenseitig ihrer Freundschaft zu versichern. In solchen Momenten kann man sich einen Begriff davon machen, wie wichtig für sie das gesellige Zusammenleben ist. Ein Wolf, der in einem Freigehege für sich allein außerhalb eines

Rudels leben muß, leidet fürchterlich an seinem Unglück.

Natürlich finden Wölfe, die sich noch nicht kennen, leichter zusammen, wenn sie verschiedenen Geschlechts sind und sich miteinander paaren wollen. Bei geschlechtsreifen Tieren ist der Sexualtrieb ein wichtiger Impuls, der die Paarbildung fördert. In Zeiten, in denen sich der Wolf eine Partnerin sucht, sind die sozialen Kontakte am intensivsten. In dieser Hinsicht ist nicht nur die Paarung sehr wichtig, sondern bereits die Art und Weise, wie der Rüde um das Weibchen wirbt. Die erste Besonderheit im Sexualleben der Wölfe ist von der äußerst langen Zeitspanne geprägt, während der ein Wolf nach einer Partnerin sucht. Loïs Crisler stellt fest, daß die Wölfe schon in ihrem ersten Lebensjahr damit beginnen, sich eine Partnerin auszusuchen. Ähnliches konnte ich auch beobachten und ich möchte hinzufügen, daß es manchmal sogar ein junges Weibchen ist, das einem älteren Wolf, den es bewundert, auf Schritt und Tritt folgt. In einem solchen Fall ist die Wahrscheinlichkeit sehr hoch, daß sich der Wolf verführen lassen wird. Dieses Werben um den Partner zieht sich über Wochen und Monate hin, bis zur Paarungszeit. Dennoch, und sogar wenn es sich um ein verliebtes Paar handelt, gehen diese zunehmend enger werdenden sozialen Kontakte nicht immer ohne ernsthafte Reibereien ab. Auch die Wölfe kennen die Eifersucht, und eine Wölfin kann durchaus eine andere töten, wenn sie sie als Rivalin betrachtet.

Die zweite Besonderheit besteht darin, daß bei der Paarung der Wölfe die Kopulation selber die »Verbindung« herstellt. Der Rüde und die Wölfin bleiben beim Geschlechtsakt (ähnlich wie die Hunde) Rücken an

Rücken miteinander verbunden, das heißt richtig aneinandergekoppelt, und zwar über eine halbe Stunde lang, wobei sie beide darauf bedacht sind, die Verbindung nicht zu unterbrechen.

David Mech verweist darauf, daß es den Experten der Verhaltensforschung einige Schwierigkeiten bereitet, die Funktion dieser Verbindung zu erklären. Möglicherweise trägt diese Verkoppelung beim Geschlechtsakt dazu bei, das soziale Verantwortungsgefühl zu wecken, beginnend mit dem intimsten Kontakt während der Ranzzeit. Wenn das ranghöchste Paar des Rudels aneinandergekoppelt ist, möglicherweise mehrmals während der Ranzzeit, dann nutzen die übrigen Rudelmitglieder diese Situation aus, um ihrerseits Sexualkontakte eingehen zu können. Nur wenn das Alpha-Paar aneinandergekoppelt ist, haben sie Gelegenheit dazu.

Der physiologische Vorgang beim Deckakt sorgt für eine sehr enge Verbindung, die das Paar für eine sehr lange Zeit, oft sogar für das ganze Leben, aneinander bindet. Murie hat in Alaska ein Wolfspaar beobachtet, das zwei Jahre lang innerhalb eines Rudels lebte, ohne sich um die anderen Rüden zu kümmern, die sich ebenfalls im Rudel fortpflanzen wollten.

Der Zoologe Young erzählt von einem Fall, bei dem ein Rüde eingefangen worden war. Die Partnerin des Wolfs kam sechzehn Nächte lang an die Stelle, wo man den Rüden eingefangen hatte, bis sie schließlich selber auch gefangen wurde. Das nennt man wahre Treue!

Der zweite Typus geselliger Beziehungen unter Wölfen, die notwendig sind, um soziale Bindungen zu schaffen, ist das Verhältnis zwischen den Welpen und den Erwachsenen, die sie aufziehen: die Verwandtschaftsbeziehungen. In den ersten Lebenswochen der Welpen werden ihre Bedürfnisse ausschließlich an den Zitzen der Mutter befriedigt. Später bekommen die Welpen vorverdaute Nahrung. Dazu berühren die Welpen mit ihrer Schnauze die Lippen der erwachsenen Wölfe. Auf dieses Zeichen hin würgt das erwachsene Tier den Welpen eine ausreichende Menge Nahrung vor.

Wie ich oft beobachten konnte, werden die Welpen auf diese Art und Weise nicht nur von ihren Eltern ernährt, sondern auch von den anderen Mitgliedern des Rudels. Es hat den Anschein, als ob kein Wolf widerstehen könnte, wenn ein Welpe ihn um Nahrung bittet. Auch auf diese Weise kommen Kontakte zustande. Murie hat dreimal beobachten können, wie eine Nährmutter bei den Welpen geblieben ist, während die leibliche Mutter mit den anderen Wölfen auf die Jagd ging.

G. B. Rabb und L. Crisler erzählen einen anderen Vorfall. Einer der gezähmten, aber völlig frei lebenden Wölfe – ein Jährling – findet ein tiefgefrorenes Schneehuhn *(Lagopus)* und beginnt, es zu fressen, während seine Kameradin Lady Zeichen von Nervosität erkennen läßt. Nachdem der Wolf über die Hälfte des Vogels gefressen hat, steht er auf, schleppt das Gerippe zu Lady und legt es vor ihrer Nase hin. Dann gibt er ihr das Zeichen zum Fressen und wartet neben ihr. Erst dann macht sich Lady vorsichtig über das Fleisch her.

Man wird sich fragen, weshalb Lady darauf gewartet hat, bis sie von ihrem Kameraden die Erlaubnis zum Fressen bekam. Aus zwei Gründen: einmal war es der Wolf, der das Schneehuhn gefunden hat, es gehörte ihm. Außerdem war er das stärkere Tier, und Lady wagte es nicht, den Vogel zu fressen, obwohl ihn der

Kamerad ihr hingelegt hatte. Sie stand unter Druck und hätte mit dem Fressen nicht begonnen, bevor sie von dem neben ihr stehenden Wolf nicht den Befehl dazu bekommen hätte.

Einen ungefähr vergleichbaren Fall habe ich bei Wölfen gesehen, die in einem Freigehege leben. Eine Wölfin kreiste um einen Rüden herum, der damit beschäftigt war, ein großes, fast zehn Kilo schweres Stück Fleisch zu verschlingen. Nach einer guten Viertelstunde hatte sich der Wolf satt gefressen; er stand auf und legte sich einige Meter weiter weg zum Ruhen hin. Die Wölfin war auf das Fleisch zugestürzt, rührte es aber nicht an. Der Wolf stand wieder auf und entfernte sich zwanzig Meter weiter, als ob er der Wölfin freie Fahrt geben wollte. Dann begann die Wölfin zu fressen, die allzu nahe Anwesenheit des Rüden hatte sie richtig gelähmt.

Im Park von Brookfields in Illinois hat man einen besonderen Fall freundschaftlicher Bindungen unter Wölfen beobachtet. Während eines Geschlechtsaktes, wenn der Rüde an die Wölfin gekoppelt ist, kann es vorkommen, daß andere Rüden die Situation ausnützen, um den kopulierenden Rüden anzugreifen. In Brookfields konnte man jedoch verfolgen, wie mehrere Rüden ihren Artgenossen vor einem derartigen Angriff geschützt haben. Es ist der Fall eines subdominanten (rangniedrigen) Rüden bekannt, der immer in Begleitung eines Alpha-Rüden war und der den Alpha-Rüden immer verteidigt hat, wenn dieser kopulierte. Also, auch unter Wölfen gibt es Freundschaften!

Wie setzt sich ein Rudel zusammen? Murie hat in Alaska gezeigt, daß sich die Welpen mit ihren Eltern verbinden und so die Basis eines Rudels bilden. Viele

Rudel bestehen nicht nur aus den Eltern und ihren Jungen. Man hat vier, fünf, ja sechs erwachsene Wölfe gesehen, die mit einem Paar zusammenlebten, das Nachwuchs hatte. Das ändert aber nichts an der Tatsache, daß das wichtigste Element oder die Keimzelle eines Rudels das sich fortpflanzende Paar ist. Von zehn beobachteten Rudeln im Wood Buffalo National Park und von sechzehn beobachteten Rudeln in Alaska gab es in jedem Rudel mindestens einen erwachsenen Rüden und eine Wölfin, die zusammen Junge hatten.

Die Welpen lernen sehr viel, wenn sie anfangen, ihren Eltern und den anderen erwachsenen Tieren im Rudel zu folgen. Da Wölfe erst mit zwei Jahren geschlechtsreif werden, hat ein Paar, das im zweiten Jahr zusammenlebt und sich erneut fortpflanzen kann, keine sexuellen Konflikte im Zusammenhang mit Konkurrenzkämpfen im Rudel zu befürchten, wenn dies nur aus dem Paar selber und seinen Nachkommen besteht. Es ist daher wahrscheinlich, daß die jungen Wölfe noch im Rudel verbleiben. Young ist der Ansicht, daß die Wölfe aus dem Rudel ausscheiden, wenn sie zweiundzwanzig Monate alt sind.

In Fällen, wo die geschlechtsreif gewordenen Wölfe sich nicht mit rudelfremden Wölfinnen paaren wollen, kann das Rudel in der ursprünglichen Form bestehen bleiben, ansonsten fällt es auseinander. Ein anderer Grund für die Auflösung eines Rudels hängt mit der Vorbereitung der Höhle zusammen, mit der das Wolfspaar drei oder vier Wochen vor der Geburt der Welpen beginnt. Jedes dieser Paare, das sich fortpflanzt, kann aus dem Rudel ausscheiden und mit den Welpen dann ein neues Rudel bilden. Diese veränderte Situation bringt neue, meist sehr enge Gefühlsbindungen mit sich, die aller Wahrscheinlichkeit nach stärker sein werden als die Bindung ans frühere Rudel.

An dieser Stelle möchte ich eine Zwischenbemerkung einfügen. In der freien Wildbahn können sich Wolfspaare ab dem zweiten Lebensjahr fortpflanzen. Dazu müssen bestimmte Bedingungen zusammenkommen. So gibt es in einem Rudel nur ein reproduzierendes Paar. Die anderen, ebenfalls schon geschlechtsreifen Paare können sich nicht fortpflanzen, weil sie von der Anwesenheit des Alpha-Rüden und des Alpha-Weibchens so eingeschüchtert sind, daß sie es in diesem Rudel nicht wagen, sich zu paaren.

Wenn ihr Wille, sich fortzupflanzen, stark genug ist, dann brechen sie die Bindung an das Rudel ab und scheiden aus dem Verband aus. Sie gründen ein neues Rudel und verändern gleichzeitig die Struktur des Rudels, aus dem sie ausscheiden.

Nehmen wir zum Beispiel ein ausreichend großes Freigehege, sagen wir 4000 bis 5000 Quadratmeter, in dem ein Wolfsrudel mit zwölf Mitgliedern lebt und zu dem mindestens zwei Paare gehören, die zwei Jahre oder älter, also geschlechtsreif sind. Es liegt auf der Hand: In diesem Fall wird sich nur das dominante, das ranghöchste Paar fortpflanzen. Das andere, rangniedrigere Paar steht dermaßen unter Druck, daß es zum Reproduzieren nicht in der Lage ist. Dieses Paar wird bis zu seinem dritten oder vierten Lebensjahr oder sogar noch länger warten müssen, es sei denn, dem Rüden dieses zweiten Paares gelingt es, bei einem Rangordnungskampf den Alpha-Rüden zu besiegen und dessen Position einzunehmen. Folglich ist es in einem Gehege von relativ begrenzter Fläche für ein zweites Paar nicht möglich, selber Welpen zu bekommen und aufzuziehen.

Hier liegt ein ganz wesentlicher Unterschied zwischen wildlebenden Wölfen und Wölfen in einem Freigehege, die eben nur die halbe Freiheit kennen. Ein wildlebendes Wolfspaar, das sich reproduzieren möchte, hat stets die Möglichkeit, aus dem Rudel auszuscheiden und ein neues zu gründen.

Unter bestimmten Voraussetzungen verläßt jedoch auch in der Wildnis ein neu gebildetes Paar das Rudel nicht, um sich erstmals eine Höhle zur Fortpflanzung zu suchen. Je nach seinem Rang und der Stimmung im Rudel verbleibt das Paar unter Umständen auch im Rudel. In einem solchen Fall kommt es zu vielfältigen Kontakten unter den verschiedenen Rudeln, und es besteht die Möglichkeit, daß zwei Rudel »fusionieren« und ein einziges Rudel bilden. Genauso war es bei einem Rudel am East Fork River im Mount McKinley National Park in Alaska. Folgendes ist passiert:

Zwei erwachsene Weibchen sind im selben Rudel verblieben, 1940 haben sie Welpen bekommen, 1941 sind sie mehrere Wochen lang jedes für sich in seinem Bau geblieben, Ende Juni jedoch hat eines der beiden Weibchen ihren Bau verlassen und ist in die Höhle ihrer Kameradin gezogen. Bis zum 3. August zogen sie gemeinsam ihre Welpen auf. Oft jedoch muß mehr als einer der Welpen sterben, wenn zwei Würfe gemeinsam aufgezogen werden. Daher muß das zweite Paar vor dem Winter wieder eine eigene Höhle beziehen. Aus diesen Gründen kommt es in großen Rudeln selten vor, daß zwei Paare eine gemeinsame Höhle haben. Die Paare trennen sich, bevor die Welpen geboren werden.

Im Kapitel »Wolfspopulation« haben wir gesehen, daß die Sterblichkeit bei den Welpen sehr hoch ist. Daraus erklärt sich die Tatsache, daß die Rudel im Winter durchschnittlich nur aus acht Mitgliedern bestehen, darunter außerdem viele erwachsene Tiere. Wenn beste Überlebenschancen bestehen, dann können sich Wolfsrudel aus bis zu fünfzehn Individuen zusammensetzen.

Die Anzahl der Welpen unter sechzehn in Alaska beobachteten Rudeln betrug im Winter durchschnittlich 1,50 Stück, im Höchstfall waren es vier Welpen. Weil im Jahresdurchschnitt nur sehr wenig junge Wölfe in den Rudeln waren, haben einige Autoren – zu Unrecht – den Schluß gezogen, daß Jungwölfe sehr schnell unabhängig werden, das heißt, bereits während ihres ersten Winters.

Innerhalb der Population einzelner Rudel lassen sich Fluktuationen feststellen. Zunächst einmal ist mit R. Schenkel und E. Pulliainen festzuhalten, daß sich die Rudel beim Herannahen des Winters zu formieren beginnen. D. Mech stimmt den beiden darin zu, gibt aber gleichzeitig zu bedenken, daß ihr Befund nicht generell gelten kann, denn es kommt genauso und überdies zu jeder Jahreszeit vor, daß nicht erfaßte Rudel oder Wölfe aus Fremdrudeln auftauchen. Es gibt drei wesentliche Gründe dafür, daß die größten Rudelformationen im Winter zu beobachten sind:

1. Die Observationsmöglichkeiten sind in dieser Jahreszeit optimal.
2. Die Welpen befinden sich oft in der Gesellschaft der übrigen Mitglieder des Rudels.
3. In dieser Jahreszeit sind die Rudel viel unterwegs. Sie verlassen Höhle und angestammten Lebensraum. Ihr Lebenszentrum ist jetzt die Wanderschaft.

Inzwischen sind zahlreiche Untersuchungen durchgeführt worden, die zur Genüge beweisen, daß die großen

Rudel ein Jahr lang bestehen bleiben und daß zu allen Jahreszeiten sehr stabile soziale Bindungen zwischen den einzelnen Wölfen bestehen. Mech berichtet, daß er erwachsene Wölfe, die mit Welpen zusammenlebten, beobachtet hat, wobei die Mitgliederzahl des Rudels nicht immer konstant war: »Auf der Isle Royale bin ich im Mai und im Juni den Spuren von fünf Wölfen gefolgt, die zusammenlebten; im Juli waren es sechs.«

P. Shelton hat im Juni ein Rudel mit sieben Wölfen beobachtet, im gleichen Monat aber auch ein Rudel, das aus fünfzehn bis zwanzig Mitgliedern bestand. Mitte November hat er ein Rudel mit elf Wölfen gesehen, die zusammenlebten. Er hat sie zwei Stunden lang dabei beobachtet, wie sie hundert Yards von ihm entfernt auf einem zugefrorenen See spielten. Die Beobachtungen, die man im Sommer über kleinere Rudel und bei einzelnen Wölfen gemacht hat, lassen jedoch nicht den Schluß zu, daß sich die großen Rudel in der warmen Jahreszeit auflösen.

Im Sommer haben die Wölfe gelegentlich das Bedürfnis, sich eine Zeitlang zu trennen, manche möchten in der Nähe der Höhle verbleiben und bilden so kleinere Gruppen. Als Verband bleibt das Rudel dabei jedoch bestehen, es formiert sich wieder, sobald die übrigen Mitglieder den Bau verlassen.

Saisonale Aufsplitterungen sind für die Bildung kleinerer Rudel verantwortlich. Dennoch hat diese Unterteilung in kleinere Gruppen für die Sozialstrukturen im Zusammenleben der Wölfe keine so entscheidende Konsequenz wie eine Aufspaltung im Winter. Farley Mowat hat davon erzählt, wie ein einzelner Wolf den Welpen eines Paares begegnet ist. Dieses Paar lebte in freier

Wildbahn in den Barren Lands des Keewatin Distrikts, nordwestlich der Hudson Bay (Northwest Territories).

Mowat hatte das Paar, das er beobachtete, George und Angeline getauft. Sie hatten Welpen und boten dem Naturforscher ideale Bedingungen, um das Familienleben der Wölfe bis in die intimsten Seiten kennenzulernen. Eines Tages also tauchte ein dritter Wolf auf. Er wurde von dem Paar ohne weiteres aufgenommen und erhielt von Mowat den Namen Onkel Albert. Für den »Onkel« gab es auch einen besonderen Grund. Denn dieser Wolf kümmerte sich um die Welpen, als ob es seine eigenen wären, er war ihnen ein richtig lieber Onkel. Er spielte mit ihnen und ließ es sich mit einer unendlichen Geduld gefallen, wenn sie ihn neckten und schikanierten. Mowat konnte auch beobachten, wie die drei erwachsenen Wölfe miteinander spielten, sich zum Spaß gegenseitig hetzten und dabei bestens verstanden. Niemals erweckte das Paar den Eindruck, es würde den Neuankömmling als Eindringling betrachten, ganz im Gegenteil. Onkel Albert nahm auf ganz natürliche Weise am Familienleben des Rudels teil.

Dies ist nur ein Beispiel unter vielen, das zeigt, in welch hohem Maße die Wölfe gesellige Wesen sind.

A. Murie hat dazu ebenfalls hochinteressante Beobachtungen machen können. Er berichtet:

»Bei der Überquerung des [zugefrorenen] East Fork laufen die Wölfe oft zusammen, manchmal gehen sie auch alleine oder in kleineren, variablen Gruppen. Manchmal schlendert ein Tier ganz allein dahin, schließt sich aber sehr bald wieder dem Rudel an.«

David Mech schreibt ergänzend dazu: »Die sozialen Bindungen unter den Wölfen und die Einheit des Rudels kommt jedes Jahr aufs neue zustande. Die Welpen leben auf den Ruheplätzen im Sommer zusammen und beginnen, mit dem Rudel mitzuwandern. Andere Mitglieder des Rudels, die vorübergehend ausgeschieden waren, um auf ausgedehnte Jagdzüge zu gehen, schließen sich im allgemeinen dem Rudel wieder an, sobald diese ihr Sommerquartier verlassen haben.«

Dieses Kapitel über das Leben im Rudel kann vielleicht eine Vorstellung davon vermitteln, mit welch außerordentlich komplexen Sozialstrukturen es die Verhaltensforscher zu tun haben, wenn sie die Organisation eines Rudels genau beschreiben wollen. Die Forscher müssen Tausende von Stunden mit der Beobachtung der Wölfe verbringen, oft unter sehr schweren Bedingungen: Temperaturen von dreißig bis vierzig Grad unter Null, im Sommer dafür Milliarden von Mücken, egal ob in Lappland oder im Hohen Norden Kanadas. Aber dank der Geduld, der Beharrlichkeit und des Engagements dieser Experten kann man heute mit Fug und Recht behaupten, daß man die Wölfe inzwischen besser kennt und versteht. Ich könnte Beispiele von mir persönlich bekannten Leuten nennen, die ebenfalls mit großem Eifer und voller Leidenschaft schwierigste Verhältnisse in Kauf nehmen, um – im günstigsten Fall – wenigstens ein paar kurze Momente im Leben wilder Tiere zu erhaschen, darunter das komplizierteste Tier von allen: der Wolf.

Ich denke an Robert Hainard, über dessen Bekanntschaft ich sehr glücklich bin. Er hat über ein halbes Jahrhundert alle wildlebenden Säugetiere Europas beobachtet, bei jedem Wetter und häufiger bei Nacht als am Tag. Denn diese Tiere, vor allem die Räuber unter ihnen, leben in erster Linie nachts.

Was den Wolf betrifft, so hat Hainard vor allem in den

verschiedenen Regionen Jugoslawiens und Polens einige Beobachtungen machen können. Es sind nicht viele, aber es sind seltene, kostbare und aufregende Beobachtungen!

Er hat zahllose Nächte bei sibirischer Kälte verbracht, um mitverfolgen zu können, wie Wölfe den Kadaver eines Pferdes verschlangen. Oft werden die Hoffnungen enttäuscht, manchmal aber versetzt der Glaube der Naturforscher auch Berge. So hat der Schweizer Naturforscher in einem Januar oder Februar vierzehn Tage darauf verwendet, auf Wölfe zu warten oder sie zu suchen. Der ganze Erfolg seiner Bemühungen bestand darin, daß er insgesamt vier Mal Wölfe gesehen hat, während einiger Sekunden, im Höchstfall ein bis zwei Minuten lang.

»Wer bessere Resultate erzielt«, schreibt er, »der hat meine ganze Bewunderung. Und wenn er mir gar die Gelegenheit für intensive Observationen verschafft, dann kann er meiner grenzenlosen Dankbarkeit sicher sein.«

Robert Hainard hat in allen Gebieten Europas geforscht, in denen noch Wölfe vorkommen, um herauszufinden, ob es Fälle gegeben hat, in denen Wölfe Menschen angegriffen hatten. Er berichtet von einem Anwalt, der eine große Sammlung von österreich-ungarischen Jagdzeitschriften aus dem Anfang unseres Jahrhunderts hatte. Eine dieser Zeitschriften hatte jedesmal, wenn ein Überfall von Wölfen auf einen Menschen bekannt geworden war, einen Mitarbeiter zu Nachforschungen vor Ort geschickt. Von hundert Berichten erwiesen sich neunundneunzig als falsch, und bei dem einen Fall handelte es sich um einen Mann, der völlig betrunken war.

Wer kann heute noch ernsthaft an das Märchen glauben, das da besagt, der böse Wolf sei ganz verrückt nach Menschenfleisch?

Die Zukunft des Wolfs

Zahlreiche Arten sind heute gefährdet oder vom Aussterben bedroht. Über einen langen Zeitraum sind sie vom Menschen direkt bedroht worden: Gewehre, Fallen, Gift – alles hat der Mensch zum Einsatz gebracht, um zu töten und die Tiere zu vernichten, die doch nichts anderes sind als seine Brüder und Schwestern in der Natur. Eine wichtige Rolle hat auch gespielt, daß der Mensch glaubte, dieser oder jener Körperteil einer Art habe besondere Heil- oder Zauberkräfte. Von der menschlichen Profitgier und dem in seinen Augen materiellen Wert mancher Tiere gar nicht zu reden.

Wenn auch diese Gefahren für die Tiere heute weiter bestehen, so sind doch noch neue und schlimmere Bedrohungen für die Tiere hinzugekommen: Die Ausdehnung der Städte, die um sich greifende Zivilisation und die damit verbundene Einschränkung der Lebensräume und die Vernichtung von Biotopen sind alles Faktoren, die im Verbund miteinander dazu beitragen, daß viele Arten immer seltener werden oder ganz verschwinden.

Das Beispiel des Berggorillas ist in dieser Hinsicht besonders bezeichnend. Dian Fossey und George B. Schaller haben diesem Tier vorbildliche Studien gewidmet. Dieser große Gorilla lebt vornehmlich im Virunga-

Reservat in Ruanda. Seit dem Beginn von Schallers Untersuchungen im Jahre 1960 nimmt die Zahl dieser großen Anthropoiden jedes Jahr um drei Prozent ab. Schuld daran sind die Wilddieberei und die rücksichtslosen Eingriffe in ihren Lebensraum.

Bereits 1620 Hektar sind diesem Park in den Vulkanbergen entzogen worden, so daß der zu Ruanda gehörende Teil des Parks um die Hälfte verringert worden ist. Damit hat das Reservat ein Fünftel seiner ursprünglichen Gesamtfläche verloren. Die 12 000 übriggebliebenen Hektar machen nur ein halbes Prozent der Fläche Ruandas aus. Dieser Agrarstaat hat eine Oberfläche von nur 26 330 Quadratkilometern, ist jedoch von mittlerweile über 6 Millionen Einwohnern bevölkert. Jedes Jahr kommen 2300 Familien hinzu, die bebaubares Land brauchen. Selbst wenn man den Bauern sämtliches kultivierbares Land zur Verfügung stellen würde, wäre dies nur ein Tropfen auf den heißen Stein.

Aber von dieser Rechnung wollen die Behörden nichts wissen. Besonders beunruhigend ist die Tatsache, daß in den Wäldern der Virungakette, also im Lebensraum der Berggorillas, zehn Prozent der Niederschläge Ruandas fallen. Gibt man das Reservat für diese Menschenaffen auf und überläßt das »freigemachte« Land den Menschen, dann wäre dies das Ende des tropischen Bergwaldes. Trockenheit wäre die Folge, und diese wiederum brächte katastrophale Hungersnöte mit sich.

Ob man sich diese Zusammenhänge klar macht? Es steht zu hoffen, aber heutzutage geht es ja nur um den unmittelbaren Profit. Wer über die langfristigen Folgen nachdenkt und seine mahnende Stimme erhebt, der kann, leider, genausogut in den Wind sprechen.

Wie die Wölfe gehen auch Gorillas dem Menschen aus dem Wege. Und wie über die Wölfe, so wird auch über die Gorillas heute noch viel Falsches erzählt. Dazu gehören auch die Märchen, daß diese friedlichen Anthropoiden Frauen rauben würden, um sie zu vergewaltigen! Sollte es tatsächlich einige Frauen oder auch neidische Männer geben, deren Phantasmen um Gorillas kreisen, dann holt man sie am besten schnell auf den Boden der Tatsachen zurück. Denn die Enttäuschung wäre groß, und zu Neid besteht keinerlei Anlaß.

Man braucht nur zu wissen, daß – ohne in die Details zu gehen – ein großer Gorilla einen Penis von lediglich fünf Zentimetern Länge hat. Der liebe Kingkong ist ja auch bloß ein Märchen. Im letzten Jahrhundert wollte ein Forscher, Du Chaillu, sein Buch etwas interessanter gestalten. Deshalb hat er davon erzählt, daß die Gorillas die Jäger töten und deren Gewehre mit einer Leichtigkeit in Stücke zerbrechen, als ob es sich um ein Streichholz handelt. Man sieht, nicht nur die Wölfe stehen in schlechtem Ruf.

Hier ein anderes Beispiel für ein gefährdetes Tier. Ich meine den Indischen Löwen, dessen letzte Exemplare in den Wäldern des Gir-Reservats auf der Halbinsel Kathiawar in Indien leben. Ungefähr vierhundert Löwen finden hier eine letzte Zuflucht. Eine Zuflucht, die jedoch in Gefahr ist, wenn man bedenkt, daß in dieser Region mit 7000 Einwohnern auch 5000 Boviden (Hornträger) leben, die die Vegetation kahlfressen.

Es ergibt sich folglich das gleiche Problem wie im Falle der Berggorillas, die vom Aussterben bedroht sind. Weil die Züchter ständig neues Weideland für ihr Vieh brauchen, lassen sie ihre Herden in das Reservat, das dann völlig abgeweidet wird. So kommt es manchmal vor, daß die Löwen den einen oder anderen Büffel reißen. Die Bauern greifen dann zu einer radikalen Maßnahme: Sie vergiften den Kadaver des Büffels oder das, was noch davon übrig ist. Die Folge ist, daß die Löwen daran sterben. Um diese Art Vergeltungsmaßnahmen zu unterbinden und zugleich um die Löwen zu schützen, zahlt der Staat an die einheimische Bevölkerung eine Entschädigung. Man erstattet die Hälfte des Wertes eines Büffels oder eines anderen Haustieres, das Löwen in einem Umkreis von weniger als zweihundert Metern um das betroffene Dorf gerissen haben. Durch diese Maßnahmen konnte mit Erfolg verhindert werden, daß die Tiere weiterhin vergiftet wurden.

Damit das Überleben der letzten Indischen Löwen sichergestellt ist, wurden außerdem einige Exemplare in ein anderes Reservat (Chandraprabha) übersiedelt, wo sie sich fortgepflanzt haben und vor Verfolgungen geschützt sind. Es ließe sich noch eine Reihe anderer Beispiele anführen, die darauf hoffen lassen, daß die bedrohten Arten überleben werden.

Einige engagierte Leute haben es unternommen, Tierarten in den Regionen wieder einzubürgern, wo sie ausgerottet waren. Die Rückkehr der Tiere in die freie Wildbahn muß natürlich genau geplant und vorbereitet werden. Dazu bedarf es Monate der Geduld, in denen man die Tiere beschützen muß, die wieder in ihrem angestammten Lebensraum angesiedelt werden. Auch muß man ihnen ein ausreichend großes Territorium mit genügend Beutetieren zur Verfügung stellen, wenn es sich um Raubtiere handelt. Solche Versuche der Wiedereinbürgerung sind von mehreren Spezialisten unternommen worden. So hat zum Beispiel Donald Carr in Sambia (früher Nord-Rhodesien) wieder zwei Löwen eingebürgert. Er hat ihnen beigebracht, wie sie jagen sollen und wie sie sich gegen die wildlebenden Tiere verteidigen können. Er mußte vor ihnen Zebras und Gnus töten; und nach zwei Jahren »Unterricht« fanden sich die Löwen zurecht und wußten wieder, was das freie Leben eines Löwen bedeutet.

Joy Adamson ist berühmt geworden durch ihr Buch *Die Löwin Elsa*, in dem sie die bewegende Geschichte dieser Löwin erzählt. Die Autorin ist am 3. Januar 1980 in Kenia ermordet worden: von industriell organisierten Wilddieben, die nicht mit Joy Adamsons Engagement für den Schutz der Wildtiere einverstanden waren. Ihr Mann George Hamson (1989 von Wilderern im Kora-Reservat ermordet) hat zahlreiche Löwen aufgezogen. Manchmal handelte es sich um Welpen, die in Zoos geboren oder von Privatleuten aufgezogen worden waren, die ihm die Tiere gaben, weil sie keine Möglichkeit mehr hatten, sie selber zu versorgen. So kam es, daß sich an manchen Tagen gleich ein ganzes Dutzend Löwen auf seinem Anwesen im Norden Kenias aufhielt.

George Adamson hatte, wie er selber sagte, einen Teil seines Lebens damit verbracht, Löwen zu töten, »also habe ich beschlossen, etwas für sie zu tun«. Dieses Etwas bestand zunächst darin, die ihm anvertrauten jungen oder erwachsenen Löwen zu versorgen und sie auf das Leben in Freiheit vorzubereiten. Das ist gar nicht so einfach, wie man es sich vielleicht vorstellt. Der Jagdinstinkt bereitet zunächst einmal keine Probleme. Die Raubtiere verlieren diesen Instinkt nicht, auch wenn sie in Gefangenschaft geboren werden. Er ruht nur gewissermaßen, und man braucht den Tieren nur bestimmte Techniken der Jagd wieder beizubringen. Im allgemeinen lernen sie dies wieder ziemlich schnell und können erfolgreich jagen.

Man braucht nur das Beispiel des Hundes zu nehmen, der in den Jahrhunderten der Domestikation sämtliche Instinkte hätte verlieren können. Hunde jedoch jagen von Natur aus, selbst wenn sie nicht für diesen Zweck abgerichtet worden sind. Ein Deutscher Schäferhund, ja ein Hund gleich welcher Rasse, ist ohne weiteres in der Lage, auf die Jagd zu gehen, sich an die Verfolgung eines Hasen, einer Katze oder einer Ratte zu machen.

Die Schwierigkeit liegt darin, ein Territorium zu finden und zu erreichen, daß die wiedereingebürgerten Löwen, die »Eindringlinge« gleichsam, von den Löwen akzeptiert werden, die in dem Territorium ihr angestammtes Revier haben. Adamson hat interessante Untersuchungen angestellt. Einigen der von ihm aufgezogenen Individuen hatte er ein Radiohalsband angelegt, bevor er sie in den Busch entließ. In seinem Geländewagen mit Antenne und Empfänger konnte er den Bewegungen »seiner« Löwen folgen und sie lokalisieren, wann immer er wollte. Die Bemühungen Adamsons waren von Erfolg gekrönt: der Lohn für seine unermüdliche Arbeit.

Es stellt sich die Frage, ob das, was mit Löwen oder Leoparden möglich ist, auch mit Wölfen erfolgreich durchgeführt werden kann. Die Wiedereinbürgerung des Wolfs stellt ganz andere Probleme, die vielleicht auch schwerer zu lösen sind. Trotz der rapiden Bevölkerungszunahme bietet zum Beispiel Afrika noch große Freiflächen, auf denen Tiere in großer Zahl vorkommen. Verglichen mit den letzten Wildgebieten und der Fauna Europas sind dies riesige Flächen mit einer ungleich reicheren Fauna.

Natürlich stellt sich die Frage einer möglichen Wiederansiedlung in den Gebieten nicht, in denen noch Wölfe vorkommen. Was Frankreich betrifft, wo man sich jahrhundertelang vom Wolf in Angst und Schrekken versetzen ließ, so scheint dort die Wiedereinbürgerung des Wolfs noch schwer vorstellbar.

Zweifellos hat sich die Einstellung gewandelt, und einige Untersuchungen haben ergeben, daß sogar die Landwirte einem solchen Projekt nicht gänzlich feindlich gegenüberstehen. Die Bauern haben keine Angst mehr um Leib und Leben, sondern in erster Linie um ihre Schafe, obwohl sie wissen, daß in Frankreich jedes Jahr Tausende von Schafen von wildernden Hunden gerissen werden. Freilich gibt es immer noch Leute, die sich darin gefallen, den Wolf als Liebhaber von Menschenfleisch hinzustellen.

Auch sind die Schlaumeier, wie z. B. der Chefredakteur einer Jagdzeitschrift, noch nicht ausgestorben: In der Nummer vom April 1986, mit einem Wolf auf dem Titelblatt, hatte er einen Artikel veröffentlicht, in dem es hieß, zwei Paare dieser Raubtiere seien jeweils in den Vogesen und im Département Landes (an der Atlantikküste) freigelassen worden. Es gab einen Riesenrummel um die Geschichte, worauf der Artikel auch einzig und allein zielte.

In Wirklichkeit nämlich hatte der Chefredakteur seine Leser zum Narren gehalten, es handelte sich um einen Aprilscherz. Ich kenne Menschen, die für jagdkundliche Zeitschriften verantwortlich und zum Glück ernsthafter und verantwortungsbewußter sind. Besonders bedauerlich ist, daß die Zeitschrift es nicht für nötig befunden hat, eine Richtigstellung abzudrucken, so daß einige Leute den Bericht immer noch für bare Münze nehmen.

Doch kehren wir zum Ausgangspunkt unserer Überlegungen zurück, zu der interessanten Frage, wie man dieses Tier wieder in unserem Land ansiedeln könnte. Hier kann Schweden als Beispiel dienen, wo die Wölfe ausgerottet waren und wo man sich Gedanken über ihre Wiedereinbürgerung gemacht hat. Das Projekt ist ziemlich zwiespältig aufgenommen worden. Besonders die Lappen, von denen ja viele Rentierzüchter sind, waren nicht gerade begeistert von der Idee. Sie befürchteten, daß die Rentiere gelegentlich zur Beute der Wölfe werden könnten.

Aber bei dem Projekt ist dem Standpunkt der Lappen in hohem Maße Rechnung getragen worden. So haben die schwedischen Naturschutzbehörden schon 1977 die Wiedereinbürgerung des Wolfes vorgeschlagen, nachdem das Projekt 1971 anvisiert worden war. Die Bestrebungen liefen klar und einfach unter dem Namen »Projekt Wolf«.

Das Projekt sah vor, eine Wolfspopulation vornehmlich in den Wäldern Mittel- und Nordschwedens zu schaffen, wo Konflikte mit der Bevölkerung oder eine Gefährdung von Menschen mit großer Wahrscheinlichkeit ausgeschlossen werden konnten. In den ausgedehnten Wäldern dieser Regionen sind es die Elche, die als Hauptbeutetiere und als die größten Beutetiere der Wölfe in Frage kommen. Ein Wolfsrudel mit zehn Mitgliedern zum Beispiel findet an einem Elch Nahrung für eine ganze Woche. Neben den Elchen kommen in Mittel- und Nordschweden vor allem Rehe sehr zahlreich vor.

Die Verantwortlichen für Naturschutz und Umwelt erklärten, daß die Anwesenheit von Wölfen dazu beitragen werde, die Population der Elche und Rehe zu regulieren. Man ging davon aus, daß mit Rücksicht auf die überwinternden Tiere eine Bevölkerungsdichte der Elche von zwei bis fünfzehn Exemplaren auf zehn Quadratkilometern angemessen sei. Diese Bevölkerungsdichte der Elche war vereinbar mit einem Wolf pro fünfundzwanzig Quadratkilometer.

Danach ist die Zahl der Wölfe bestimmt worden. Das Ziel des »Projekts Wolf« war es, die charakteristischen Merkmale der Unterart zu erhalten, die die skandinavischen Wölfe darstellen.

Welche Vorgehensweise und welche Methoden bieten sich für die Wiedereinbürgerung des Wolfs an? Zunächst einmal kommen Wölfe aus Zoos und Parks in Frage, die dort in Gefangenschaft leben. Diese Wölfe müssen auf die Freiheit vorbereitet werden, bis sie sich allein zurechtfinden können. Die bevorzugte Methode besteht darin, daß man mindestens eine Generation Wölfe, die im gleichen Park geboren worden ist, in einem großen Freigehege zusammenleben läßt, das sich mitten in dem Territorium befindet, in dem die Wiedereinbürgerung stattfinden soll.

Zur Realisierung des Projekts ist es notwendig, eine ungefähr hundert Quadratkilometer große Zone zu schaffen, in der biologische Untersuchungen durchgeführt werden können. In dieser Zone muß eine Population von hundert Elchen und einigen Rehen für jeweils vier Wölfe vorhanden sein. Wenn man den Wölfen zusätzliche Beutetiere oder Beifutter zur Verfügung stellt, kann man davon ausgehen, daß in dieser Zone zehn Wölfe leben können. Das würde gewährleisten, daß diese Zone das erste Territorium der Wiedereinbürgerung darstellt.

Für die anderen Zonen, in denen Wölfe freigelassen

werden sollen, ist folgendes zu berücksichtigen: Es muß ein Gehege von mindestens fünf Quadratkilometern vorhanden sein, in dem eine Generation Wölfe geboren werden und aufwachsen kann, ohne daß es zu Kontakten mit Menschen kommt. Auf diese Weise kann gewährleistet werden, daß die schließlich in die freie Wildbahn entlassenen Individuen nicht zu sehr mit dem Menschen vertraut sind. Die Verantwortlichen des »Projekts Wolf« betonen, daß es seitens der Presse und der Medien ein überwiegend positives Echo gegeben habe. Allerdings gäbe es noch mehrere Probleme, die erst noch gelöst werden müßten, bevor man in den schwedischen Wäldern wieder Wölfe sehen und heulen hören kann.

Soweit also die Bemühungen, die in Schweden unternommen werden. Es liegt auf der Hand, daß unser Umweltminister in Frankreich, würde man ihm ein ähnliches Projekt vorschlagen, ziemlich überrascht und nicht gerade Feuer und Flamme für den Plan wäre. Er würde zuallererst die negativen Seiten und Risiken herausstreichen. Er würde negative Reaktionen der Bevölkerung befürchten, und falls er zufällig auch noch Abgeordneter des Kreises sein sollte, in dem die Wiedereinbürgerung stattfinden soll, dann wäre er so sehr um seine Wiederwahl besorgt, daß er nicht das Risiko eingehen würde, dem Projekt grünes Licht zu geben.

Mit anderen Worten: Wer in Frankreich von der Wiedereinbürgerung des Wolfes träumt, darf sich nicht allzu große Hoffnungen machen, er könnte enttäuscht werden. Es ist nicht auszuschließen, daß er von vornherein auf taube Ohren stoßen wird, wenn er diesen Vorschlag unterbreitet. Muß man folglich den Wolf wieder heimlich einführen?

Tatsächlich hat es in Frankreich einige Versuche dieser Art gegeben, aber meines Wissens haben sie nicht zum Erfolg geführt. Ich vermute, dies liegt daran, daß man nicht genügend berücksichtigt hat, welche wesentlichen Faktoren eine Rolle spielen: Man muß ein ruhiges Territorium wählen fernab von jedem Zentrum, nicht einmal ein kleines abgelegenes Dorf darf in der Nähe sein, und es müssen genügend Beutetiere (großes Wild) für die Wölfe vorhanden sein.

Und wer steckt hinter diesen ebenso heimlichen wie sporadischen Versuchen, den Wolf wiedereinzubürgern? Zum Beispiel Leute, die einen Wolfswelpen aufgezogen, sich aber nicht genügend Gedanken darüber gemacht haben, daß dieses Tier wächst und immer größer wird, bis es als erwachsener Wolf schließlich lästig erscheint. Also beschließt man, das Tier in die freie Wildbahn zu entlassen, einfach so, ohne jede Vorbereitung, ohne die geringste Kenntnis, ohne den geringsten Sinn für Verantwortung.

In fast allen Fällen ist es ein einzelner Wolf, der freigelassen wird, einfach auf gut Glück, so wie ein Hund, den man aussetzt. Aber diese Freilassung eines einzelnen Tieres ist problematisch. Denn wir haben gesehen, daß der Wolf ein äußerst geselliges Wesen ist, das sehr unter der Einsamkeit leidet. Die Chancen, daß sich der Wolf an das Leben in der Freiheit wieder anpassen kann, wären größer, wenn man vier oder fünf Wölfe in einem Sektor freiläßt, in dem sie zahlreiche Beutetiere finden können.

Ist es nötig, daran zu erinnern, daß im Kanton Graubünden in der Schweiz vor einigen Jahren die guten tierliebenden Leute ganz traurig darüber waren, daß tausend Hirsche abgeschossen werden mußten? Alle

Welt entrüstete sich und betrachtete dies als einen Skandal – dabei waren die Hirschbestände so angewachsen, daß sie ihre Weidegebiete völlig abgeweidet hatten. Die armen Tiere starben vor Hunger und befanden sich in einem jämmerlichen Zustand. Hätte es Wölfe in dem Territorium gegeben, wäre es nicht zu diesen massenhaften Notabschüssen gekommen und die Hirsche hätten nicht so sinnlos leiden müssen, als sie nur noch wandelnde Kadaver waren. Die leidenden Tiere, das war es, was die Leute so bewegte! Dabei hätte man gerade mit Wölfen dem Leiden vorbeugen können.

Reden wir gar nicht erst von den Vogesen, die »ihre« Bestie hatten und in denen heute wieder einige Luchse vorkommen. Und wie sieht es in den Pyrenäen aus? Dort hat man schon die größten Schwierigkeiten, die letzten Bären vor dem Aussterben zu bewahren. Dabei könnte die Nähe Spaniens, wo es, wie wir gesehen haben, noch Wölfe gibt, die Wiedereinbürgerung erleichtern.

Zwar kann sich der Wolf ans Gebirge anpassen, aber er bleibt letztlich doch ein Tier, das Tundra und Steppe bevorzugt, und die Pyrenäen wären kein ideales Biotop für ihn. Was ist mit dem Jura? Er käme durchaus in Frage, da die ausgedehnten dichten Wälder Zuflucht bieten könnten. Und die Alpen? Sie sind viel zu dicht besiedelt, übervölkert im Sommer wie im Winter. Das Zentralmassiv, besonders der südliche Teil, ist wenig besiedelt, es gibt keine größere Stadt, einen kaum ausgeprägten Tourismus, weite Gebiete ohne eine Menschenseele, dafür aber mit einer viel zu hohen Bevölkerungsdichte der Cerviden, die den Wäldern und Weiden beträchtlichen Schaden zufügen. Ein paar Wölfe könnten da nicht schaden, sie würden zur Wiederherstellung eines längst verloren gegangenen Gleichgewichtes beitragen. Es sei noch einmal betont, die Menschen hätten von diesen Raubtieren nichts zu befürchten. Und was die Schafe betrifft, wir haben zur Genüge gesehen, daß in allen Fällen wildernde Hunde für die Metzeleien an den Schafherden verantwortlich waren. Wölfe wären für diese Lämmer mit Sicherheit weniger gefährlich als diese Hunde, die mangels genügendem Futter alles reißen, was ihnen zwischen die Fänge kommt.

Ob wir wohl eines Tages in einigen Wäldern Frankreichs die Möglichkeit haben werden, das musikalische und keineswegs finster-unheimliche Heulen der Wölfe zu hören? So wie es die Italiener, Spanier, Portugiesen, Bulgaren, Griechen, Rumänen, Polen oder Russen können, um nur von den europäischen Ländern zu sprechen. Heute können wir dies unmöglich bejahen, aber wer weiß, vielleicht morgen, sagen wir in zehn Jahren...

Vielleicht sieht die Welt ganz anders aus im Jahr 2000, das uns als Zeichen der Hoffnung und des Fortschritts erscheint, das den Menschen ein besseres, freieres Leben verspricht? Aber gibt es ein besseres Leben für den Menschen ohne die Anwesenheit, fast möchte ich sagen, den Trost der Tiere? Besonders der wilden Tiere. Ohne sie würde die Natur alles verlieren, was ihre Faszination ausmacht: ihr Wesen, ihre Schönheit und ihren Zauber.

Wer hätte vor zwanzig Jahren geglaubt, daß man in den Vogesen den Luchs wiedereinbürgern würde? In einigen Jahren wird sich die Einstellung der Leute weiter zum Besseren gewandelt haben. Morgen wird man den Märchen und Gruselgeschichten nicht mehr glauben, morgen wird man über die Legenden lächeln, die uns heute noch Leute von vorgestern als der Weisheit letzten Schluß verkaufen wollen.

Morgen werden wir uns nicht mehr für dumm verkaufen lassen, wir werden die Wahrheit wissen und den Wolf so sehen, wie er wirklich ist. Morgen werden die Kinder von heute auf allen Gebieten die Verantwortlichen sein. Dazu gehören auch, und vielleicht in erster Linie, die Belange des Umweltschutzes, ja der Schutz des Lebens überhaupt.

Es ist in keiner Weise utopisch, an eine bessere Zukunft für die Tiere zu glauben, insbesondere für die Tiere, die allzu lange als Schädlinge galten, weil man der Meinung war, sie seien »zu nichts gut«. Es ist auch deshalb nicht utopisch, weil Kinder im allgemeinen Tiere lieben. Erst wenn die Kinder größer werden, verlieren sie (aber nicht alle) das Interesse an Tieren, weil sie von den mehr oder weniger bornierten Geschichten der Erwachsenen beeinflußt werden. Heute bringt man den Kindern an der Schule bei, was man nach den modernen Erkenntnissen der Wissenschaft über die wilden Tiere wissen muß. So kommt es, daß immer mehr Schulkinder über den Wolf besser Bescheid wissen als ihre Eltern. Ich verweise hier ganz besonders auf die ausgezeichnete Dokumentation *Mythe et Réalité: L'homme et le loup [Mythos und Realität: Mensch und Wolf]*, die das Erziehungsministerium in seiner Reihe der audiovisuellen Unterrichtsmaterialien herausgegeben hat (Centre national de la documentation pédagogique).

Ich möchte diese Dokumentation in den wesentlichen Punkten zusammenfassen, da sie leider zu wenig bekannt ist.

Die Mensch-Wolf-Beziehung hat eine lange Geschichte, wenn man an die mehr oder weniger fantastischen Legenden denkt, die über Jahrhunderte hinweg kursiert sind. Obwohl der Wolf zu Anfang des 20. Jahrhunderts in Frankreich verschwunden ist, sind diese Legenden in den Köpfen der Leute doch noch präsent. Es braucht sich nur irgendwo in Frankreich ein Vorfall zu ereignen, bei dem eine Schafherde von einem ausgehungerten, nicht näher identifizierten Tier angefallen wird, und schon erhitzen sich in einer seltsamen Furcht – die uralten Ängste der Vorfahren – die Gemüter der Leute, die in der Umgebung des Vorfalls wohnen. Schnell wird eine »Affäre« daraus, die Fantasie schmückt das Ereignis weiter aus, und die schrecklichen Gerüchte über eine wütende Bestie fangen an zu kursieren, bis sie zur Schreckensmeldung in den Medien werden.

So wurde im Winter 1977/1978 in den Vogesen eine große Zahl Schafe gerissen, von einem nicht näher bekannten Tier. War es ein Hund – oder womöglich gar ein Wolf? Die Frage beschäftigt die Gemüter, und überall wird eifrig spekuliert. Schon kommen in der Gegend die alten Ängste wieder hoch, und mit ihnen die überlieferten Ammenmärchen, die zu zahllosen haarsträubenden Geschichten ausgebaut wurden über das mordlüsterne blutgierige Ungeheuer, während Bauern, Jäger und Soldaten im ganzen Landstrich Hetzjagden veranstalten. Blickt man von der aufgeregten Reaktion auf solche Vorfälle zurück in frühere Zeiten, dann versteht man die seltsame und furchtauslösende Macht besser, die die Wölfe einst auf die Bevölkerung ausübten, als sie überall in Europa noch weit verbreitet waren und – angeblich – den Herden viel Schaden zugefügt, ja Menschen, insbesondere Frauen und Kinder angefallen haben.

Ziel der Dokumentation des Erziehungsministeriums ist es also, den Mythos vom Wolf zu vergleichen mit dem wirklichen Leben des Tieres, seinem sozialen Verhalten und der strengen Organisation des Rudels.

Eine mustergültige, durchdachte pädagogische Handreichung: Diese Dokumentation gibt den Schulkindern die Möglichkeit, eine genauere Vorstellung vom Wolf zu bekommen, die mehr dem wirklichen Leben dieses wunderbaren Tieres entspricht, vor dem sie dann auch nicht mehr erschrecken werden. So neigt sich die Zeit der Ammenmärchen über den Wolf dem Ende zu.

Weil kompetente Lehrer mitziehen, werden an manchen Schulen bereits Fragebögen an die Schüler verteilt, sowohl an den Grund- und Hauptschulen als auch an den Berufsschulen, deren Schüler fünfzehn bis siebzehn Jahre alt sind. Dabei wird versucht, die Einstellung der Schüler und ihr Wissen über die Wölfe herauszufinden. Man fragt sie, welche Meinung sie von den Wölfen haben und ob es in ihrer Gegend früher Wölfe gegeben hat. Andere Fragen lauten zum Beispiel: In Kanada und in der GUS leben Wölfe. Soll man sie beschützen? Aus welchen Gründen? Woher hast du etwas über Wölfe erfahren? Aus Büchern, im Fernsehen? Aus Erzählungen von Leuten?

Die Antworten bieten einige Überraschungen.

So haben sich zum Beispiel von 32 Schülern 25 für den Schutz der Wölfe ausgesprochen, 5 waren für die Ausrottung, 2 hatten keine Meinung.

Im selben Jahrgang gaben 24 Schüler an, sie hätten im Fernsehen Berichte über Wölfe gesehen, 2 kannten sie aus dem Kino, 13 hatten über Wölfe gelesen.

Das gibt doch einigen Anlaß zu der Hoffnung, daß besser informierte Schüler auch eine freundlichere Zukunft für die Wölfe bedeuten. Leute, die sich für die Sache der Wölfe engagieren, veranstalten Diskussionsrunden oder halten Diavorträge über den Wolf. Ich denke an Bernard Goltschalk, der eine Leidenschaft für diese Raubtiere hat, der weder Zeit noch Mühe scheut und auch seinen Geldbeutel nicht schont, um das Leben der Wölfe besser bekannt zu machen. Er hält viele Informationsveranstaltungen ab, die auf Grund seiner Überzeugungskraft verdienten Erfolg haben.

Es darf also gehofft werden, daß die Wölfe in unserem Land vielleicht schon morgen wieder den Platz haben werden, den sie verdienen.

Der Wolf in der Literatur, in der Kunst und auf Briefmarken

Der Wolf hat in der Geschichte des Menschen eine wichtige Rolle gespielt. Wir haben davon gehört, wie der Mensch dem Wolf den Krieg erklärt hat, bis das Raubtier beinahe ausgerottet worden ist. Eine Ironie der Geschichte: Denn der Wolf konnte seinerseits von den zahlreichen Kriegen, die die Menschen gegeneinander führten, profitieren, nämlich von den Leichnamen der Soldaten auf den Schlachtfeldern der Geschichte.

Den Märchen und den mündlich überlieferten Erzählungen über die sagenhaften Taten beziehungsweise Untaten der Wölfe folgten Schriften, die weiter zur Legendenbildung und zum Mythos vom Wolf beigetragen haben.

Im Epos *Roman de Renart*, einer von Klerikern zwischen 1174 und 1250 verfaßten Sammlung von Tier-Erzählungen, die sich zum größten Teil am Vorbild eines lateinischen Versepos orientierten, wird der tolpatschige Wolf Ysengrin vom schlauen Fuchs Renart getäuscht. (Bei Goethe wird daraus der berühmte Reineke Fuchs, und der Wolf heißt Isegrim.) Der Erfolg dieses Tierepos war so groß, daß Gautier de Coincy, der religiöse Gedichte verfaßte, den Mönchen vorwarf, sie würden an Stelle frommer Texte lieber Geschichten über dieses böse Tier lesen und sogar ihre Zellenwände mit Szenen aus dem Leben dieses gefährlichen Helden schmücken.

Übrigens sind die modernen Versionen dieses berühmten Stoffes auch nicht schmeichelhafter für den Wolf. Das gilt auch für die Fassung (1958) des ansonsten großartigen Maurice Genevoix. Auch bei ihm ist der Wolf der ewige Verlierer, der immer Schläge bekommt und von niemandem bemitleidet wird, weil seine Missetaten und seine Dummheit solange genüßlich ausgebreitet worden sind, daß alle Welt davon überzeugt ist.

La Fontaine, der große La Fontaine, geht in den meisten seiner Fabeln, in denen der Wolf eine Rolle spielt, nicht besonders freundlich mit unserem Raubtier um. Etwas anders ist es in der Fabel »Der Wolf und der Hund«, in welcher der Wolf ausnahmsweise einmal besser wegkommt, indem er die Freiheit bevorzugt und dafür jedes verlockende Fressen und alle Zärtlichkeiten ausschlägt.

Was die Märchen von Perrault betrifft, so kann festgestellt werden, daß sie für die Sache des Wolfs ziemlich schädlich waren. Das Märchen vom *Rotkäppchen und dem bösen Wolf*, das ganze Generationen von Kindern nächtliche Alpträume beschert hat, hat sehr viel zur Angst vor dem Wolf und zum Haß gegenüber dem Wolf beigetragen, als ob diese Angst und der Haß notwendig gewesen seien und künstlich aufrecht erhalten werden mußten. Mir ist bekannt, daß man den Wolf mittlerweile von dem Verdacht freigesprochen hat, das Rotkäppchen »vergewaltigt« zu haben, aber man darf dennoch nicht vergessen, daß dieses Märchen für Kinder bestimmt war und daß es bei diesen Kindern einen bleibenden Eindruck hinterlassen hat.

Während bei Charles Perrault das Märchen für Rotkäppchen einen schlimmen Ausgang nimmt, kommt es in der Fassung der Gebrüder Grimm zu einem bösen Ende für den Wolf: Der Wolf wird von Jägern totgeschossen, und Rotkäppchen und die Großmutter werden befreit.

Auf die Masse der Pseudohistoriker, die sich über die Bestie von Gévaudan ausgelassen und einen oder mehrere Wölfe schuldig gesprochen haben, gehe ich jetzt nicht mehr weiter ein. Leider ist diese Sorte Märchenerzähler immer noch nicht ausgestorben; sie spekulieren auf die Sensationsgier der Leute und erzählen die haarsträubendsten Schauermärchen, obwohl sie in ihrem ganzen Leben noch keinen Wolf gesehen und nicht den Schimmer einer Ahnung haben.

Die Geschichte der drei kleinen Zicklein und die Geschichte von den drei kleinen Schweinchen zeichnen nur ein lächerliches Bild vom Wolf und versuchen um jeden Preis, den Wolf so unsympathisch wie irgend möglich darzustellen.

Alphonse Daudet hat mit der wunderschönen Geschichte über die Ziege des Monsieur Seguin (in den *Briefen aus meiner Mühle*) zwar nicht gerade zum Ruhm des Wolfes beigetragen, dafür aber hat er die kleine weiße Ziege so liebevoll beschrieben, daß man geneigt ist, ihm sein weniger freundliches Porträt des Wolfs zu verzeihen.

Die jagdkundlichen Schriften und Dokumente zur Jagdkultur halten auch heute noch daran fest, daß Hetzjagden auf den Wolf auf Grund ihrer sportlichen und aufregenden Seite von Interesse sind. In der Tat hatten diese Hetzjagden etwas Sportliches: Zu Pferd bei der Verfolgung eines Wolfes querfeldein und durch die Wälder zu galoppieren, war wirklich kein Kinderspiel. Und wenn der Wolf dann eingekesselt und von den Hunden gestellt worden war, dann bedurfte es schon eines gewissen Mutes, auf den Wolf zuzugehen und ihn mit einem Dolch oder Spieß abzustechen.

Freilich hat der Wolf auch Freunde und Verteidiger gehabt, die sich seiner Sache angenommen haben.

Jack London läßt uns das Raubtier in *Wolfsblut* in einem viel freundlicheren Licht, ja wirklich sympathisch erscheinen.

James Oliver Curwood, bei uns vor allem durch *Der Bär* bekannt, spricht in mehreren seiner Bücher voller Bewunderung von den Wölfen, ähnlich auch Mortimer Batten. Was Grey Owl betrifft, er liebte die Wölfe und hat dies mehrfach zum Ausdruck gebracht: Ein Wald ohne Wölfe war für ihn kein richtiger Wald. Aber schon viel früher hat der Wolf einige Bewunderer gehabt. Ich denke besonders an Alfred de Vigny, der dem Wolf ein Denkmal gesetzt hat, ja der ihn in seinen Versen geradezu verherrlicht hat. Zum Beispiel in *La mort du loup [Der sterbende Wolf]:*

[...] Und er streckt
Sich schweigend hin. Die rauhe Zunge leckt
Von seiner Schnauze mehrmals sich das Blut,
Als sehe er uns nicht. Doch einmal ruht
Sein Auge wie erstaunt auf uns. Dann wendet
Er sich und schließt es und verendet. –

Jean-Paul Clébert schreibt in seinem *Bestiaire fabuleux [Buch der Fabelwesen]*, daß der Wolf oft die Rolle des Fährmanns, des Wächters einer Furt oder Brücke gespielt hat, wie noch heute in manchen Kinderspielen (zum Beispiel der Wolf, die Ziege und der Kohl), in denen Reaktionsvermögen und Kombinationsgaben getestet werden. In den Lehrgedichten steht er auf der anderen Seite des Flusses, an dessen Ufer sich das Lamm befindet. Er gebietet über das Territorium, das nicht dem Menschen gehört. Ein jahrtausendealter Kampf konfrontiert den Schäfer mit dem Wolf. Die Volksdichtungen über den Wolf, der eine Schaf- oder Ziegenherde anfällt, sind kaum zu zählen. In dieser Rolle des Initiators findet man den Wolf auch in den germanischen und altnordischen Sagen und Lehrbüchern. In der *Volsunga Saga* (Völsungensaga) ziehen sich Siegmund und sein Sohn Sinfjoethi Wolfsfelle über und verhalten sich während der ganzen Zeit ihrer Lehre wie Wölfe.

Auch im Zusammenhang mit dem Hexenglauben mußte der Wolf herhalten. Von Hexen hieß es, sie würden auf Wölfen reiten. Meistens sollen die Hexen verkehrt herum, mit dem Gesicht zum Schwanz, auf dem Wolf gesessen sein. Manche Hexen sollen zum Hexensabbat Strumpfbänder getragen haben, die aus Wolfshäuten gefertigt waren. Überhaupt war die Beziehung zwischen dem Menschen und dem Wolf nicht selten von sexuellen Untertönen und Anspielungen geprägt – wofür der Wolf sicher nichts kann. Es waren vielmehr Vorstellungen, die in den Wolf hineinprojiziert worden sind.

Vom Beelzebub, dem Fürsten der Finsternis, wird gesagt, er heule wie ein Wolf, wenn er zornig ist. Während der Inquisition kamen Männer, aber vor allem Frauen, scharenweise auf den Scheiterhaufen, weil sie für Hexen in Wolfsgestalt gehalten wurden. Bei der Jagd haben sich die Jäger (zum Beispiel die Indianer und Eskimos in Nordamerika) Wolfsfelle über den Kopf und über die Schulter gezogen, um gleichsam die Kraft und die Blutgier der Wölfe auf sich übergehen zu lassen. Hier spielen auch alte Initiationsriten eine Rolle.

Schließlich hieß es von manchen Frauen, sie seien mit den Wölfen und damit auch mit dem Teufel im Bunde, womit angedeutet wurde, sie führten ein lasterhaftes, freizügiges Leben. So war es von der Hexe bis zur Prostituierten im Aberglauben nur ein kleiner Schritt.

Und immer erschien der Wolf als Inbegriff des Tierischen oder Abartigen. Die römische Wölfin galt als Symbol der Fruchtbarkeit. Später trugen die Prostituierten in Rom auch den Namen »Wölfinnen«, das italienische Wort »Il lupanare« wie das französische »lupanar« für Bordell haben hier ihren Ursprung. Auch Aphrodite, die griechische Göttin der Liebe, wurde manchmal zusammen mit einem Wolf dargestellt.

Die Crislers haben in Alaska aufregende Beobachtungen gemacht und Erlebnisse mit Wölfen gehabt, von denen sie in ihrem Buch *Arctic wild* berichten, das auf deutsch unter dem Titel *Wir heulten mit den Wölfen* erschienen ist. Farley Mowat hat im Keewatin Distrikt (Northwest Territories in Kanada) viele Monate unter Wölfen gelebt und davon in seinem Buch *Ein Sommer mit Wölfen* erzählt, das erfolgreich verfilmt worden ist.

Zu nennen wäre ganz besonders auch David L. Mech, einer der besten Kenner, der in mehreren Büchern von den Wölfen der Isle Royale berichtet hat. In Europa gibt es nur wenige, ja sehr wenige Spezialisten, die über das Leben der Wölfe geforscht haben. Der Schweizer Robert Hainard gehört zu dieser kleinen Gruppe. Auf keinen Fall vergessen darf man den in Deutschland lebenden schwedischen Verhaltensforscher Erik Zimen, der sehr viel dazu beigetragen hat, daß wir mehr über den Wolf wissen. Auch die Untersuchungen von D. I. Bibikow aus der ehemaligen Sowjetunion wären hier zu nennen. In Amerika hat neuerdings Candace Savage sehr interessante Untersuchungen durchgeführt.

Wenn man Buffons Schriften, die berühmt geworden, aber längst überholt sind, vergleicht mit den modernen Untersuchungen der Verhaltensforscher über den Wolf, dann kann man erfreulicherweise feststellen, daß der Fortschritt in der Wissenschaft dazu geführt hat, daß wir den Wolf inzwischen ganz anders sehen als unsere Vorfahren. In seinem gut dokumentierten Buch *Wolf und Mensch* zeichnet Daniel Bernard ein sachliches Porträt des Wolfs, das Schluß macht mit den alten Märchen von dem blutgierigen und lüsternen Raubtier, das angeblich das Fleisch kleiner Mädchen dem Fleisch zarter Lämmer vorzieht.

Andere, insbesondere nordamerikanische Autoren haben von ihren Begegnungen mit Wölfen erzählt. Obwohl ihre Werke nicht wissenschaftlichen Charakters sind, haben sie doch zur Korrektur des Wolfsbildes beigetragen. Hierher gehören R. D. Lawrence mit seinem Bericht *Coeur de loup* [*Wolfsherz*] und Robert Leslies Buch *L'Indien et la loupe* [*Der Indianer und die Wölfin*].

Obwohl dies, wie gesagt, keine wissenschaftlichen Untersuchungen sind, so sind wir hier doch meilenweit, ja Lichtjahre, von dem oberflächlichen und verleumderischen Geschwafel der Ewiggestrigen entfernt, die den Ruf des Wolfes ruinieren wollten. Wenngleich wir in Frankreich immer gerne der Meinung sind, wir hätten die modernste Technik und die besten Wissenschaftler der Welt, so gehören wir in Sachen Natur- und Artenschutz zu den Ländern, die ganz am Ende der Liste stehen. Den südlichen Ländern sagt man gerne Rückständigkeit und mangelndes Umweltbewußtsein nach, aber in Spanien und Italien zum Beispiel gibt es Wölfe, und man denkt überhaupt nicht daran, sie zu vernichten.

In den Vereinigten Staaten werden zahlreiche Feldforschungen getrieben und Projekte durchgeführt, die beispielhaft sind für die Erforschung der Natur vor Ort. Wie P. O. Hopkings völlig zu Recht gesagt hat, sind es Forschungen dieser Art, die die unabdingbaren Voraussetzungen dafür darstellen, daß die Arten erhalten und kontrolliert werden können, die den natürlichen Reichtum einer Region ausmachen. Es fehlt in Frankreich nicht an Gelegenheiten, diesem Beispiel zu folgen und ähnliche Initiativen zu ergreifen. Aber leider kommen wir um die traurige Feststellung nicht herum, daß seitens der Behörden und manchmal auch seitens der Wissenschaftler nur wenig ernsthaftes Interesse an dieser Art der Feldforschung zu verzeichnen ist.

Werfen wir nun einen Blick darauf, wie der Wolf in der bildenden Kunst dargestellt worden ist. Es hat den Anschein, als hätten sich die Maler und Bildhauer nicht besonders oft vom Wolf inspirieren lassen. Das beginnt schon in der Vorzeit. Die Höhlenmenschen interessierten sich offensichtlich mehr für die Bisons, die Rentiere, die Pferde, die Steinböcke oder die Bären, um die es einen Kult gab, weiter auch für die Löwen und die Antilopen – kaum aber für die Wölfe. Einerseits erschienen sie den Menschen nicht als gefährlich genug, andererseits spielt eine Rolle, daß Wolfsfleisch als nicht eßbar gilt. Immerhin, auf den Felsmalereien in der Grotte von Font-de-Gaume bei Les Eyzies in der Dordogne kann man die Darstellung eines Wolfes bewundern.

In der Grotte von La Vache im Département Ariège hat man einen geschnitzten Knochen gefunden, der zwei Wölfe im Kampf miteinander darstellt. Der den Wölfen eigene Gesichtsausdruck, der durch die schräggestellten Augen bedingt ist, hat die großen Meister anscheinend nicht inspiriert.

Es gibt nur ein Bild von Jean-Baptiste Oudry (1686 – 1755), auf dem ein Wolf dargestellt ist, der von Hunden verfolgt wird, die der Rasse nach an die heutigen Pyrenäenhunde erinnern. Es ist ein sehr schönes Bild, man kann es im Jagdmuseum von Giens bewundern. Oudry ist vor allem als Tiermaler hervorgetreten. Es gibt von ihm einen Zyklus aus neun Gemälden, *Die Jagden Ludwigs XV*, der zwischen 1733 und 1744 entstanden und im Schloß Fontainebleau zu besichtigen ist. Auch hat er 230 Zeichnungen zu La Fontaines Fabeln geschaffen. Die berühmtesten Illustrationen dieser Fabeln stammen jedoch von Granville, darunter sind einige Zeichnungen, auf denen auch ein Wolf abgebildet ist.

Luc-Olivier Merson hat auf seinem Bild mit dem Titel *Le Loup de Gubbio [Der Wolf von Gubbio]* jenen berühmten Wolf dargestellt, von dem ich schon erzählt habe. Das 1877 entstandene Bild befindet sich im Museum der Schönen Künste in Lille. Es stellt eine Szene aus der Legende dar, nach der ein wilder Wolf in der Gegend von Gubbio viel Schaden angerichtet hat. Der heilige Franz von Assisi hatte sich zu dem Wolf begeben und ihm das Versprechen abgenommen, die Bewohner des Dorfes in Ruhe zu lassen, wenn sie dem Wolf dafür in Zukunft Futter zukommen ließen.

Es gibt eine sehr schöne Zeichnung von Pisanello (Album Vivardi im Louvre) und sehr schöne Skizzen von R. Reboussin. Der Schweizer Robert Hainard ist nicht nur Naturforscher, er hat auch schöne Zeichnungen von Wölfen gemacht, die außerdem den Vorzug haben, daß sie in freier Natur, vor Ort also, entworfen wurden. Hainard hat in seinem Atelier auch einen sehr schönen Wolf in natürlicher Größe: eine Holzskulptur.

Was den Bereich der Bildhauerei betrifft, so hat man östlich des Tigris, in Gawra unweit von Ninive, einen Wolfskopf aus Elektron gefunden. Die Zähne sind aus Blattgold; die Ohren, der Unterkiefer und die Zähne sind mit Hilfe von Kupferstiften und Elektron verankert. Die Augenhöhlen und der Schädel sind mit Erdpech angefüllt. Man geht davon aus, daß dieses aus der Urukzeit stammende Werk der sumerisch-akkadischen Kunst zuzurechnen ist. Es entstand wahrscheinlich 3200 vor Christus.

Im Jahre 196 wurde die Wölfin mit Romulus und Remus auf dem Kapitol in Rom aufgestellt.

Erinnert werden muß auch an den *Wolf, eine Beute loslassend:* Antoine-Louis Barye hatte diese Skulptur seinem Freund Théodore Rousseau gewidmet. Der große Künstler hatte ein gutes Auge für die Wölfe, und es war ihm gelungen, den Wolf so perfekt darzustellen, daß man bei der Betrachtung seines Werkes unmöglich Wolf und Hund verwechseln kann.

In der kleinen Stadt Marvejols in der Lozère kann man eine Statue der Bestie von Gévaudan sehen. Dieses von Auricauste geschaffene Werk hat keinerlei Ähnlichkeit mit einem Wolf, aber wir wissen ja inzwischen, daß diese Bestie kein Wolf gewesen ist. Aus dem achtzehnten Jahrhundert gibt es auch einen Stich von der Bestie. In den Stich kann man allenfalls mit Gewalt Ähnlichkeiten mit einem Wolf hineindeuten.

Auf den Briefmarken vieler Länder sind Wölfe abgebildet. Die Sammler, die sich auf bestimmte Gebiete spezialisiert haben – thematische Sammlungen sagen die Philatelisten –, und die Tierfreunde sammeln natürlich die Briefmarken aus aller Welt, auf denen die Fauna abgebildet ist. Jedes Jahr kommen neue Briefmarken dieses Sammelgebietes hinzu.

Unter diesen Briefmarken gibt es auch einige mit Wölfen. So gab es zum Beispiel in Italien zwei Emissionen mit der römischen Wölfin, die gerade Romulus und Remus säugt. Die erste Serie stammt aus der Zeit von 1920 bis 1930, sie umfaßte Werte von fünf Centesimi über 2,55 Lire und 3,70 Lire bis zu 5 Lire. 1944 kam eine Marke mit grau gestreiftem Grund über 50 Centesimi heraus sowie eine Marke, ebenfalls mit einem Wert von 50 Centesimi, mit sechseckigem Wasserzeichen.

Die Türkei brachte eine Marke über 10 Piaster heraus, auf der der Wolf von Boz Kurd dargestellt war. 1967 kam in Jugoslawien eine Serie mit neun Marken über die im Wald lebenden Säugetiere heraus, darunter eine Briefmarke mit dem Wert 55 Dinar, auf der ein Wolf abgebildet war.

Aus Anlaß des zehnjährigen Bestehens des Tatra Nationalparks kam 1959 in der Tschechoslowakei eine Serie mit Tieren heraus; der Wolf ist auf dem 55-Heller-Wert abgebildet. In Albanien kam 1964 eine Marke über 8 Lek heraus, auf der ebenfalls ein Wolf dargestellt ist. Bei einer Emission mit wildlebenden Tieren gab es 1965 in Polen eine Marke über 20 Groszy mit einem Wolf. Die Mongolei hat eine sehr schöne Serie mit sieben Werten herausgebracht, auf denen die Fauna des Landes dargestellt war. Der niedrigste Wert, 5 Tugrig, stellt einen Wolf dar.

In Frankreich hat es bisher keine einzige Briefmarke

gegeben, die dem Wolf gewidmet gewesen wäre. Aber wer weiß, vielleicht wird das eines Tages auch noch kommen.

Das wäre nur ein erster, vorsichtiger Schritt zur (offiziellen) Rehabilitierung des Wolfs in Frankreich. Hoffen wir, daß der Wolf in allen Ländern, in denen er noch in einem schlechten Ruf steht oder gar verfemt wird, wieder zu dem Ansehen gelangt, das er verdient. In Deutschland gibt es mittlerweile die »Gruppe Lupus. Gesellschaft zum Schutz der Wölfe«, die es sich zum Ziel gesetzt hat, durch Aufklärungsarbeit den Mythos vom bösen Wolf zu korrigieren und die Wahrheit über den Wolf zu verbreiten.

Bibliographie

ADAMSON, J.: Die Löwin Elsa. Bergisch Gladbach 1990 (=Bastei-Lübbe-Taschenbuch 63208).

ALLEN, D. L.: The Wolves of Minong. Their vital role in a wild community. Boston: Houghton Mifflin Company 1979.

ANGLADE, J.: La vie quotidienne dans le Massif central au XIX-siècle. Paris: Hachette 1971.

ARAGON, M.-C. d': Le Grand Livre du chien. 2 Bände. Genf, Paris: Bibliothèque des Arts 1970.

ARDREY, R.: Le Territoire. Une enquête personnelle pour un vrai control social. Paris: Éditions Stock 1971.

BJÄRVALL, A., ISAKSON, E.: Värmlansvagarna 1981-1985. Antal och vandringar. In: Vargen. Karlstad: Värmlands Museum 1986.

BANFIELD, A. W. F.: The Mammals of Canada. Buffalo, Toronto: University of Toronto Press 1974.

BATTEN, H. M.: Au loup. Paris: Éditions Hatier-Boivin.

BERNARD, D.: Wolf und Mensch. Saarbrücken: Saarbrücker Druckerei und Verlag 1983.

BERTIN, L.: La Vie des animaux. Paris: Éditions Larousse.

BERTINO. S.: Les Animaux sauvages d'Europe. Paris: Club des amis du livre 1963.

BIBIKOW, D. I.: Der Wolf. Canis lupus. 2. Auflage Wittenberg: Ziemsen 1990 (=Die neue Brehm Bücherei 587).
BLAZE, E.: La Chasse aux chiens courants. Éditions Visaphone o. J. (=Classiques de la chasse).
BOITANI, L.: Dalla Parte del Lupo. Mailand: L'Airone di Giorgio Mondadori 1986.
BOITANI, L., ZIMEN, E.: The role of public opinion in wolf management. In: E. Klinghammer (Hrsg.): The Behavior and Ecology of Wolves. New York: Garland Press 1978.
BORNHALM, D.: Wölfe: Eingewechselt und verfolgt. Hannover: Landbuch Verlag 1977.
BRISEBARRE, A.-M.: Le Berger. Paris: Berger-Levrault 1980.
BUFFON, G. de: Allgemeine Historie der Natur nach allen ihren besonderen Theilen abgehandelt, nebst einer Beschreibung der Naturalienkammer des Königs von Frankreich. 11 Bände. Hamburg, Leipzig 1750 – 1781.
BURKHOLDER, B. L.: Movement and behavior of a wolf pack in Alaska. In: Journal of Wildlife Management 23 (1959), S. 1 – 11.
BURT, W. H.: A Field Guide to the Mammals: Field marks of all North American species found north of the Mexican Boundary. Boston: Houghton Mifflin Company 1976.
CARR, D. E.: La grande leçon sexuelle des animaux. Paris: Éditions Albin Michel 1973.
CHAUVIN, R.: Le Comportement animal. Paris, Barcelona, Milano, Mexico: Éditions Masson 1969.
CHEVALLEY, A.: La Bête du Gévaudan. Paris: Éditions J'ai Lu 1968.

CLAMART, J.: Soixante années de chasse. (=Classiques de la chasse).

CLEBERT, J.-P.: Bestiaire fabuleux. Paris: Éditions Albin Michel 1971.

CORNOU, J.: Les Loups en Bretagne. Éditions Sked.

CRISLER, L.: Wir heulten mit den Wölfen. Wiesbaden: F. A. Brockhaus 1972.

CURWOOD, J. O.: Wotan, der Wolfshund. Eine Tiergeschichte aus den Urwäldern Kanadas. Stuttgart: Franckh 1956.

DARWIN, Ch.: Die Entstehung der Arten durch natürliche Zuchtwahl. Stuttgart 1963 (=Reclams Universalbibliothek 3071).

DELACOUR, A.: Gibiers de France. Paris: Éditions Plon.

DELORT, R.: Der Elefant, die Biene und der heilige Wolf. Die wahre Geschichte der Tiere. München: Hanser 1987.

DELPECH, F.: La Faune du paléolithique supérieur dans le sud-ouest de la France. Paris: Éditions du CNRS.

DRÖSCHER, V. B.: Überlebensformel. Wie Tiere Umweltgefahren meistern. München 1989 (=dtv Sachbuch 1733).

DRÖSCHER, V. B.: Geniestreiche der Schöpfung. Die Überlebenskunst der Tiere. München 1990 (=dtv 10936).

DU FOUILLOUX, J.: La vénerie. [1561] Reprint Limoges 1973.

EIBL-EIBESFELDT, I.: Grundriß der vergleichenden Verhaltensforschung. München: Piper 1967.

EMMELIN, L.: L'enseignement des problèmes de l'environnement au niveau universitaire. Strasbourg: Conseil de l'Europe 1975.

ENDE, R. von: Über Wölfe und Hunde. Berlin: Deutscher Landwirtschaftsverlag 1982.
LA FONTAINE, J. de: Sämtliche Fabeln. Illustriert von Granville. München: Winkler 1978.
FOX, M.: Vom Wolf zum Hund. München: BLV 1975.
FOX, M. (Hrsg.): The wild canids. New York: Litton Publishers 1975.
FRANK, H. (Hrsg.): Man and Wolf. Dordrecht: W. Junk Publishers 1987.
FRECHKOP, S.: Faune de Belgique: Les mammifères.
FRISON-ROCHE, R.: Les seigneurs de la faune canadienne. Paris: Éditions Flammarion 1976.
FULLER, W. W.: The biology and management of the bison of Wood Buffalo National Park. Ottawa: Canadian Wildlife Service 1966 (=Wildlife Management Bulletin Series 16).
GESSIN, R.: Ovibos. Paris: Éditions Robert Laffont.
GOLDMAN, E. A.: The wolves of North America. Part II: Classification of wolves. New York: Dover Publications 1969 [zuerst 1944].
GRASSE, P.-P.: La Vie des animaux. Paris: Éditions Larousse 1975.
GRASSE, P.-P.: Traité de Zoologie. Tome XVII: Mammifères. Paris, Barcelona, Milano, Mexico: Éditions Masson 1955.
GRAVEN, J.: L'Homme et l'Animal. Paris: Édititons Planète 1964.
GRZIMEK, B.: Enzyklopädie des Tierreiches. 13 Bände. Zürich: Kindler 1971–1975.
HAINARD, R.: Les mammifères sauvages d'Europe. Tome I. Neuchâchtel, Lausanne, Paris: Éditions Delachaux et Niestlé 1961.

HALL, L. R., SHARP, H. S. (Hrsg.): Wolf and Man. Evolution in Parallel. New York: Academic Press 1978.
HARRINGTON, F. H., PAQUET, P. C. (Hrsg.): Wolves of the World. Park Ridge, N. J.: Noyes Publishers 1982.
HAVARD, K.: A la rencontre du loup.
HEDIGER, H.: La Vie des animaux sauvage d'Europe.
HEDIGER, H.: L'Apprivoisement et le dressage des animaux sauvages. Basel 1951.
HERRE, W., RÖHRS, M.: Domestikation und Stammesgeschichte. In: Heberer: Die Evolution der Organismen. Stuttgart: G. Fischer 1971.
HOPKINS, P. O.: La Recherche.
JOURNAL D'UN BOURGOIS DE PARIS (1405-1449). Paris 1881 (=Tagebuch eines Pariser Bürgers).
KIPLING, R.: Das Dschungelbuch. Das zweite Dschungelbuch. Hrsg. und übersetzt von G. Haefs. Zürich: Haffmans 1987.
KLINGHAMMER, E. (Hrsg.): The Behavior and Ecology of Wolves. New York, London: Garland STM Press 1979.
KUYT, E.: Food habits and ecology of wolves on barren-ground Caribou Range in the Northwest Territories. Ottawa: Information Canada 1972 (=Canadian Wildlive Service, Report Series 21).
LAWRENCE, R. D.: Coeur de loup. Paris: Éditions Pygmalion 1981.
LEROY, M.-M.: Le représentation du loup dans le traditions populaires d'Europe. Straßburg: UER 1976.
LESLIE, R. F.: L'Indien et la Louve. Paris: Éditions Stock 1978.
LONDON, J.: Wolfsblut. München 1977 (=dtv 1298).
LONDON, J.: Der Ruf der Wildnis. München 1980 (=dtv 1563).

LOPEZ, B. H.: Of Wolves and Men. New York: Charles Scribner's Sons 1978.

LORENZ, K.: Das sogenannte Böse. Zur Naturgeschichte der Aggression. München 1986 (=dtv 1000).

LORENZ, K.: So kam der Mensch auf den Hund. München 1983 (=dtv 329).

LORENZ, K., MÜNDL., K. L.: Noah würde Segel setzen. Vor uns die Sintflut. München 1985 (=dtv 10750).

MECH, L. D.: The Wolves of Isle Royale. Washington D. C.: U. S. National Park Service 1966 (=Fauna Series 7).

MECH. L. D.: The Wolf. The Ecology and behavior of an endangered species. Garden City, N. Y.: Donbleday 1970.

MECH, L. D.: Der weiße Wolf. Mit einem Wolfsrudel unterwegs in der Arktis. Vorwort von E. Zimen. München: Frederking und Thaler 1990.

MENATORY, G.: La Bête du Gévaudan.

MERY, F.: Le Chien: Son mystère. Paris: Éditions Larousse 1968.

MORLAUD, J., PLAISANCE, J.: Le Loup hier en Limousin, dans la vie quotidienne et la tradition populaire. Limoges o. J.

MOWAT, Farley: Ein Sommer mit Wölfen. Reinbek 1986 (=rororo 5831).

MURIE, A.: The wolves of Mount McKinley. Washington D. C.: U. S. National Park Service 1944 (=Fauna Series 5).

OBERTHUR, J.: Animaux de vénerie et chasse aux chiens courants. Tome II. Éditions Durel.

PETERSON, R. O.: Wolf Ecology and Prey Relationships on Isle Royale. Washington D. C.: U. S. National Park Service 1977 (=Fauna Series 11).

PETERSON, R. O., ALLEN, D. L.: Alces Moose Ecology. Quebec: Éditions Presses de l'Université Laval.

PIC, M. X.: La Bête qui mangeait le monde en pays de Gévaudan et d'Auvergne. Paris: Albin Michel 1971.

PIMLOTT, D. H., SHANNON, J. A., KOLENOSKY, G. B.: The ecology of the timber wolf in Algonquin Park. Ontario: Department Lands and Forests 1969 (=Wildlife Research Report 87).

PIMLOTT, D. H. (Hrsg.): Wolves. Morges: IUCN 1975 (=Publication New Series, Supplement Paper Nr. 43).

POURCHER, Abbé: Historie de la bête du Gévaudan, véritable fléau de Dieu. Mende: Selbstverlag 1889.

POURRAT, H.: Histoire fidèle de la bête en Gévaudan. [zuerst 1946] Marseille: Laffitte 1979.

PULLIAINEN, E.: Studies of the wolf in Finland. In: Annal. Zool. Fennici 2 (1965), S. 215–259.

RABB, G. B., WOOLPY, J. H., GINSBURG, B. E.: Social relationships in a group of captive wolves. In: American Zoologist 7 (1967), S. 305–311.

RAGACHE, C.-C. und G.: Les Loups en France. Paris: Éditions Aubier-Montaigne 1981.

RAUSCH, R. A.: Some aspects of the population ecology of wolves in Alaska. In: American Zoologist 7 (1967). S. 253–265.

RUTTER, R. J., PIMLOTT, D. H.: The world of the wolf. Philadelphia: J. P. Lippincott 1968.

SAINT-GIRONS, M.-C.: Les Mammifères de France et du Benelux. Paris: Éditions Doin 1973.

SAND, G.: Légendes Rustiques. Paris: Hallier 1980.

SAVAGE, C.: Wölfe. Verhalten und Lebensweise in faszinierenden Bildern. Vorwort von L. D. Mech. Hildesheim: Gerstenberg 1991.

SCHENKEL, R.: Ausdrucksstudien an Wölfen. In: Behavior 1 (1947), S. 81–129.
SCHENKEL, R.: Submission: Its features and functions in the wolf and dog. In: American Zoologist 7 (1967), S. 319–329.
SHILLING, D., SINGER, D.: Guide des mammifères d'Europe. Neuchâtel, Lausanne, Paris: Éditions Delachaux et Niestlé.
SIENNES, R.: The order of the wolf. London: Hamilton 1976.
STRICKLAND, D.: Wolf Howling in Park Algonquin.
THEBERGE, J. P., FALLS, J. B.: Howling as a means of communication in timber wolves. In: American Zoologist 7 (1967), S. 331–338.
TRIN, A.: Les Loups dans la légende et dans l'histoire. Aurillac o. J.
TSCHUDI, F. v.: Le Monde des Alpes. Basel, Genf: H. Georg 1870.
VAN DEN BRINK, F. H.: Die Säugetiere Europas. 2., neubearb. Auflage. Hamburg, Berlin: Parey 1972.
VILLEMONT, M., GENEVOIX, M.: Le Grand Livre du chien. Paris: Biblio. Arts. 1971.
WALBERG, K. I.: Ulven. Oslo: Grondahl and Sons 1987.
WOOLPY, J. H., GINSBURG, B. E.: Wolf socialisation. A study of temperament in a wild social species. In: American Zoologist 7 (1967), S. 357–364.
YOUNG, S. P.: The wolves of North America. Part I. New York: Dover Publications 1964 (zuerst 1944).
ZEUNER, F.: Geschichte der Haustiere. München 1967.
ZIMEN, E.: Der Hund. Abstammung, Verhalten, Mensch und Hund. München: Bertelsmann 1988.
ZIMEN, E.: Der Wolf. Verhalten, Ökologie, Mythos. München: Knesebeck und Schuler 1990.

ZIMEN, E.: Wölfe und Königspudel. Vergleichende Verhaltensbeobachtungen. München: Piper 1972.